权威·前沿·原创

皮书系列为
"十二五""十三五"国家重点图书出版规划项目

中国社会科学院创新工程学术出版项目

湖南蓝皮书
BLUE BOOK OF HUNAN

2018年湖南两型社会与生态文明建设报告

ANNUAL REPORT ON HUNAN'S TWO-ORIENTED SOCIETY
AND ECOLOGICAL CIVILIZATION CONSTRUCTION(2018)

湖南省人民政府发展研究中心
两型社会与生态文明协同创新中心
主　编／卞　鹰
副主编／唐宇文

社会科学文献出版社
SOCIAL SCIENCES ACADEMIC PRESS (CHINA)

图书在版编目(CIP)数据

2018年湖南两型社会与生态文明建设报告/卞鹰主编. --北京:社会科学文献出版社,2018.5
(湖南蓝皮书)
ISBN 978-7-5201-2699-1

Ⅰ.①2… Ⅱ.①卞… Ⅲ.①区域经济发展-研究报告-湖南-2018②生态文明-建设-研究报告-湖南-2018 Ⅳ.①F127.64②X321.264

中国版本图书馆CIP数据核字(2018)第085936号

湖南蓝皮书
2018年湖南两型社会与生态文明建设报告

主　　编／卞　鹰
副 主 编／唐宇文

出 版 人／谢寿光
项目统筹／邓泳红　桂　芳
责任编辑／薛铭洁

出　　版／社会科学文献出版社·皮书出版分社 (010) 59367127
　　　　　地址:北京市北三环中路甲29号院华龙大厦　邮编:100029
　　　　　网址:www.ssap.com.cn

发　　行／市场营销中心 (010) 59367081　59367018
印　　装／三河市龙林印务有限公司

规　　格／开　本:787mm×1092mm　1/16
　　　　　印　张:23.75　字　数:360千字
版　　次／2018年5月第1版　2018年5月第1次印刷
书　　号／ISBN 978-7-5201-2699-1
定　　价／128.00元

皮书序列号／PSN B-2011-208-3/8

本书如有印装质量问题,请与读者服务中心 (010-59367028) 联系

▲ 版权所有 翻印必究

湖南省人民政府发展研究中心
湖南蓝皮书编辑委员会

主　任　卞　鹰

副主任　唐宇文　邓仕军　王佳林　李建国　黄绍红
　　　　　蔡建河

编　委　彭蔓玲　唐文玉　禹向群　左　宏　袁建四
　　　　　李学文　罗德强　邓润平　王　斌　曾晓阳
　　　　　柳　松　唐细华　罗小阳　彭谷前

主　编　卞　鹰

副主编　唐宇文

《湖南蓝皮书·2018年湖南两型社会与生态文明建设报告》

执行编辑　彭蔓玲　刘　琪　黄　君　戴　丹　罗会逸

主要编撰者简介

卞 鹰 湖南省人民政府发展研究中心主任、党组书记。历任湖南省委政策研究室科教文卫处副处长、处长，城市处处长，湖南省委巡视第一组副组长，湖南省委巡视工作办公室副主任，湖南省委巡视工作办公室主任，湖南省纪委副书记。主要研究领域为区域经济、城市发展等，先后主持多项省部级课题。

唐宇文 湖南省人民政府发展研究中心副主任，研究员。1984年毕业于武汉大学数学系，获理学学士学位，1987年毕业于武汉大学经济管理系，获经济学硕士学位。2001~2002年在美国加州州立大学学习，2010年在中共中央党校一年制中青班学习。主要研究领域为区域发展战略与产业经济，先后主持国家社科基金项目及省部级课题多项，近年出版著作主要有《创新引领开放崛起》《打造经济强省》《区域经济互动发展论》等。

摘　要

本书是由湖南省人民政府发展研究中心组织编写的年度性报告。全面回顾并总结了2017年湖南省两型社会与生态文明建设的情况，深入探讨了2018年湖南两型社会与生态文明建设的方向、重点、重要举措和政策建议。本书包括主题报告、总报告、部门篇、区域篇、园区篇和专题篇六个部分。主题报告是湖南省领导关于两型社会与生态文明建设的重要论述；总报告是湖南省人民政府发展研究中心课题组对2017～2018年湖南两型社会与生态文明建设情况的分析和展望；部门篇是相关职能部门围绕湖南资源节约循环利用、节能降耗、城乡环境保护、水资源管理、绿色发展等方面开展的深度研究；区域篇是湖南省各市州对两型社会与生态文明建设的分析和谋划；园区篇展示了部分试点示范区推进两型社会与生态文明建设的成功经验和做法；专题篇是专家学者对两型社会与生态文明建设有关热点、难点问题的深入探讨。

Abstract

The book is the annual report compiled by the Development Research Center of Hunan Provincial People's Government. The book overall reviewes Hunan "Two-oriented Society" and Ecological Civilization Construction in 2017, and discusses the orientations, focuses, important measures and policy suggestions in 2018. The book consists of six sections, including Keynote Reports, General Report, Department Reports, Regional Reports, Park Reports and Special Topics. The Keynote Reports are about the important exposition of "Two-oriented Society" and Ecological Civilization Construction by leaders of Hunan Province. The General Report is about the current condition and prospect of Hunan "Two-oriented Society" and Ecological Civilization Construction in 2017 – 2018 by the Development Research Center of Hunan Provincial People's Government. The Department Reports are about the thorough research of Hunan Province's resource recycling and utilization, energy saving, urban and rural environmental protection, water resources management, green development, etc. The Regional Reports are about the analysis and plan of "Two-oriented Society" and Ecological Civilization Construction of some cities and autonomous prefecture in Hunan. The Park Reports demonstrate the successful experience and practices about "Two-oriented Society" and Ecological Civilization Construction of some Demonstration Zones and Pilot Areas in Hunan. The Special Topics are about the thorough study on hot issues and difficulties of Hunan "Two-oriented Society" and Ecological Civilization Construction by experts and scholars.

目　录

Ⅰ　主题报告

B.1 以新发展理念为指引　迈进生态文明新时代…………… 胡衡华 / 001
B.2 探索新时代生态郴州建设新路径………………………… 易鹏飞 / 006

Ⅱ　总报告

B.3 2017～2018年湖南两型社会与生态文明建设情况与展望
………………………… 湖南省人民政府发展研究中心课题组 / 013

Ⅲ　部门篇

B.4 大力实施"一改一化一保护"　全面推进长株潭
两型试验区改革建设
………………………… 湖南省长株潭两型试验区工委、管委会 / 036
B.5 突出资源节约利用　助推绿色循环发展
………………………………………… 湖南省发展和改革委员会 / 045

B.6 湖南省2017年环境保护工作总体情况及2018年基本思路
　　……………………………………………… 湖南省环境保护厅 / 052

B.7 践行绿色发展理念　促进工业绿色发展
　　………………………………………… 湖南省经济和信息化委员会 / 063

B.8 开启建筑业绿色转型升级变革新时代
　　…………………………………………… 湖南省住房和城乡建设厅 / 069

B.9 加强水资源管理　促进水生态文明………… 湖南省水利厅 / 078

B.10 厚植林业优势　建设生态强省 …………… 湖南省林业厅 / 088

B.11 切实加强农业资源环境保护　推动湖南农业走向绿色发展
　　………………………………… 湖南省农业资源与环境保护管理站 / 095

Ⅳ 区域篇

B.12 长沙市2017～2018年两型社会与生态文明建设报告
　　………………………………………… 长沙市人民政府研究室 / 102

B.13 以绿色发展理念引领株洲高质量发展 ………… 毛腾飞 / 114

B.14 践行发展新理念　聚力两型新提升　奋力谱写伟人故里
　　生态文明建设新篇章
　　——湘潭市2017～2018年两型社会与生态文明建设报告
　　…………………………………………………………… 曹炯芳 / 120

B.15 两型引领、绿色崛起　"五个衡阳"建设迈出新步伐
　　——衡阳市2017～2018年两型社会与生态文明建设报告
　　………………………………………………… 衡阳市人民政府 / 127

B.16 邵阳市2017～2018年两型社会与生态文明建设报告 …… 龚文密 / 139

B.17 岳阳市2017～2018年两型社会与生态文明建设报告
　　………………………………… 岳阳市生态文明体制改革专项小组 / 149

B.18 践行发展新理念　建设绿色新常德
　　——常德市2017~2018年两型社会与生态文明建设报告
　　　　　　　　　　　　　　　　　　…………………… 常德市人民政府 / 156

B.19 益阳市2017~2018年两型社会与生态文明建设报告
　　　　　　　　　　　　　　　　　　…………………… 益阳市人民政府 / 168

B.20 把绿色作为永州发展最鲜明的底色
　　——永州市2017~2018年两型社会与生态文明建设报告
　　　　　　　　　　　　　　　　　　…………………………… 李　晖 / 176

B.21 娄底市2017~2018年两型社会与生态文明建设报告
　　　　　　　　　　　　　　　　　　…………………… 娄底市人民政府 / 189

B.22 湘西自治州2017~2018年两型社会与生态文明建设报告
　　　　　………………… 湘西土家族苗族自治州人民政府研究室 / 196

Ⅴ　园区篇

B.23 坚持生态优先绿色发展　加快打造全国两型社会建设引领区
　　——湖南湘江新区2017~2018年两型社会与生态文明建设报告
　　　　　　　　　　　　　　　　…………… 湖南湘江新区管理委员会 / 205

B.24 湘潭天易示范区2017年两型社会建设情况及2018年思路
　　　　　　　　　　　　　　　　…………… 湘潭天易示范区管理委员会 / 212

B.25 湘潭昭山示范区2017~2018年两型社会与生态文明建设报告
　　　　　　　　　　　　　　　　…………… 湘潭昭山示范区管理委员会 / 218

B.26 株洲云龙示范区2017~2018年两型社会与生态文明建设报告
　　　　　　　　　　　　　　　　…………… 株洲云龙示范区管理委员会 / 223

B.27 湖南南山国家公园体制试点情况及2018年改革思路
　　　　　　　　　　　　　　　　…………… 城步苗族自治县人民政府办公室 / 230

B.28 湘潭县云龙小学创建两型示范学校的经验与启示
　　——"教材串联、三方联动"的"4+4"两型示范学校创建模式
　　　　　　　　　　　　　　　　………………………… 湘潭县云龙小学 / 242

Ⅵ　专题篇

B.29 关于进一步完善城市生活垃圾分类处置收费制度的若干建议
　　………………………………………… 陈晓红　周志方 / 249

B.30 长株潭两型社会建设改革试验经验总结评估报告
　　………………………………… 唐宇文　彭蔓玲　刘　琪 / 257

B.31 促进宏观微观协同　提高湖南绿色发展质量
　　……………………………………… 刘解龙　张敏纯 等 / 279

B.32 生态文明结硕果　绿色发展在路上
　　——2016年湖南生态文明建设年度评价结果述评…… 何　达 / 292

B.33 湖南生态文明建设统计测度研究 ………………… 蔡宏宇 / 297

B.34 湖南农村环境问题与防治对策建议 ……………… 孙　蕾 / 311

B.35 长沙具备创建国际湿地城市的基础条件 ………… 唐曙光 / 320

B.36 领导干部自然资源资产离任审计研究 …………… 周慧滨 / 329

B.37 湖南省绿色全要素生产率增长的空间演进与收敛性研究
　　………………………………………… 刘亦文　李　毅 / 336

B.38 两型产业集聚及其影响因素研究
　　——以长株潭城市群服务业为例 ………… 张　旺　蒋沙沙 / 348

CONTENTS

Ⅰ Keynote Reports

B.1 Guided by the New Development Concept, Stepping Into a
New Era of Ecological Civilization *Hu Henghua* / 001
B.2 Exploring New Ways of Ecological Construction of Chenzhou
in the New Era *Yi Pengfei* / 006

Ⅱ General Report

B.3 The Situation in 2017-2018 and Prospect of Hunan Two-oriented
Society and Ecological Civilization Construction
*Research Group of the Development Research Center of Hunan
Provincial People's Government* / 013

Ⅲ Department Reports

B.4 Vigorously Implementing Reform, Regional integration, Green Heart
Protection, Comprehensively Promoting the Reform and Construction
of Chang-Zhu-Tan Two-oriented Pilot Area
*Working Commission of Chang-Zhu-Tan Two-oriented Pilot Zone in Hunan,
Management Commission of Chang-Zhu-Tan Two-oriented Pilot Zone in Hunan* / 036

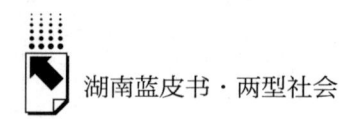

B.5　Highlighting Resource Conservation and Utilization, Promoting Green Cyclic Development

Development and Reform Commission of Hunan Province / 045

B.6　The General Situation of Environmental Protection Work in 2017 and Basic Ideas in 2018 in Hunan Province

Environmental Protection Department of Hunan Province / 052

B.7　Practicing the Idea of Green Development, Promoting the Green Development of Industry

Hunan Economic and Information Technology Commision / 063

B.8　Starting a New Reform Era of Green Transformation and Upgrading in Construction Industry

Department of Housing and Urban-Rural Dvelopment of Hunan Province / 069

B.9　Strengthening Water Resource Management, Promoting Water Ecological Civilization

Department of Water Resources of Hunan Province / 078

B.10　Enhancing the Advantage of Forestry, Building a Strong Ecological Province

Department of Forestry of Hunan Province / 088

B.11　Strengthening the Protection of Agricultural Resources and Environment, Promoting the Green Development of Agriculture in Hunan

Agricultural Resource and Environmental Protection Management Station of Hunan Province / 095

Ⅳ　Regional Reports

B.12　The Report on Two-oriented Society and Ecological Civilization Construction of Changsha in 2017-2018

The Research Office of People's Government of Changsha / 102

CONTENTS

B.13　Leading the High Quality Development of Zhuzhou With Green Development

Mao Tengfei / 114

B.14　Practicing the New Idea of Development, Concentrating on New Improvement of Two-oriented Society, Striving to Write a New Chapter of the Ecological Civilization Construction in the Hometown of Great Man

—*The Report on Two-oriented Society and Ecological Civilization Construction of Xiangtan in 2017-2018*

Cao Jiongfang / 120

B.15　Leaded by Two-oriented Development Concept, Rising of Green, the Construction of "Five Hengyang" Takes New Steps

—*The Report on Two-oriented Society and Ecological Civilization Construction of Hengyang in 2017-2018*

The People's Government of Hengyang / 127

B.16　The Report on Two-oriented Society and Ecological Civilization Construction of Shaoyang in 2017-2018

Gong Wenmi / 139

B.17　The Report on Two-oriented Society and Ecological Civilization Construction of Yueyang in 2017-2018

The Office of Structural Reform on Ecological Civilization in Yueyang / 149

B.18　Practicing the New Idea of Development, Building a New Green Changde

—*The Report on Two-oriented Society and Ecological Civilization Construction of Changde in 2017-2018*

The People's Government of Changde / 156

B.19　The Report on Two-oriented Society and Ecological Civilization Construction of Yiyang in 2017-2018

The People's Government of Yiyang / 168

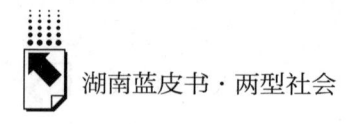

B.20 Taking Green As the Most Vivid Background of Yongzhou Development
　　—The Report on Two-oriented Society and Ecological Civilization Construction of Yongzhou in 2017-2018　　　　　　　　*Li Hui* / 176

B.21 The Report on Two-oriented Society and Ecological Civilizution Construction of Loudi in 2017-2018
　　　　　　　　The People's Government of Loudi / 189

B.22 The Report on Two-oriented Society and Ecological Civilization Construction of Xiangxi Tujia&Miao Autonomous Prefecture in 2017-2018　　*Research Office of the people's Government of the Xiangxi Tujia & Miao Autonomous Prefecture* / 196

V Park Reports

B.23 Adhering to Ecological Priority and Green Development, Speeding Up to Build the Leading Area of Two-oriented Society in China
　　—The Report on Two-oriented Society and Ecological Civilization Construction of Hunan XiangJiang New Area in 2017-2018
　　　　　　　Management Commission of Hunan Xiangjiang New Area / 205

B.24 The Two-oriented Society Construction of 2017 and the Ideas of 2018 in Xiangtan Tianyi Demonstration Zone
　　　　　　Management Commission of Xiangtan Tianyi Demonstration Zone / 212

B.25 The Report on Two-oriented Society and Ecological Civilization Construction of Xiangtan Zhaoshan Demonstration Zone in 2017-2018
　　　　Management Commission of Xiangtan Zhaoshan Demonstration Zone / 218

B.26 The Report on Two-oriented Society and Ecological Civilization Construction of Zhuzhou Yunlong Demonstration Zone in 2017-2018
　　　　Management Commission of Zhuzhou Yunlong Demonstration Zone / 223

CONTENTS

B.27 Experimental Situation and Reform Ideas of Nanshan National Park System in Hunan

The office of People's Government of Chengbu Miao Autonomous County / 230

B.28 Experience and Enlightenment of Creating Two-oriented School in Yunlong Primary School of Xiangtan County

—The Creation Mode of "4+4" Two-oriented Model School with "Textbooks Connection, Three-Part Linkage"

Yunlong Primary School of Xiangtan County / 242

VI Special Topics

B.29 Suggestions on Further Improvement of Classification、Disposal and Charge System of Municipal Domestic Waste

Chen Xiaohong, Zhou Zhifang / 249

B.30 An Evaluation Report on the Reform Experimental Experience of Chang-Zhu-Tan Two-oriented Society Construction

Tang Yuwen, Peng Manling and Liu Qi / 257

B.31 Promoting Macro-Micro Collaboration to Improve the Quality of Green Development in Hunan   *Liu Jielong, Zhang Chunming, etc.* / 279

B.32 Ecological Civilization comes to Fruition, Green Development is on the Way

—The Review of Annual Evaluation Results of Hunan Ecological Civilization Construction in 2016   *He Da* / 292

B.33 A Research on Statistical Measurement of Ecological Civilization Construction in Hunan   *Cai Hongyu* / 297

B.34 The Rural Environmental Problems and Suggestions for Prevention in Hunan   *Sun Lei* / 311

B.35 Changsha has the Basic Conditions for Creating an International Wetland City   *Tang Shuguang* / 320

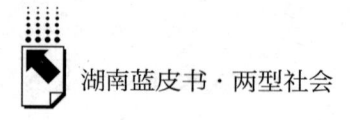

B.36　The Research on Off-office Auditing of Cadres on Natural Resources

Zhou Huibin / 329

B.37　The Research on Spatial Evolution and Convergence of Green Total Factor Productivity Growth in Hunan Province

Liu Yiwen, Li Yi / 336

B.38　The Research on Two-oriented Industry Agglomeration and Influencing Factors

　　—*Taking the Service Industry of Chang-Zhu-Tan City Group as an Example*

Zhang Wang, Jiang Shasha / 348

主题报告

Keynote Reports

B.1
以新发展理念为指引 迈进生态文明新时代

胡衡华*

建设生态文明是中华民族永续发展的千年大计。党的十八大以来，习近平总书记做出了"绿水青山就是金山银山""保护生态环境就是保护生产力，改善生态环境就是发展生产力"等系列重要论述，形成了习近平新时代生态文明建设思想。党的十九大把"坚持人与自然和谐共生"作为坚持和发展中国特色社会主义基本方略之一，就加快生态文明体制改革、建设美丽中国做出一系列战略部署。走进生态文明新时代，长沙坚持以习近平新时代中国特色社会主义思想为指导，按照湖南省委省政府建设生态强省的部署要求，以更加强烈的省会意识和省会担当，推进全国两型社会建设综合配套改革试验区建设，推动生态文明建设开启新篇章。

---

* 胡衡华，中共湖南省委常委、长沙市委书记。

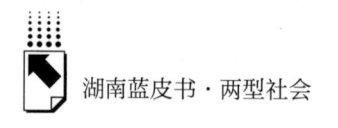

一 在深化生态文明体制改革上重点发力

2017年是长株潭城市群全国两型社会建设综合配套改革试验区获批设立十周年。我们在系统总结两型社会建设综合配套改革经验的同时，进一步把生态文明体制改革的着力点聚焦到生态保护、污染治理、两型试点等重点领域，形成了改革向纵深发展、向重点发力的生动局面。

率先实施生态补偿。深入实施《长沙市境内河流生态补偿办法》，湘江四大支流断面考核与生态补偿形成常态。从2017年开始，每年由市、区两级财政安排资金3600万元，对长株潭生态绿心、岳麓山风景名胜区实行生态补偿，开启了全国省会城市对城市生态功能区实施系统生态补偿的先河。工业行业全面实施排污权交易，2017年新改扩建企业排污权交易率达100%。

全面推行河长制。出台《关于全面推行河长制的实施意见》，全市所有江河湖库水面均实行河长负责制，共设立市级河长8个、县级河长107个、乡级河长754个、村级河长1231个。为"一江六河"配置"身份证"，从2017年10月开始，对"一江六河"开展水污染治理、防洪保安提质、河道环境卫生整治、船舶专项整治四大专项治理行动。长沙河长制推行工作得到国家水利部充分肯定。

深入推进两型改革。两型社会建设综合配套改革试验区第三阶段43项改革和5个省级两型改革试点项目全面实施，全国节约集约用地综合标准化试点、重金属污染严重耕地修复及农作物种植结构调整试点、农村环境综合整治、畜禽养殖第三方治理、绿色建筑推广、城区垃圾分类收集处理体系试点、绿色发展评价考核体系构建等稳步推进，一批长沙创造的两型改革案例和经验在全国和湖南省得到推介。

二 在促进生态环境质量改善上精准施策

良好生态环境是最公平的公共产品，是最普惠的民生福祉。我们牢固树立"绿水青山就是金山银山"的理念,坚定实行最严格的生态环境保护制度,持续开展"清霾、碧水、净土、静音"四大专项行动,推动生态环境质量得到明显改善。

认真抓好中央环保督察整改。积极配合中央环保督察组来长督察,第一时间召开系列会议研究部署整改落实工作,逐一明确责任领导、责任单位、整改措施和时限要求,以钉钉子精神抓好整改。截至2017年12月底,中央环保督察组向长沙反馈的12项问题和交办的1503件信访件基本按时完成整改并通过验收。

扎实推进重点领域污染防治。持续推进大气污染防治,打响"蓝天保卫战",淘汰黄标车2.95万台,完成居民家庭餐厨油烟净化治理改造2万户,实现建筑工地扬尘在线监控全覆盖。2017年,长沙空气质量优良天数达263天,优良率为72%。持续推进水污染防治,深入实施湘江保护与治理"一号重点工程",全面禁止环保不达标船舶进入湘江,加快浏阳河、沩水沿线畜禽养殖退出,新改扩建污水处理厂6个,建成圭塘河生态引水工程,集中式饮用水水源地水质达标率为100%,湘江长沙段出境断面水质稳定达到Ⅲ类,长沙顺利通过全国水生态文明城市建设试点验收。持续推进土壤污染防治,原长沙铬盐厂铬污染土壤修复进展顺利。持续推进噪声污染防治,开展"三考"(高考、中考、高中学业水平考试)环境噪声污染整治行动,严肃查处噪声扰民行为。持续推进农村环境综合整治,110个行政村完成以"饮用水源保护、生活污水处理、垃圾污染治理、畜禽养殖污染治理"为主要内容的农村环境综合整治。

大力实施"新三年造绿大行动"。2017年共铺排城乡绿道、林荫工程、增花添彩等8个类别绿化项目646个,完成绿化建设7131公顷,建成城市公园(小游园)107个、林荫道路69条。随着造绿行动持续加力,长沙绿化水平迈上新的台阶,森林覆盖率提升至54.82%,居全国省会城市第三;绿化覆盖率上升至41.5%,同比提高1.45个百分点;城市中心区人均公园绿地面积达11.58平方米,同比增长0.83平方米。

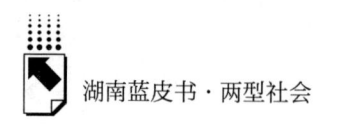

三 在推进绿色低碳循环发展上久久为功

推进绿色低碳循环发展,既是时代发展的大势,更是城市发展的趋势。我们始终把绿色发展摆在更加突出位置,贯穿城市发展始终,以绿色发展引领、推动高质量发展。

以正确的政绩考评引领绿色发展。不以牺牲生态环境换取一时一地经济增长,这是长沙坚守多年的底线,也是长沙一以贯之的做法。为了更好地满足人民群众对清新空气、干净饮水、安全食品、优美环境的需求,一方面,我们加大对资源消耗、环境保护等指标的考核权重,让实现更高质量、更有效率、更加公平、更可持续的发展成为全市上下的共同追求;另一方面,我们加大对资源浪费、环境污染等行为的问责力度,以硬杠杠推动广大党员干部认真履行生态环境保护责任、落实环境污染治理工作。在中央环保督察整改中,全市问责干部166名,有力地彰显了大力推进绿色发展的坚定决心和严肃查处违法行为的鲜明导向。

以高端的产业体系支撑绿色发展。经济要保持中高速增长,产业要迈向中高端水平,推进绿色发展是不可偏离的必由之路。我们把绿色发展作为调结构、转方式的突破口,作为建设实体经济、科技创新、现代金融、人力资源协同发展的产业体系的主攻点,坚定不移推动生产方式绿色化,坚定不移走代价小、效益好、可持续之路。对高能耗项目、有污染项目实行"一票否决",坚决"拒之门外";大力推广节能环保新技术、新装备和新产品,对产业体系进行全方位的绿色化改造;加快壮大节能环保产业、清洁生产产业、清洁能源产业。2017年,长沙新引进投资50亿元以上产业项目23个、10亿元以上产业项目45个,新获批国家智能制造试点示范企业及专项20个,新认定高新技术企业800多家,以绿色发展为导向推动产业转型升级。

以文明的生活方式推行绿色发展。绿色发展是发展观的一场深刻变革,这场变革只有与人民群众生活息息相关,才真正具有旺盛的生命力和强大的影响力。我们坚持出行、居住、消费"三管齐下",推动绿色生活在广大群众中扎根。大力发展绿色交通,地铁3、4、5、6号线建设加快推进,长株潭城际铁路全线开通,新增纯电动公交车1609辆,建成自行车道473公里、步行道745公里。大力推广绿色建筑,对绿色建筑进行全过程监管,建立建筑垃圾资源化利用长效机制,新增绿色建筑设计标识86个。大力倡导绿色消费,全面推行勤俭节约、绿色低碳、文明健康的生活方式和消费模式,深入开展反过度包装行动、反食品浪费行动、反过度消费行动,将绿色生活方式体现在日常生活细节之中,让绿色发展理念深入人心、形成风尚。

B.2
探索新时代生态郴州建设新路径

易鹏飞*

习近平总书记反复强调：生态兴则文明兴，生态衰则文明衰，要树立和践行绿水青山就是金山银山的理念，坚持节约资源和保护环境的基本国策。作为资源型地区，郴州面临经济发展、环境制约的矛盾更加突出，人民群众对优美生态环境需要更加迫切。中国特色社会主义进入新时代，郴州将深入贯彻习近平新时代中国特色社会主义思想，把生态郴州建设融入经济社会发展各方面和全过程，重点在产业转型升级、建设美丽宜居家园、深化生态文明改革等方面下功夫，努力探索新时代生态郴州建设的新路径。

一 力促产业转型升级，走高质量发展之路

党的十九大报告明确提出"要创造更多物质财富和精神财富以满足人民日益增长的美好生活需要，也要提供更多优质生态产品以满足人民日益增长的优美生态环境需要"。处于速度换挡、结构调整、动力转换关键阶段的郴州，不可能再走过去高投入、高能耗、高污染的发展路子，也不能以牺牲速度甚至经济发展停滞不前为代价来保护环境，必须以提高发展质量、效益为中心，推进速度与质量、效益的协调统一。2017年，郴州市坚持稳中求进工作总基调，大力实施"创新引领、开放崛起""产业主导、全面发展"战略，全年实现地区生产总值2337.7亿元，同比增长7.9%；完成一般公共预算收入203.4亿元、地方财政收入130.6亿元；税收占一般公共预算收入的74.7%，比上年提高18.9个百分点，经济发展质量，特别是财税的质量明显好转。

---

* 易鹏飞，湖南省政协副主席，中共郴州市委书记、市人大常委会主任。

（一）转型升级强推进

迈好资源型经济转型发展的步伐，是郴州两型社会和生态文明建设的首要任务。2017年，郴州以提高质量和效益为中心，以供给侧结构性改革为主线，抓实"三去一降一补"重点任务，着力推动传统资源型经济转型升级。煤矿、非煤矿山、烟花爆竹等行业落后产能有序关闭退出，全市煤矿减少到70家。"十小"企业关停120余家，"地条钢"等非法产能全面取缔，单位GDP能耗下降4.9%。商品房库存减少459.48万平方米，为年度目标任务160万平方米的287.2%。有色金属产业加快转型升级，26家企业进入全省有色金属行业50强，金贵银业成为全市首家百亿元级企业，金旺铋业系列产品占全球市场份额的50%。石墨新材料产业蓬勃兴起，南方石墨高碳石墨提纯、明大碳素等项目加快建设。以园区为转型升级主战场，出台并落实园区发展"20条"政策，园区规模工业增加值增长8.3%，占全市规模工业增加值的80.6%。接下来，郴州将在巩固供给侧结构性改革成果的基础上进一步主动发力，转变经济发展方式，推进资源节约和高效利用。

（二）创新驱动渐发力

产能落后、产品初级是郴州实现高质量发展的最大"拦路虎"，科技创新能力不足是郴州发展的最大短板。2017年，郴州市委五届三次会议审议并通过《中共郴州市委关于贯彻落实创新引领开放崛起战略的行动方案》，着力推动经济从"汗水型"逐步走向"智慧型"。2017年，全市国家高新技术企业总数突破113家，累计建成16家科技企业孵化器（创业孵化基地）、研发平台98家，高新技术产品产值同比增长16.4%。高斯贝尔成功上市，东谷电子商务产业园投入运营，沃特玛新能源电池、东江湖大数据中心、万华生态板业等一批重点产业项目竣工投产。下一阶段，郴州将以创新为驱动，着力提升全社会生产效率，加快发展战略性新兴产业，不断培育郴州经济发展新的增长点。

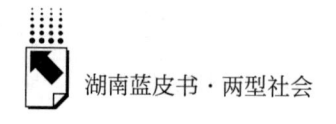

（三）绿色发展新模式

绿水青山是郴州未来最重要的财富，是郴州最大的优势所在。让绿水青山变为"金山银山"，不仅关系着郴州的发展，而且关系到每个郴州人的福祉。2017年，郴州市委、市政府始终把绿色惠民摆在重要的位置，大力发展生态农业、文化旅游等绿色惠民产业，加速促进农村一、二、三产业融合，成功举办2017中国（湖南）红色旅游文化节和春、夏、秋季美丽乡村旅游文化节，接待游客人数、旅游收入分别增长41.4%、64.8%。旅游带动农村消费，全市农产品加工销售收入、休闲农业营业收入分别增长15%、20%。"郴州高山禾花鱼"获国家农产品地理标志登记保护，养殖面积已达5万亩，带动全域旅游、休闲娱乐等综合产值超过10亿元。今后郴州将进一步开展生态增效、绿色惠民行动，实施"绿色产业"工程，重点以"一山一岭一湖一泉一城"为核心，发展全域旅游、乡村旅游、森林旅游，构建"一核一环一带十三集群"的产业融合发展格局；抓好四大类型的森林康养基地建设，大力发展森林食品、中药材等森林有机产业，打造5~6个林下经济精深加工示范园；打造农业产业特色品牌，发展现代农业产业园，培育市级以上现代农业示范园100个，重点打造十大农业产业示范园。

二 建设美丽宜居家园，走人与自然和谐共生之路

生态文明的核心就是坚持人与自然和谐共生，它是满足人民日益增长的优美生态环境需要的内在要求。环境污染、生态受损、环境风险既制约了经济的发展，也损害了人民群众的切身利益。郴州长期侧重资源型经济发展，在生态环境方面造成的历史遗留问题较多，个别地方生态环境问题十分突出，人民群众迫切需要重建美丽宜居家园，走人与自然和谐共生之路。

（一）"林中之城"名副其实

郴州古称"林邑"，意为"林中之城"。郴州出门见绿，转身即景，森

林、河流、湖泊、稻田、温泉遍及全市，绿地、游园、湿地、青砖白瓦的湘南民居点缀其间，不需要刻意雕琢，就是一座"望得见山，看得见水，记得住乡愁"的城市。2017年，郴州在城市建设和管理中贯彻以人为本、人与自然和谐共生的理念，最大限度保护青山绿水，让"林中之城"更名副其实。在郴资桂两型社会示范带的基础上，持续推进国家新型城镇化综合试点，"两供两治"、城市综合管廊、"海绵城市"等建设扎实推进，垃圾收集处理设施建设完成投资7.9亿元，整治黑臭水体76个。持续抓好"治超"和"四好农村路"、最美旅游公路创建，启动"公交都市"创建，绿色公交比例达78%。"气化郴州"步伐加快，全市新增管输天然气用户2.5万户。在城市管理上提倡精明增长、下足绣花功夫，顺利通过国家卫生城市、国家园林城市复检，资兴市、桂阳县成功创建国家园林城市、国家园林县城。接下来，郴州将加快历史文化街区划定和历史建筑确定工作，更加注重"微交通""微建设""微服务"；以"公厕垃圾站革命"三年行动为重点，同步实施污泥、餐厨垃圾、园林垃圾无害化处理和建筑垃圾综合利用、生活垃圾分类项目建设；提升道路节点景观特色和档次、城市公园景观个性和文化内涵，全面实施智能停车系统和立体停车库建设。

（二）美丽乡村建设竞相发力

改善农村人居环境，建设美丽宜居乡村，是广大农民的根本福祉，也是乡村振兴的一项重要任务。2017年，郴州在洁净乡村"四年行动计划"的基础上，启动美丽乡村"四年行动计划"，全方位改善农村人居环境，以打造乡村旅游示范带为核心，大力推进产村共建农旅融合。"两河三江五线"美丽乡村示范带初具规模，"一市十镇"整域推进美丽乡村建设试点全面启动。郴州市被评为"中国美丽乡村建设示范地区"，永兴县马田镇、嘉禾县行廊镇成为第三批湖南省美丽乡镇示范镇，北湖区三合村荣获"中国美丽乡村百佳范例"。下一步，郴州将重点实施村庄绿化、农村生活垃圾治理、"厕所革命"等建设任务；抓好郴州大道美丽乡村示范带提质升级与"一线两片"（西河沿线、飞天山片区、万华岩—四清湖片区）美丽乡村示范带

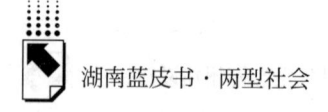

（片）建设；推进森林生态提质建设、森林火灾预警监测系统工程建设、生物防火林带建设、森林病虫害防治工程建设；开展河道保洁行动，推进河道（航道）疏浚、清障和护岸建设，处理农村重点集镇污水，实施农村水源地环境综合治理。

（三）污染防治不留死角

污染不治，百姓难安；污染不治，社会不稳。2017年，郴州以落实中央环保督察交办件为契机，切实解决突出环境问题。全面推进大气污染防治，积极创建空气质量达标示范城市，开展工业企业"出城入园"、油气回收改造、餐饮油烟治理等专项整治，空气质量优良率达89.6%，在湖南省排名第一。全面推进"河长制"，扎实推进湘江保护和治理第二个三年行动计划和"一湖两河三江"生态综合治理及重金属污染治理，强力推进东江湖饮用水源保护区规范化整治、网箱养殖专项整治及湖区农家乐规范化整治，12个饮用水源地水质100%达标，38个考核评价断面水质达标率达97.4%。积极开展湘江流域退耕还林还湿试点，完成造林26.97万亩，森林覆盖率稳定在67.7%以上。未来，郴州将重点加强打非治违、污染源治理、城乡环境综合整治、规模畜禽养殖退出、河道采砂环境基础设施建设、地质环境修复工作，全面提升"一湖两河三江"流域环境质量；开展城区及周边工业废气污染源综合整治工作；提高生态服务功能，着力打造山地森林及生物多样性保护、水系湿地及生物多样性保护和生态产品生产的示范区域；全面实施矿山复绿行动计划，推进绿色矿山创建工作。

三 发挥改革引领作用，走更可持续的发展之路

建设生态郴州，既要打好污染防治攻坚战解决当前面临的紧迫问题，也要从根本上建立人与自然和谐发展、经济与环境相互促进的长效机制。无论是利益机制的破除，还是新理念的践行，都非一朝一夕就能实现。这需要发挥改革引领作用，需要发扬"钉钉子"的精神，用务实举措解决好生态文

明建设和经济建设之间的矛盾，不断推进生态文明领域治理体系和治理能力现代化，最终推动郴州实现更好、更实、更协调、更可持续发展。

（一）健全资源节约和高效利用机制

2017年，制订并出台《郴州市全面深化"两型社会"建设综合改革加快推进生态文明建设行动计划》，在推进资源节约和高效利用基础上推出系统性的改革举措。一是开展自然资源统一确权登记，界定国土空间各类资源资产的所有权主体，划清"四个边界"。二是运用市场和技术手段提高资源使用效率，实施资源环境价格改革政策，实行阶梯水电价格、污水垃圾处理收费等，推进资源循环利用，制定技术目录。三是多举措节能降耗，建设低碳能源体系，开展效能领跑者引领行动，推广合同能源管理。四是实施最严格的耕地、林地适度保护制度，实施建设用地总量与强度"双控"行动，推进水生态文明建设。今后，郴州还将努力建设适合郴州实际的自然资源统一确权登记制度和体系，逐步推行资源环境价格累进加价制度，提高工业固体废弃物综合利用率，减少工业气体排放，建立能源管理企业联盟，完善湿地保护制度，提升土地产出效率。

（二）深入推进生态治理和环境保护

一是制定全民所有自然资源资产有偿出让制度方案，建立了国有林场森林资源基础数据库，加强对全市国有林场森林资源监测。二是启动湿地红线划定工作，出台并落实《湿地保护修复制度方案》的实施意见和工作方案，湿地保护面积3.55万公顷，湿地保护率达72.09%。三是推进全市森林康养基地建设，天鹅山国家森林公园、九龙江国家森林公园2个康养基地纳入湖南省第一批试点示范基地建设。四是出台关于加快发展储备林基地建设的意见、制定碳排放交易总量设定与配额分配方案，力争建设国家储备林基地161.42万亩（含造林和森林抚育），在全国碳汇市场启动运行时郴州备案50万吨规模的林业碳汇量。五是健全环境保护行政执法与刑事司法衔接工作机制，设立了郴州市检察院驻环保厅检察联络室，有效震慑了环境污染违法犯罪分子。下一阶段,郴州将进一步完善城乡环境同治机制,健全生态安全管理机制,创新矿产资源保护和矿山生态环境综合防治机制,推行环境第三方治理,探索并建立碳交易市场和低碳技术交易平台,深化排污权交易,加快推进东江湖生态补偿机制建设。

(三)探索生态文明绩效评价考核机制

从2015年以来,郴州就把万元GDP对财政的贡献率、税比、园区财政占整个县域财政的比例三个关键指标纳入对县(市、区)财政的主要考核指标。大力推进两型社会建设综合评价试点工作,构建"地方挂帅,环保监管,部门各司其职"的监管格局。下一步,郴州将开展绿色发展绩效评价考核,完善不同主体功能区特点和生态文明要求的县(市、区)党政领导干部政绩考核办法,开展生态系统价值核算试点;完善生态文明建设责任体系,探索将自然资源资产离任审计评价结果作为领导干部考核、任免、奖励的重要依据,开展生态环境损害赔偿制度改革;促进生态文明信息化建设,推进大气、水、土壤等环境质量信息和项目审批、执法等监管信息公开;推进"生态文明乡镇(街道)、村庄(社区)、机关、学校、企业"创建活动,积极营造生态文明人人共享、人人共建的氛围。

总报告

General Report

B.3
2017~2018年湖南两型社会与生态文明建设情况与展望[*]

湖南省人民政府发展研究中心课题组[**]

  2017年，湖南坚持以习近平新时代中国特色社会主义思想为指导，围绕建设生态强省战略目标，深化生态文明改革，加快产业绿色转型，以"一湖四水"为主战场狠抓环境治理，以中央环保督察为契机加强环境监管。节能减排目标全面实现，湘江保护和治理效果明显，生态质量持续改善，绿色发展指数位列全国第8，两型社会和生态文明建设取得积极成效。

---

[*] 本文是中国特色社会主义理论体系研究中心重大项目（2015YZD19）阶段性成果。
[**] 课题组组长：卞鹰，湖南省人民政府发展研究中心主任；副组长：唐宇文，湖南省人民政府发展研究中心副主任、研究员；成员：彭蔓玲、戴丹。

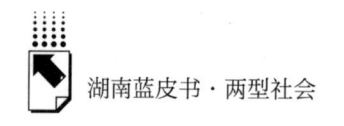

一 2017年湖南两型社会与生态文明建设情况

（一）生态环保领域改革持续推进

1. 自然资源资产产权制度逐步建立

一是不动产统一登记全面落地，截至2017年底，全省建成不动产登记机构120个、登记场所600余处、服务窗口2300余个，划转人员5600余人，颁发登记证书135.4万本，在全国率先实现122个县（市、区）全部接入国家不动产登记信息平台，为自然资源资产产权登记打下了重要的基础。二是全面启动自然资源确权登记试点，2017年5月，全省自然资源统一确权登记试点工作会议在澧县召开，确定了在浏阳、澧县、芷江、城步四个县（市）同步开始实施自然资源确权登记试点，这是湖南省首次对国家所有的自然资源统一发放"身份证"。截至2017年底，试点县（市）初步完成自然资源统一确权登记，探索并建立了自然资源调查、确权登记等制度，基本摸清了自然资源底数，划清了权属边界，形成了自然资源管理"一张图"，为全省推进自然资源统一确权登记提供了可复制推广、可操作的经验。

2. 积极推进国家公园体制试点

2017年3月，成立湖南南山国家公园筹委会，试点工作全面铺开。同年10月，正式成立湖南南山国家公园管理局。试点工作从摸清自然资源的种类、数量和权属性质开始，并绘制分布图、土地利用现状图等，在此基础上，推进自然资源确权登记，这在全国国家公园体制试点区走在前列。在生态保护、生态管控方面，将试点区划分为四大区域（传统利用区、公园游憩区、生态保育区和严格保护区），关停了一批水电项目，紧急叫停核准的2个风电项目，并严格限定南山牧场放牧区，以保持南方草原景观的特殊性与草原生态环境的延续性。在规划编制方面也进行了有益的探索，2017年4月出台《南山国家公园体制试点总体规划（初稿）》，全面启动立法工作。南山国家公园体制试点的一些积极探索，得到国家有关部门的肯定与采用。

3. 健全资源总量管理和全面节约制度

2017年10月,《湖南省"十三五"节能减排综合性工作方案》出台,落实能源消费总量和强度双控制度。2017年,启动了全省循环经济发展评价指标体系研究制定工作,在全省10个国家循环经济示范区,率先开展资源产出率统计体系建设。对钢铁企业实行差别电价、阶梯电价政策,促进钢铁行业节能减排。在水资源节约方面,出台《湖南省"十三五"水资源消耗总量和强度双控行动实施方案》;重点推进13个县城和建制镇建立居民阶梯水价制度;组织重点用水企业水效领跑者评选,全面提升企业用水效率,湖南华菱湘潭钢铁集团成为第一批重点用水企业水效领跑者;积极推进长沙、株洲等5个国家级水生态文明城市建设试点,长沙、郴州两市高分通过了国家水生态文明城市建设试点验收。

4. 健全生态补偿制度

出台《关于健全生态保护补偿机制的实施意见》,明确提出,到2020年全省要实现重要区域生态保护补偿全覆盖,基本建立符合湖南省省情的生态保护补偿制度体系。在探索城市生态功能区生态补偿方面,长沙市出台《长沙市绿心地区生态补偿办法》,规定采取基础性补偿和奖励性补助相结合的方式,对绿心地区进行生态补偿,长沙市财政每年安排1800万元奖励性补助资金,县(市、区)配套安排基础性补偿专项资金;其中,基础性补偿专项资金根据土地权益面积实际大小发放给绿心地区居民,补偿标准为:控制建设区每亩20元/年、限制开发区每亩40元/年、禁止开发区每亩60元/年,生态补偿红利将惠及长沙绿心地区近24万群众。

5. 全面推行河长制

一是建立组织体系。2017年是湖南省全面推行河长制的开局之年,2017年2月,湖南省委、省政府印发了《关于全面推行河长制的实施意见》;随后,全省14个市州、108个县(市、区)均出台了河长制实施方案,基本建立起省、市、县、乡、村五级河长体系,共明确河长35696人,提前完成了2018年底前全面建立河长制工作目标。二是落实巡河制度。湖南省委副书记、省长、省级总河长许达哲先后3次开展长江、洞庭湖和资水、湘江巡河巡湖，并签署"湖南省第1号总河长令"，明确巡河是各级河长履职的重要工作方式，对各级河长的巡河频率做出具体规定。截至2017年12月底，湖南5位省级河长先后开展12次巡河，各级河长累计巡河达30.24万人次。三是初步构建河长制制度体系。正式印发《河长制工作考核办法（试行）》《河长制信息共享制度（试行）》《河长制工作督察制度（试行）》《河湖日常监管巡查指导意见》四项制度。

6. 健全绿色金融制度

2017年12月，湖南出台《关于促进绿色金融发展的实施意见》，要求逐步构建绿色金融组织体系、加快创新绿色金融产品和服务方式、全面构筑绿色金融风险防范机制、建立健全绿色金融政策扶持机制，对有效助推湖南实体经济重点领域绿色化发展具有重要意义。先后出台《湖南省节能监察信息公开办法》《湖南省节能失信行为认定和记录办法》《湖南省节能失信黑名单联合惩戒备忘录》等系列文件，在全国率先建立节能信用体系制度，对节能违法违规行为实行信用约束。2017年9月，成功获批金砖国家新开发银行长株潭绿心区域生态综合治理20亿元贷款项目，这是湖南首次获得新开发银行贷款，也是湖南利用国际金融组织和外国政府贷款金额最大的一个项目，为湖南开辟新的国际金融合作渠道提供了参考样本。

7. 健全环境治理和生态保护市场机制

2017年9月，湖南正式出台《关于培育环境治理和生态保护市场主体的实施意见》，要求丰富壮大企业市场主体，积极推行市场化环境治理和生态保护模式，环保技术装备、产品和服务基本满足环境治理需要，省内环境公用设施、工业企业环保设施和区域性环境整治项目基本实现专业化、市场化建设运营。推进环境污染第三方治理，竹埠港环境污染第三方治理试点项目进入尾声，试点采取建立政企合作PPP模式的专业治理平台、经营性项目收益与政府购买服务相结合的方式实施。截至2017年底，全省完成污染修复土壤共计约20万立方米，完成投资约5亿元，子项目全面完成建设，竹埠港区域环境污染得到有效治理，环境质量显著改善，保障了湘江流域饮水安全，"环境污染整治+土地开发整理"模式的探索取得初步成效。

8. 推行生态文明绩效评价考核和责任追究制度

2017年10月,出台《湖南省生态文明建设目标评价考核办法》,明确将对全省14个市州党委、政府推进生态文明建设工作情况实行严格的评价考核制度,考核结果向社会公布并纳入生态文明建设目标考核和省绩效考评体系,并以此作为党政领导综合考核评价、干部奖惩任免的重要依据;而且,对生态环境损害明显、责任事件多发市州的党政主要负责人和相关负责人要依法依规追究责任。2017年12月底,围绕建立生态环境损害赔偿管理制度,推出《湖南省生态环境损害调查办法(试行)》《湖南省生态环境损害修复监督管理办法(试行)》《湖南省生态环境损害赔偿磋商管理办法(试行)》《湖南省生态环境损害赔偿资金管理办法(试行)》等多个文件,明确了三种情形为生态环境损害事件和相关赔偿磋商办法,为生态环境损害赔偿追责走出了可操作的一步。

(二)绿色产业体系加快建立

1. 现代农业稳步发展

加快发展生态农业,着力打造"湘字号"高档特色农产品,截至2017年底,湖南省"三品一标"认证农产品超过3000个,无公害农产品品牌2000多个、绿色食品1241个、有机食品201个、地理标志农产品55个,优质农产品生产基地面积达8700多万亩,农业市场竞争力和产业价值链总体得到了提升。围绕"主体小循环、园区中循环、区域大循环",大力开展生态循环农业建设,开展"稻鱼、稻虾、稻鸭"等综合种养模式,2017年新扩稻田综合种养200万亩,实现了"一水两用、稻渔双赢"。以乡村旅游为依托,开启农产品销售新模式,2017年全省涌现美丽乡村1084个、休闲农庄4300多家,乡村旅游量达到436万人次。

2. 绿色制造体系加快建设

2017年初,出台《湖南省绿色制造体系建设实施方案》,要求到2020年,全省建设100家绿色工厂、10家绿色园区、一批绿色产品和绿色供应链管理企业及具有特色的专业化绿色制造服务机构,并初步形成高效、清洁、低碳、循环的绿色制造体系。2017年，在国家第一批绿色制造示范单位评选中，湖南省楚天科技、三一汽车等3家企业获批国家级绿色工厂，远大空调获批国家级绿色供应链管理企业，浏阳高新区获批国家级绿色园区。以长株潭城市群为依托，积极发力智能制造，设立了11.8亿元的制造强省专项资金和总规模1000亿元的新兴产业发展基金，目前有3家企业获批国家智能制造试点示范企业，11个项目入选国家智能制造专项，走在了全国前列。新兴工业产品产量快速增长，2017年，全省智能手机、太阳能电池、锂离子电池、新能源汽车等新兴工业产品产量同比分别增长2691.3%、75.9%、21.2%、17.6%。

3. 绿色建筑业快速发展

提高新建建筑节能水平，发布并实施《湖南省居住建筑节能设计标准》《湖南省公共建筑节能设计标准》，民用建筑节能率由50%提升到65%，建筑节能强制性标准执行率达到100%，民用建筑节能步入全国夏热冬冷地区前列水平，株洲市超低能耗建筑示范位居全国前列。推进既有建筑节能改造试点示范，截至2017年底，中南林业科技大学、南华大学等四所大学国家节约型校园节能监管体系建设示范，已通过湖南省住建厅、省教育厅组织的验收，以及住建部、教育部备案，湖南师范大学国家能效提升示范项目已经完成验收。大力发展绿色建筑，2017年，湖南新增绿色建筑评价标识项目115个，建筑面积1100万平方米，截至2017年底，全省累计绿色建筑评价标识项目343个，建筑面积3728.39万平方米。装配式建筑领跑全国，现有国家装配式建筑示范城市1个、国家装配式建筑产业基地9家、省级装配式建筑产业基地16家。截至2017年底，全省累计实施装配式建筑面积2472万平方米，新建装配式建筑面积占新建建筑面积的比例达到11%，产业总产值达到400亿元，年生产能力达到2500万平方米，湖南装配式建筑和绿色建筑产业发展综合实力名列全国第一。

（三）生态环境质量持续改善

1. 节能减排有效推进

积极推进工业节能与综合利用，2017年超额完成全省单位规模工业增加值能耗下降4.5%的年度任务；全年规模工业综合能源消费6040万吨标准煤，同比增长1.7%，以较低的能源消耗支撑了较高的工业经济增长（全年全省规模工业增加值同比增长7.3%）；全省六大重点高耗能行业增加值同比增长1.8%，增速较上年下降3.3个百分点。着力推动煤炭、钢铁企业去产能，2017年，全省原煤、生铁、铁合金、十种有色金属行业同比分别减产26.1%、0.1%、11.4%和5.2%，化解煤炭产能400万吨，全年减负922亿元左右。主要污染物排放进一步下降，2017年化学需氧量、氨氮、二氧化硫、氮氧化物排放量同比分别下降2.48%、2.26%、6.65%和5.07%，顺利完成年度目标任务。

2. 污染治理稳步实施

贯彻落实五级河长制，推进省"一号重点工程"向"一湖四水"延伸，实施洞庭湖水环境综合整治"五大专项行动""十大重点工程"。截至2017年底，全省共实施整治项目511个，全部整改完成80个长江经济带饮用水源地排查问题，130个省级工业园区（工业聚集区）完成污水集中处理设施建设，全省地表水419个省控断面水质总体为优，Ⅰ～Ⅲ类水质断面占90.2%。出台《湖南省大气污染防治条例》，实施最严"限行令"，2017年淘汰黄标车12.3万辆，完成了全省黄标车淘汰任务，完成20台火电机组超低排放改造，淘汰1067台燃煤小锅炉，全省14个市州城市空气质量平均优良天数比例达81.5%。积极推进土壤污染防治，出台《湖南省土壤污染防治工作方案》，组织省市两级签订土壤防治目标责任书，建立健全土壤和重金属项目储备库，在全国率先完成3679个农用地土壤污染状况详查点位布设和2215个疑似污染源、污染地块调查。农村环境综合整治覆盖全省，坚持农村环境综合整治全省域覆盖与美丽乡村建设、精准扶贫协同推进，年内完成4158个行政村整治任务。

3. 湿地保护成效显著

洞庭湖湿地是中国最大的一块淡水湿地，其保护状况可以直接反映"三湘四水"生态环境的治理效果。2017年，湖南在洞庭湖综合治理上迈出了历史性步伐，提前完成自然保护区核心区7.99万亩杨树清理任务，有效推进采桑湖、君山后湖生态治理，妥善保留了大小西湖及"丁"字堤生态矮堤。湘江流域八市积极推进退耕还林还湿试点工作，完成试点面积4631亩，为计划任务的107%，预计每年可净化污水8644万立方米。73处省级以上湿地公园建设加快推进，水府庙、东江湖等湿地不断提质。2017年11月正式出台《湖南湿地保护修复制度工作方案》，为全面保护湿地、强化湿地利用管控、推进退化湿地修复提供重要保障。湿地生物多样性保护成效显著，洞庭湖候鸟、麋鹿保护成为湖南湿地保护的国际名片。截至2017年底，湖南已形成由3处国际重要湿地、18处省重要湿地、45处湿地自然保护区和70处国家湿地公园、3处省级湿地公园等组成的湿地保护网络，湿地保护总面积达到75.59万公顷，湿地保护率达75.44%，居全国第一。

4. 城乡生态不断改善

2017年，张家界获批国家森林城市，至此，湖南共有7个国家森林城市；同年9月，省级森林城市建设正式启动，新邵、宁远、双牌、汝城、韶山、湘潭等6县市分别启动创建工作；长株潭森林城市群初具规模，长沙新三年造绿行动、湘潭全域绿化三年行动和株洲云峰森林植物园、韶山植物园建设加快推进。推动"城市双修"，开展生态修复、城市修补工作，加强黑臭水体整治，截至2017年底，全省171处黑臭水体已整治完成130处；开展城市环境绿化亮化净化工程，2017年，完成义务植树1.2亿株，裸露山地绿化78.3万亩、石漠化综合治理24.4万亩和城边、路边、水边、村边、房边造林96万亩，改造提质绿色通道1.8万公里，全省各地形成了各具特色的绿化模式，长沙、湘潭、常德入选全国第三批生态修复城市修补试点城市，其中，长沙的湘江欢乐城冰雪世界项目利用废弃矿坑建造，对于城市修复、生态修复具有重要意义，是国家"双修"项目的典范。2017年，全省森林覆盖率达到59.68%，森林蓄积量达到5.48亿立方米，县以上城镇建成区绿化覆盖率达到39.3%。

（四）环境监管和投入不断增强

1. 环境监管执法更有力

2017年7月，湖南出台《关于将全省环境保护执法机构纳入政府行政执法机构保障序列的通知》，成为全国第一个将环境保护执法机构纳入政府行政机构保障序列的省份。提前一年完成湖南省环境监察局、14个市州支队、122个县（市、区）大队，共计137个环境监察机构的三级移动执法系统全覆盖，全面实现执法信息化。加强司法联动，2017年5月成立湖南省检察院驻省环保厅检察联络室，成为全国首家省级层面检察机关和环保部门联络机构，2017年全省移送行政拘留案件562起，移送污染环境犯罪案件73起，行政拘留移送案件数超过2015年和2016年之和，环境污染犯罪移送案件数较2016年增加40%。高压监管，2017年4月24日，中央第六环境保护督察组进驻湖南开展环境保护督察，共责令整改企业3918家，罚款金额6014.33万元，立案处罚1161起，立案侦查130起，约谈1360人，问责1304人，行政拘留109人，刑事拘留56人，有效解决了一批突出环境问题。严厉查处，采用按日计罚、查封扣押、停产限产、行政拘留和司法移送等多种手段依法查处，2017年，全省共立案查处4726起环境违法案件，罚款1.9124亿元，分别是2016年案件数和罚款额的1.96倍和2.4倍。

2. 生态环保投资增长

近年来，湖南省生态环保投资稳步增长，2013~2017年，完成生态环境投资5104.5亿元，是前五年的4.1倍。其中，2017年完成生态投资1402.5亿元，增长12.5%，较快的投资增长为湖南生态环境保护和两型社会建设提供了有力的资金支撑。

3. 环保社会组织力量壮大

近年来，湖南公益环保行业蓬勃发展，组织机构数量、运营经费、全职环保公益人数等均呈稳步上升趋势。截至2017年底，湖南生态环保组织机构共有154家，以环境教育、生态保护、自然教育、动物保护为主，集中分布在长沙，占比达30%以上。2017年全省生态环保组织机构整体运营资金达2620万元，较上年增长87%，其中，资金收入100万元以上的机构达到5个，而2016年全省还没有资金收入过百万元的环保组织；全职公益人数比2016年增长了15%，达127名。开展了"2017年湖南生态环保组织十大事件"和"2017年绿色湘军十大杰出（公益）人物"评选活动，其中入选的永州"民间河长"志愿服务活动推行的双河长制，有效引导和带动社会全员参与到河湖保护与治理中来，是对湖南环境问题治理的积极探索。

4. 宣传教育深入推进

2017年正值长株潭试验区获批十周年，以此为重点深入推进生态与两型宣传教育。深化两型示范创建，精心遴选两型创建单位100个，指导建设省级两型示范项目16个，评选省级两型示范机关6个、创建机关2个，树立了一批看得见、摸得着的绿色发展样板。持续加强两型宣传，开展2016年度两型好新闻评奖，共表彰49项两型新闻作品。挂牌成立4个两型示范宣传教育基地，开展两型宣传创意征集活动，在湖南日报推出试验区获批十周年大型主题系列报道。2017年，央媒刊发相关重点新闻报道近20篇，省媒刊发近400篇。加快构建两型标准认证体系，2017年新发布了两型地方标准6项，认证两型企业26家、两型机关6家、两型村庄42家。

二 存在的主要问题和困难

（一）节能环保的任务仍然艰巨

1. 环境质量形势不容乐观，保护与治理难度加大

全省14个市州空气质量与国家二级标准仍有一定差距，长株潭地区大气环境形势比较严峻。特别是2017年10月中旬以来，全省城市空气质量呈明显下降趋势（冬春季污染因子以PM2.5为主），多次出现大范围的中、重度污染天气，其中长株潭区域局部时段还出现了严重污染。水环境质量方面仍有近7%的监测断面未达到Ⅲ类标准；洞庭湖水质富营养化趋势依然明显，湖体11个断面全部未达到Ⅲ类水质，总磷超标问题仍比较突出；60个国家考核断面3个未达到考核目标（长沙胜利、益阳桃谷山和大通湖断面），其中大通湖断面（劣Ⅴ类）低于考核目标3个水质类别。局部地区土壤污染严重，耕地土壤环境质量堪忧，大型工业企业周边和工矿业废弃地土壤环境问题突出。环境污染呈现传统污染与新型污染并存，城市与农村、生

产与生活、工业与交通污染相互交织的局面。随着环境治理的深入推进，留下的很多环境问题都是"难啃的硬骨头"，污染治理和环境质量改善的任务仍然十分艰巨。

2. 生态环境风险管控仍然存在薄弱环节

重金属污染历史遗留严重，全省涉重金属的"散乱污"企业较多，工艺落后，设备简陋。纳入湖南污染源普查的1200多家涉重金属企业，每年通过废水排放的5种重金属污染物占全国排放总量的18%左右；2017年，全省重点防控区13个重金属监测断面超标。饮用水水源安全存在风险隐患，截至2017年底，地市级饮用水水源保护区排查督察新发现146个问题，仅整改完成30个；县级饮用水水源保护区排查出322个问题，仅整改完成95个。全省危险废弃物产生点多、面广、量大，处置设施建设滞后，监管机制还不够健全。

3. 能源消费结构仍待优化

一方面，高耗能行业能耗占比居高不下。2017年，全省六大高耗能行业综合能源消费量为4800.81万吨标煤，同比增长1.9%，占规模工业综合能耗的比重为79.5%，较上年提高0.2个百分点；其中，火力发电企业综合能耗1104.52万吨标煤，占规模工业综合能耗的比重为18.3%，较上年提高1.6个百分点。另一方面，化石能源消费依存度高。按标准量计算，2017年，煤品和油品消费合计占规模工业能源消费合计的比重为71.0%；其中，煤品消费合计占比达59.4%。

（二）工作力度和协调机制有待加强

1. 环境保护推进落实不够有力

全省一些地区和部门抓环境保护工作紧一阵松一阵，抓一件算一件，未形成自觉行动，也缺乏统筹谋划；一些领导愿意做有利于当前、看得见的事情，不愿做有利于长远、打基础的事情，抓环境治理不像抓产业发展和城市建设那样全力以赴，部分环境治理任务完成进度滞后。2017年，在水环境治理方面，湖南140家省级工业园还有10个未按期建成污水集中处理设施，部分企业清洁化改造进展缓慢，黑臭水体整治进度不平衡，部分城市明显滞后；大气和土壤污染治理方面，也均存在部分治理项目进展滞后的情况。对中央环保督察整改工作，各地还存在思想认识不统一、责任落实不彻底、工作推进不平衡的问题，有的地方甚至责任层层递减。

2. 工作协调机制有待进一步加强

生态建设和环境治理需要多部门相互配合、相互协调，也需要企业和社会各界的广泛参与。在现行管理体制下，各部门间复杂的利益关系难以平衡，加大了协同治理的难度。同时，地方政府、企业、社会公众在参与过程中仍然力量分散，整体的协同效应没有形成。以工业园区管理为例，长期以来，湖南省工业园区行政管理机制模糊，分属科技、商务、工信、环保等多个部门管理，导致环境管理不到位。大气污染联防联控涉及多地区多部门，统筹协调难度大，需进一步健全协调机制。

（三）政策与配套有待进一步完善

1. 配套法规跟不上

生态文明体制改革带有很强的探索性，很多改革的举措在国际上也没有先例，找不到可借鉴的经验，目前许多改革还处于试点阶段，相关配套的法律、法规和机制尚未到位，给改革工作带来较大的阻力。如2017年印发的《关于划定并严守生态保护红线的若干意见》与2014年出台的《国家生态保护红线——生态功能基线划定技术指南》内容不衔接，给生态红线的划定带来了较大困难。又如，根据2015年3月1日执行的《中华人民共和国政府采购法实施条例》第六条规定，国务院财政部门会同有关部门制定政府采购政策，各省制定政府采购政策没有法定授权，因此，湖南省两型采购政策制定和完善存在法律障碍。

2. 资金压力较大

两型社会与生态文明建设推进过程中，基础设施建设、环境治理项目、机构改革等都需要投入大量资金，而各地市级政府大多财力有限，主要依靠中央、省级治理资金支持，自身投入明显不足，导致部分改革推进较慢。如自然资源产权和排污权交易，所需的测量计量设施、交易平台建设、检验设施等需要的资金量较大；生态补偿制度由于资金来源有限，覆盖面还比较窄；重金属污染治理所涉及的生态补偿、企业搬迁、工业基地改造等，都需要大量的资金投入。

3. 技术人才短缺

随着生态文明建设的推进，大量新技术得到应用，对高技能、复合型人才需求增加。例如，领导干部离任审计需要拥有审计技能和环境资源知识以及信息技术的复合型专业人才，自然资源资产产权制度需要用到地理信息技术、遥感技术等新技术，而现实情况是高技能人才缺失，大大影响了改革的进度。在环境监测领域，随着环境保护新任务的不断增加，工作量也急速增长，但全省的专业技术人员数量却没有相应增长，专业人员严重匮乏，县乡基层环保队伍人员力量严重不足，这对环境监测工作是一个巨大的考验。

三 生态文明和两型社会建设迎来重大机遇

（一）新理念、新思想，指明方向、凝聚人心

党的十九大明确提出"坚持人与自然和谐共生"，将"建设美丽中国"提升到人类命运共同体理念的高度，将建设生态文明提升为"千年大计"，并前所未有地提出了"像对待生命一样对待生态环境"的论断，竖起了中国特色社会主义新时代生态文明建设的里程碑，描绘了生态文明建设和生态环境保护的蓝图，为湖南推动两型社会与生态文明建设、形成人与自然和谐发展现代化建设新格局、建设富饶美丽幸福新湖南提供了根本遵循和行动指南，全省上下对生态文明的认识有了极大提升，思想上正在统一到中央关于生态文明建设的决策部署上来。

（二）新法规、新政策，为生态文明建设保驾护航

2017年生态文明写入新党章后，2018年十三届全国人大一次会议上，

生态文明又被写入了宪法，为建设"美丽中国"和生态文明铺平道路，奠定了完整的党内根本法基础和国家根本法基础。同时，2017年生态环境保护领域多项政策密集出台，2018年1月1日起，在国家层面，《环境保护税法》、《中华人民共和国环境保护税法实施条例》、新修订的《中华人民共和国水污染防治法》、《生态环境损害赔偿制度改革方案》等多个环保新政正式落地实施；在湖南层面，也均有相关政策开始密集落地，为提升生态环境质量保驾护航，推动湖南两型社会和生态文明建设不断向前。

（三）新改革、新制度，有助于形成新合力

2018年4月，我国新组建自然资源部和生态环境部，新机构有利于全面加强宏观管理，依照国务院生态环境管理方面机构改革方案，湖南也将组成新自然资源部门和生态环境管理部门，将从根本上理顺湖南生态环境管理体制，避免今后出现"九龙治水"的问题，这是推进湖南两型社会和生态文明建设、提升治理体系和治理能力现代化的一场深刻变革和巨大进步，是治本的改革，将为湖南两型社会和生态文明建设创造更好的条件。此外，自2015年中央发布《环境保护督察方案（试行）》以来，2016年起正式开启四轮中央环保督察行动，2017年进入督察高潮和尾声阶段，从督察的结果来看，无论是案件数量、问责人数还是罚款金额，都呈现趋严的态势。2018年，中央环保督察也将步入常态化，从湖南来讲，省级环保督察制度的建立也将成为必然，这对促进湖南环境保护和污染防治将起到很好的推动作用。

（四）新科技、新产业，提供强劲动力

以信息化和工业化深度融合为基本特征的新科技革命和新产业革命加速孕育和发展，绿色是其重要特征。科技革命带动绿色技术发展，从而推动形成有别于传统产业的绿色高端产业体系，六类产业——信息和互联网、可再生能源、先进制造、生物产业、新材料、现代服务业将成为未来的主导。2018年，大数据、人工智能、生物技术、虚拟现实、物联网等技术的不断进步和应用，为两型社会和生态文明建设提供强有力的技术支撑，也将推动

湖南绿色产业的发展，为解决资源环境问题、推动绿色转型升级提供有效途径。

四 2018年加快推进湖南两型社会与生态文明建设的对策建议

（一）进一步深化生态文明体制改革

1. 深化两型改革试验

率先构建绿色低碳循环发展的制度体系，率先构建生态文明建设标准体系。全面推行城乡污水垃圾处理、工业园区和重点企业环境污染第三方治理。实施农村人居环境改善三年行动计划，建立农村面源污染防治长效机制。制定环保信用评价、信息强制性披露、严惩重罚具体办法，完善政府为主导、企业为主体、社会组织和公众共同参与的环境治理体系。运用大数据思维，探索打造两型社会和生态文明建设监管工作平台，构建大监督工作格局。健全生态文明考核评价体系，推动向县（市、区）延伸。

2. 完善国土空间用途管制和资源有偿使用制度

健全国土空间用途管制制度，加强资源环境生态红线管控，建立红线问责指标体系，加快推进自然生态空间用途管制试点。深入推进全民所有土地、矿产自然资源资产有偿出让制度改革。严格集约节约用地制度，探索建立"以地控税、以税节地"约束机制，健全以土地供应率、项目开竣工率等为核心指标的节约集约用地考核评价机制。完善水资源费征收使用制度，适当提高水资源紧缺地区、优质水源地水资源费征收标准。

3. 健全生态补偿制度

加快制定出台"湖南省生态补偿条例"，建立生态补偿标准核算体系和正常增长机制。完善重点生态功能区、自然保护区、集中饮用水水源地保护区、矿山生态补偿制度；建立覆盖全部红线区域的生态补偿机制；完善绿心地区生态补偿机制，尽快出台省级层面补偿办法；完善流域补偿制度，构建涵盖"一湖四水"的全流域生态补偿体系；开展湘江水质水量生态补偿和湿地生态补偿试点。建立区域和流域相结合的生态补偿机制。探索建立综合性生态保护补偿办法，整合省级不同类型、不同领域的与生态保护相关专项资金，以县为单位开展综合性生态保护补偿。健全生态补偿资金使用监管和激励约束机制。

4.加快推进环境治理和生态保护市场化改革

按照国家部署，建立完善排污权、碳排放权、用能权、水权、林权交易制度。完善主要污染物排污权有偿使用和交易管理办法，扩大排污权有偿使用和交易范围，全面推行主要污染物排污指标交易制度。稳步推进碳排放交易市场建设，开展碳排放交易。推进长株潭地区水权交易试点。完善以购买服务为主的公益林管护机制，积极探索森林碳汇、集体林权交易制度。全面推行城乡污水垃圾处理、工业园区和重点企业环境污染第三方治理。在重污染行业及高风险企业推行环境强制责任保险。推进绿色金融。推行绿色信贷、绿色证券、绿色保险。建立节能环保服务市场化采购机制，完善配套政策。

5.深化资源环境监管体制改革

加快机构改革步伐，根据国家部署、结合湖南省情实际，全面整合、理顺相关职能，组建具有湖南特色的自然资源管理和生态环境监管机构体系。积极稳妥推进省以下环保机构监测监察执法垂直管理制度改革。全面实施领导干部自然资源资产离任审计制度，落实生态环境损害赔偿制度。健全环境资源保护行政执法与刑事司法无缝衔接机制。

（二）加大环境保护和治理力度，全力打好污染防治攻坚战

1.坚决打赢蓝天保卫战

持续实施大气污染防治行动计划，以长株潭地区为重点，突出对重点行业、燃煤锅炉、柴油货车尾气等开展治理，有效应对重污染天气。

一是以长株潭地区为主战场，强化源头防治和精细管理。建立健全长株潭及岳阳、常德、益阳等传输通道城市大气污染防治联防联控机制，形成大

气污染防治网。完善大气污染物排放总量控制制度，提高总量减排的针对性和有效性，对扬尘管控、秸秆禁烧等领域实行网格化、信息化、精细化管理。加快调整结构，减少源头污染。

二是加强工业气型污染防治。强化工业污染源排放达标管理，实施工业污染源全面达标排放计划，有序推进固定污染源排污许可证发放，加强工业企业无组织排放管理，推行建设项目主要污染物排放总量指标等量或减量替代。推进火电、钢铁、水泥等重点行业的二氧化硫、氮氧化物、烟粉尘处理设施的升级改造，重点加快推进30万千瓦及以上火电机组的超低排放改造，大幅削减火电行业大气污染物排放总量。针对砖瓦行业环境突出问题，持续开展以黏土制砖为重点的专项清理和整治，全面取缔违规及不符合国家产业政策的黏土制砖企业；推进砖瓦企业全面安装污染防治设施、环保"三同时"执行到位。严格环境准入管理，严格执行环境影响分类评价制度，强化园区等工业集聚区规划环境影响评价，加强工业企业环境信息公开。推进企业清洁生产技术改造，实施空气治理技术及应用产业链行动计划。加快淘汰钢铁、水泥、化工、石化、有色等重点行业落后产能。

三是加大燃煤污染整治。大力推广新能源发电技术，施行优质煤替代、以电代煤政策，建立完善煤炭市场机制，提高燃煤替代率，有效解决燃煤散烧问题。推行集中热电联产，鼓励电厂对附近园区企业实施集中供热。推广应用高效节能环保型锅炉，加快淘汰10蒸吨及以下燃煤锅炉，禁止新建20蒸吨以下燃煤锅炉。

四是加大机动车环境污染治理力度。尽快淘汰全省城区范围内高排放公共交通车辆，重点开展柴油货车专项整治行动，城市主干道实施柴油货车限行。依规淘汰到期的老旧汽车和船舶，淘汰高排放、服务年限超期的工程机械和农业机械。

五是加强扬尘污染控制。强化城市道路扬尘、施工扬尘、堆场扬尘综合整治，控制施工扬尘和渣土遗撒，将扬尘污染防治纳入工程监理范围。开展裸露地面治理，提高绿化覆盖率，加强城市道路绿化带建设，减少道路开挖面积，缩短裸露时间，严禁敞开式作业。

六是加强重污染天气应对。压实《长株潭大气污染防治特护期实施方案》的20条具体措施,加快建立长株潭跨行政区域的环境联合执法工作制度,实现重点案件联合督查、信息共享。

2.努力打好碧水保卫战

深入实施"水十条",扎实推进河长、湖长制,以"一湖四水"特别是洞庭湖为重点,在保障饮用水安全,消灭黑臭水体,城镇污水处理提升,农业面源污染治理等方面取得实效。

一是坚持河湖共治。以洞庭湖生态环境专项整治和湘江保护治理三年行动计划为突破,向资江、沅江、澧水延伸,构建上下联动、流域共治的治理机制,形成一体化的水生态环境综合治理格局。全面推进洞庭湖区域水环境综合整治,实施洞庭湖水生态环境专项整治三年行动计划,加大资金、技术支持力度,综合推进洞庭湖外源性污染治理和区域生态环境综合整治;加强东洞庭湖国际重要湿地保护,将东洞庭湖国际重要湿地范围内及周边县(市、区)纳入国家重点生态功能区范围;有序退出洞庭湖自然保护区缓冲区、实验区内杨树,开展全流域已侵占破坏湿地修复。持续推进湘江流域污染防治"一号重点工程"第二个"三年行动计划",严格控制湘江流域重金属污染排放,实施湘江流域规模以上入河排污口在线监测。实施大通湖流域水环境综合治理与可持续发展试点工程。

二是加强畜禽(水产)养殖污染和农业面源污染整治。对禁养区内的畜禽养殖场(小区)和养殖专业户依法关闭或搬迁,对适养区、限养区内500头以上规模生猪养殖场实行标准化改造。全面规范河流、湖泊、水库等天然水域的养殖行为,禁止天然水域投肥养殖。集中整治农业面源污染,建立农村面源污染防治长效机制,推广稻渔综合种养等模式,促进秸秆和畜禽粪污资源化利用,实施化肥、农药施用量零增长行动,开展化肥、农药减量利用和替代利用,加大测土配方施肥推广力度。

三是加大非法采砂整治。禁止在流域内自然保护区、水产种质资源保护区等敏感水域采砂,实施24小时严格监管。全面清理整顿采砂运砂船只,建立砂石采、运、销在线监控体系,取缔和整治非法砂石码头。

四是提升城镇与园区污水处理水平。加快园区污水集中处理设施建设，年内所有工业园区全部建成污水集中处理设施，并安装自动在线监测装置，保持稳定运行。加快推进县城和"四水"流域村镇污水处理设施建设，推进重点镇和长沙市、常德市、岳阳市、益阳市重点区域建制镇污水处理设施全覆盖。新城区排水管网全部实行雨污分流，老城区排水管网结合旧城改造，实现管网全覆盖、污水全收集。

五是加强城市黑臭水体整治。重点加强地级及以下城市建成区黑臭水体整治，加快推进地级城市建成区33个、县级城市建成区76个、建制镇41个黑臭水体整治项目。在"四水"流域地区，完成全流域170处城区黑臭水体治理，特别要加强43条重度黑臭水体的整治。

六是强化饮用水水源及良好水体保护。实施水源地及周边区域环境综合整治，全面取缔县级及以上饮用水水源保护区内入河排污口，全面整治长江干流湖南段8个规模以上排污口和43个排渍（涝）口，开展规模以下入河排污口核查，实施入河排污口规范化建设。加强东江湖、大通湖等水质较好湖泊的整体保护、系统修复和综合治理，全面清理和整治影响水质的污染源。江河源头严格控制开发建设活动。积极推进地下水污染场地修复试点。

3. 持续打好净土保卫战

全面实施"土十条"，突出湘江流域重金属污染防治，在管控土壤污染风险、保障用地安全、危险废物管理、垃圾分类处置、土壤污染修复等方面下功夫。

一是深入推进以湘江流域为重点的重金属污染治理。开展重金属污染土地修复，推广第三方治理"修复+流转"模式。强力推进五大重点区域环境整治：株洲清水塘完成污染企业搬迁关停；郴州三十六湾加快退矿复绿，深化矿区源头和矿山尾砂污染治理；娄底锡矿山完成历史遗留废渣治理；衡阳水口山开展水口山有色金属产业园循环化改造，实施区域污染场地治理修复；湘潭竹埠港完成企业污染场地修复和治理。对涉重企业、涉重园区持续推进规范化整治，园区初期雨水、含重金属废水废渣等进行深度集中处置，减少污染增量。

二是保障农用地和建设用地安全。加快推进土壤污染状况详查，摸清全省土壤污染分布及环境风险情况。建立污染地块动态清单和联动监管机制，强化污染地块风险管控和治理修复，实施建设用地土壤环境调查评估和准入管理。开展受污染耕地安全利用与治理修复。开展重点地区工矿企业重金属污染耕地风险排查，加快推进全省132个尾矿库及其采选、冶炼企业环境污染整治，着力解决湘西"锰三角"地区尾矿污染问题。

三是强化危险废物管理。提高危险废物处置能力，实施危险废物收集运输处置全过程监管。全面整治超期贮存危险废物，对没有规范化贮存且暂无技术出路的要将超期贮存危险废物全部安全入库。

四是加强垃圾分类处置。对县级及以上城市生活垃圾填埋场环保设施进行排查，专项整治建设不规范、运行不正常、超标排放污染物等环境问题。加快建设覆盖城乡的垃圾收转运体系和垃圾分类收集系统，推进农村垃圾就地分类、资源化利用和处置，建立农村有机废弃物收集、转化、利用网络体系。

（三）大力推进资源节约和综合利用

1. 强力推进能源节约

优化能源结构，提高非化石能源占能源总量比重。因地制宜发展可再生能源，推广开发利用地热能，推动太阳能大规模发展和多元化利用，增加清洁低碳电力供应。加强重点领域节能，工业重点耗能行业全面推行能效对标；加快推进装配式建筑应用，大力发展公共交通，推广节能环保交通运输工具，推广农用节能机械、设备和渔船。实施重点用能单位"百千万"行动。实施燃煤锅炉节能环保综合提升、电机系统能效提升、节能技术装备产业化示范、能量系统优化、煤炭消费减量替代、重点用能单位综合能效提升、城镇化节能升级改造、天然气分布式能源示范工程等节能重点工程，推进能源综合梯级利用。

2. 全面加强节水、节地、节材

制定出台农业取水许可、水资源承载能力监测预警机制等制度。继续开展公共机构、企业等节水载体建设，推进县域节水型社会建设。加强土地集约节约利用，推行"差别地价"等工业用地供地方式。加快转变矿业发展方式，推进矿产资源全面节约和高效利用。推广绿色建筑和装配式建筑。促进农业废弃物综合利用，全面禁止秸秆焚烧。

3. 突出资源综合利用

积极开展资源循环利用基地创建，争取将长株潭列入国家新能源汽车动力电池回收利用试点地区，争取将郴州列入国家工业固体废物综合利用基地。积极推动垃圾分类收集处置，积极推进餐厨垃圾和建筑垃圾处理，推行长沙、衡阳经验，鼓励支持有条件的地区建立餐厨垃圾集中收运处理和建筑废弃物回收处置体系。积极推进园区循环化改造、循环经济示范城市（县）、资源综合利用双百工程、餐厨垃圾处理利用试点等试点示范建设，实施公共机构生活垃圾分类行动，通过循环利用、分类处置促进源头减量。

（四）加快发展绿色产业、推行绿色消费

1. 加快发展绿色产业

一是提高绿色低碳产业比重。加快发展壮大新一代信息技术、先进制造、高端装备、新材料、新能源、新能源汽车、节能环保等战略性新兴产业，加快推进智能制造、物联网、大数据、人工智能等新兴产业和新技术发展应用，培育共享经济、数字经济、生物经济、现代供应链等新业态、新模式。二是大力推进绿色制造体系建设。以企业厂房集约化、原料无害化、生产洁净化、废物资源化和能源低碳化为标准，推动绿色工厂创建；以园区布局集聚化、结构绿色化和链接生态化为标准，推动绿色园区创建；打造一批国家级绿色工厂、绿色园区、绿色产品和绿色供应链管理企业，开展绿色制造系统集成。三是加快培育壮大节能环保产业。通过实施环保企业培育工程，形成一批具有核心竞争力的大型龙头节能环保企业，建设一批环保产业基地和集聚区，成立一批污染治理技术及应用等产业联盟。四是打响湖南绿色农产品品牌。加快发展绿色种植、养殖、加工业及生态休闲旅游康养业，拓展绿色农业产业链，建立健全绿色农产品标准、认证、标识体系，加大无公害农产品、绿色食品、有机食品的认证和标识,打造一批"湘字号"绿色农产品品牌。五是促进传统产业绿色转型。加快互联网与传统制造业、服务业和农业的深度融合发展,形成一批跨界融合新模式。加大湖南省工业转型升级专项资金支持企业实施绿色发展项目的力度,鼓励企业瞄准国际同行业标杆全面提高产品技术、工艺装备、能效环保等水平。强化节能环保标准约束,严格行业规范、准入管理和节能审查,积极推广应用清洁生产技术。加快推进电力、钢铁、建材、有色等重点行业中环保、能耗不达标或生产、使用淘汰类产品的企业和产能的改造升级或有序退出。

2. 大力推行绿色消费

倡导绿色生活,坚决抵制和反对各种形式的奢侈浪费,推动全民在衣、食、住、行等方面更加勤俭节约、绿色低碳、文明健康。积极引导绿色金融支持绿色消费,积极引导消费者购买节能与新能源汽车、高效家电、节水型器具、环保建材等节能环保低碳产品,提高节能家电、环保标识产品的市场占有率。减少一次性用品的使用,限制过度包装,尽可能选用低挥发性水性涂料和环境友好型材料。加快畅通绿色产品流通渠道,鼓励建立绿色批发市场、节能超市等绿色流通主体,开展绿色商场示范,鼓励商贸流通企业设置绿色产品专柜。大力推广绿色低碳出行,倡导绿色生活模式。

(五)完善保障机制

1. 完善工作协调机制

积极争取国家支持湖南申报建设国家生态文明试验区,争取洞庭湖生态环境保护、重金属污染防治等工作能够在国家层面加大统筹协调和支持力度,实现高位推进。加强省内协调,对生态文明改革和两型社会建设重大事项和突出问题,建立高规格领导小组,健全联席会议制度,协调解决跨部门事项,实现多方联动,综合施策,精准发力。

2. 完善资金筹措机制

积极争取国家资金支持,大幅提高本省财政生态环保领域支出比重,更好发挥财政资金的引导和杠杆作用,综合运用投资奖励、担保补贴、贷款贴息政策引导社会资金投向生态文明建设。完善社会资本参与生态环保的合作机制和利益风险分担机制，提高社会资本参与 PPP 项目积极性和有效性。完善绿色金融制度，鼓励金融机构建立健全绿色信贷政策，开展特许经营权、知识产权、排污权抵押贷款等业务创新，探索绿色金融衍生品的开发。

3. 完善人才保障机制

加大引进资源环境高端人才的政策支持力度，完善提升基层技术人员技能的培养机制，加快人才队伍规范化、标准化和专业化建设，鼓励在湘院校加强校企合作，根据生态文明改革建设需要适当调整专业设置，实现人才供需精准对接。

4. 完善技术创新机制

构建市场导向的绿色技术创新体系，推动重大环境问题治理、绿色产业发展等绿色低碳技术攻关。加大投入，创新成果转化机制，建设一批绿色技术创新联盟和研发基地，重点突破一批绿色关键技术，形成一批重大绿色技术集成，转化推广一批绿色科技成果。

5. 夯实信息网络基础

开展一项调查、构建三大平台。一项调查，即开展全省自然资源调查，建立湖南自然资源基础数据库；三大平台，即构建全省自然资源大数据平台、生态环境大数据平台、资源环境承载能力监测预警平台。加快完善生态资源环境统计和调查制度，夯实数据基础；加大整合各部门相关数据库、信息资源库，构建省、市、县逐级贯通的自然资源大数据平台和生态环境大数据平台，探索运用大数据技术发掘和释放数据资源的潜在价值；在此基础上，构建资源环境承载能力监测预警平台，实现资源环境综合承载力的动态预警、评价。

部 门 篇

Department Reports

B.4
大力实施"一改一化一保护"①
全面推进长株潭两型试验区改革建设

湖南省长株潭两型试验区工委、管委会

2017年,湖南省长株潭两型试验区工委、管委会认真贯彻落实湖南省委省政府部署要求,充分发挥统筹协调指导职能,紧扣"一改一化一保护"工作思路,全面推进长株潭两型试验区改革建设,统筹兼顾、突出重点、创新实干,在湖南省直有关单位和试验区各市党委政府齐心协力、努力奋斗下,试验区各项工作顺利推进。国家发改委专文报告国务院,在全国12个综改试验区中首个总结长株潭试验区绿色发展经验,指出长株潭试验区"初步走出了一条生态文明建设的长株潭路径","在全国范围内总结推广长株潭经验,对于加快推动生态文明体制改革、建设美丽中国具有重要现实意义"。

---

① "一改一化一保护",指"长株潭试验区改革、长株潭一体化、长株潭生态绿心保护"。

一 2017年长株潭两型试验区改革建设情况

（一）以对标试验区改革目标任务为靶向纵深推进长株潭试验区第三阶段改革

1. 深入落实国家下达的改革试验任务

2017年，试验区承担了国家发改委下达的改革试验任务5项，居全国12个综改试验区首位。根据湖南省政府的要求，长株潭两型试验区工委及时组织有关单位进行研究，将任务逐一分解，经省政府同意，印发责任分工，推动各项任务取得重大进展。

一是加快实施强制委托第三方治理，印发《关于培育环境治理和生态保护市场主体的实施意见》，在部分地区开展强制性第三方治理试点。

二是健全自然资源资产产权制度，印发《湖南省自然资源统一确权登记试点实施方案》，加快推进城步南山国家公园和浏阳、澧县、芷江自然资源统一确权登记试点。

三是印发了《湖南省生态文明建设目标评价考核办法》，对市州党委、政府生态文明建设进展情况实行年度评价、五年考核。

四是建立领导干部自然资源资产离任审计制度，深化娄底市领导干部自然资源资产离任审计试点，在怀化市、武冈市和凤凰县部署推进领导干部自然资源资产离任审计省级试点，出台了试点工作方案。

五是开展省以下环保机构监测监察执法垂直管理制度改革，初步摸清了全省各级环保部门的机构编制和人员资产基本情况，开展省内调研和省外经验学习，改革准备工作基本完成。

2. 着力推进湖南省确定的重点改革事项

加强督促协调服务，加快落实湘发〔2016〕31号文件湖南省委省政府部署的第三阶段改革试验任务。

一是健全资源节约和高效利用体制机制。研究并起草了《湖南省"十三五"节能减排综合性工作方案》，2017年将对各市州能源"双控"情况，

严格实行年度考核制度。

二是深化生态环境保护体制机制。在全省全面推行河长制,出台了《关于全面推行河长制的实施意见》,全省14个市州、108个县(市、区)均出台了河长制实施方案。开展水生态文明城市试点建设,长沙、郴州两市全面完成试点任务,形成的改革经验模式已通过水利部技术评估。

三是完善产业结构优化升级体制机制。2017年3月,国家认监委第十六次全国认证认可工作部际联席会议在长沙召开,重点推介了长株潭两型认证经验。

四是创新长株潭一体化体制机制。加快"三通四化"① 建设,长株潭三市公交卡实现互联互通;编制并原则通过《长株潭城市群城际轨道交通网规划(修编)》和长株潭轨道交通线路方案,长株潭城市群城际快速道路"断头路"连通工程纳入2017年省级重点建设项目。

3. 自主开展专项体制机制创新

一是加强改革经验总结提升。系统总结梳理改革经验,得到国家发改委的高度肯定,国家发改委在2017年给国务院的报告中,从湘江流域综合治理、绿色产品政府采购、城乡环境多元共治、生态环境保护等方面,总结梳理了长株潭绿色发展经验的11个案例,拟在全国推广。同时,发布第二批20个生态文明改革创新案例的典型经验。

二是部署推动一批新的改革试点。湖南环保志愿服务联合会探索公众参与生态文明建设管理的体制机制;长沙市率先探索第三方精准助推改革机制;株洲醴陵市创新陶瓷产业绿色转型机制,搭建产业转型发展服务平台;湘潭市开展绿色制造制度创新,率先探索建立并落实绿色企业、绿色产品、绿色园区、绿色供应链的评价服务标准;郴州市开展"生态文明+"城镇化试点,健全城市发展与生态文明融合机制。

三是推进机制创新、技术创新。印发《长株潭试验区清洁低碳技术推

---

① "三通四化",即公交、健康和社保一卡通,交通一体化、户籍一体化、信息一体化、统一规划基础上的地名一体化。

广实施方案（2017~2020年）》，征集、储备了一批重大项目。组织实施清洁低碳技术推广试点，在试验区部署并务实推动23个技术推广项目。落实习近平总书记关于"厕所革命"的重要指示精神，制定并出台《湖南省两型旅游厕所建设指南》，开展两型旅游厕所建设试点。

四是深化两型公众参与机制。持续推进两型示范创建机制创新，推动两型元素进村庄、进社区、进机关、进学校、进企业、进景区。2017年在两型元素相对集中、两型经验模式较为成熟的单位，遴选出16个2017年度省级两型示范单位，打造绿色两型发展样板。召开了2016年度两型好新闻颁奖及两型宣传工作座谈会，表彰奖励了一批宣传两型社会和生态文明建设的优秀新闻作品。同时，挂牌成立两型宣传教育基地，打造绿色发展理念传播中心，引导公众形成绿色生活、绿色消费方式。

（二）以编制长株潭一体化的实施意见为抓手积极谋划长株潭一体化发展

1. 强化理论支撑

推动落实湖南省委省政府关于长株潭一体化建设有关精神，突出抓好基础情况的摸底调研和政策建议的搜集梳理。

一是协调长株潭三市和省直有关单位，收集整理在一体化方面的工作进展情况及工作思路、计划、建议等。

二是重点从基础设施、公共服务、产业布局、生态建设四个方面，对现状、问题、国内外经验借鉴、具体实施方案、重点项目等开展了深入调研。2017年以来，先后向湖南省委省政府呈报了《关于构建长株潭一体化推进机制的建议》《全面推进长株潭一体化为建设富饶美丽幸福新湖南提供强劲动力》《共建长株潭智慧城市群——加快推进长株潭一体化调研报告》《"十三五"时期长株潭一体化重大问题研究报告》等一系列研究成果，全面分析对比了国内部分省份城市群重大战略推进机制，就推进长株潭一体化的机制提出了具体建议。

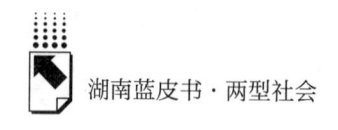

2. 开展顶层设计

经过近半年的调查研究和统筹协调，特别是在2017年9月份联合湖南省委政研室专题调研、听取长株潭三市人民政府、17个省直相关部门，以及三市共计60多个市直部门、区县、开发区（园区）报告和建议的基础上，认真梳理各方意见、吸取各方研究成果，并经多轮修改完善，起草形成了《关于推进长株潭一体化的实施意见》，并已正式征求长株潭三市和39个省直单位，召开了专家座谈会，目前已形成送审稿，并报分管省领导同意，拟提请湖南省委省政府研究审议。

3. 推进重点项目

成功申报金砖国家新开发银行长株潭绿心区域生态综合治理贷款项目。2017年以来，在许达哲省长、陈向群常务副省长等省领导以及财政部史耀斌副部长的高度重视和关心指导下，向金砖国家新开发银行成功申报了长株潭绿心区域生态综合治理贷款项目，并于2017年9月3日作为金砖国家领导人厦门会晤财金领域成果，在厦门顺利签约，获得金砖国家新开行直接贷款20亿元，这是厦门金砖国家领导人峰会期间中国签约最大的主权贷款项目，也是迄今为止湖南省利用外贷资金最多的项目，同时还是生态绿心环境治理投入规模最大的一个项目，新开行行长卡马特称该项目为新开行的示范项目，为其他国家项目申请提供了参考样本。

2018年全国"两会"前后，新华社2018年2月26日头版、《人民日报》4月7日头版、《湖南日报》2月27日头版，中央电视台2月28日第二频道《第一时间》、湖南卫视《新闻联播》连续2天，专题报道长株潭一体化，在全国形成了一定影响力。

（三）以落实中央环保督察整改为契机创新推动长株潭生态绿心保护

1. 稳妥开展生态绿心总规修改

开展现状调研，在长株潭三市组织座谈会，听取对绿心总规修改意见，收集整理形成现状基础性资料。开展评估研究，包括实施评估报告、强制性条文修改论证报告、专题研究报告以及修改方案简本工作，形成强制性条文修改论证报告、专题研究报告和绿心总规局部修改基本方案。在进行多次调研及资料收集的基础上，形成方案编制初步成果，争取尽快提交湖南省政府研究审议。为避免出现"两层皮"现象，在总规局部修改启动后，创新开展绿心控规审查，已完成暮云、昭山等7个片区控规审核工作。编制绿心村庄规划，推动绿心地区10个村庄开展绿心村庄规划。开展绿心及周边地区保护与发展一揽子解决方案研究。

2. 认真落实生态绿心整改任务

根据湖南省领导的批示精神，迅速研究部署中央第六环境保护督察组督察反馈意见涉及长株潭生态绿心地区的问题整改工作，成立了落实环保督察反馈意见整改工作小组，制定了整改工作方案。先后两次联合湖南省人大法工委、省住建厅、省环保厅、省政府法制办等单位，就中央环保督察组反馈意见进行调研督办。突出长株潭三市整改主体责任，组织开展调查摸底，协调提出分类处置建议方案，编制了《长株潭绿心地区240个违法违规项目整改分类处置方案》和《长株潭绿心地区551个工业项目退出分类处置方案》。

3. 突出抓好生态绿心保护督察

一是创新运用地理信息系统和卫星监控技术，通过生态环境、违法违规、查处跟踪、产业引导、规划协调5大板块41项专项监测，对绿心522.87平方公里土地全覆盖跟踪监测，实施"天上看、地上查、网上管"的监控模式，有效减少了绿心地区的破坏行为，截至2017年12月，长株潭生态绿心地区共进行了11个季度的监测，定期形成了监测报告。

二是推进实施绿心总规督察机制，研究起草了生态绿心地区总体规划实施督察制度、保护工作责任分工、保护建设项目准入管理程序等一整套督察机制，拟与绿心总规局部修改方案一同报湖南省政府研究审议。

二 2018年试验区改革建设思路

2018年，是贯彻落实党的十九大精神的开局之年，是长株潭试验区全面完成国家两型社会建设综合配套改革试验区任务的关键一年。总的思路是：认真贯彻落实党的十九大精神，以习近平新时代中国特色社会主义思想为指引，全面落实省第十一次党代会精神，按照湖南省委省政府系列部署，对照改革试验总体目标，继续扎实推进"一改一化一保护"，为实施创新引领开放崛起战略，建设美丽湖南贡献力量。对标试验区第三阶段目标任务，结合试验区改革建设工作实际，重点抓好以下三个方面的工作：

（一）坚持以蹄疾步稳的节奏、时不我待的状态持续推进试验区第三阶段改革建设

一是突出抓好两型改革。大力推进两型改革和生态文明体制改革的融合，推动湘发〔2016〕31号文件的落实，加快形成一批新的制度成果。抓好国家任务和省定任务落实，部署推进长沙市全域深化农村环保自治改革、深化环境污染强制性第三方治理改革，株洲市垃圾分类试点等原创性改革试点，加快形成一批新的制度成果和典型经验。扎实开展生态文明改革创新案例申报评选，推出一批品牌改革，增强"改革长株潭"的品牌影响力。开展两型社会和生态文明标准化建设，落实国务院对长株潭三市总规的批复要求，启动两型城市标准调研、编制和实施工作。提升两型认证水平，推进建立统一的绿色产品认证与标识体系。

二是健全两型社会建设及生态文明考核评价体系。开展市州生态文明建设及绿色发展评价考核工作，推动评价工作向县、市、区延伸，指导和推动各市州党委、政府制定生态文明建设目标评价考核办法。强化评价结果的运用，形成绿色发展导向作用。健全两型社会及生态文明监管体系，运用大数据思维，探索打造两型社会建设监管工作平台，构建大监督工作格局。加强对生态绿心地区的督察力度，建立绿心保护常态化督察机制。

三是深化制度和技术创新。认真组织实施清洁低碳技术推广，指导和督促抓好试点项目建设，加强技术推广服务体系建设。修订并出台《两型产品（货物类）认定规范》，开展湖南省政府采购两型服务（工程）标准化研

究，探索将政府两型采购拓展到工程、服务领域。

四是纵深推进两型示范与宣传教育。按照"省里抓示范、市县抓创建"的方针，重点指导和鼓励开展村庄、社区、学校、景区领域的两型示范，培育树立一批可学习、可复制、可推广的两型样板，带动地方各级政府和全社会重视两型、投入两型、践行两型。组织开展试验区获批十周年系列宣传活动，突出地方党委政府主体责任，抓好两型宣传教育工作。

五是推进两型展览馆升级改造。依法依规推进两型展览馆升级改造项目，推进数字化展馆建设，努力打造湖南推介、展示生态文明改革建设和绿色发展成就的重要窗口和闪亮名片。

（二）坚持以钉钉子的精神、一干到底的决心务实推进长株潭一体化

一是推动完善一体化工作推进机制。出台推进长株潭一体化建设的相关文件，着力推进规划、基础设施、产业布局、公共服务、要素市场、环境治理等6个方面的一体化。健全一体化工作推进体制机制，切实增强一体化发展的文化认同和归属感，形成整体发展优势。

二是推动实施一批重大项目。协调出台一体化发展重大项目三年行动计划，有计划地推进和实施一批一体化重大项目、重点工程。督促长株潭三市建立一体化重大项目库，筛选一批具有典型性、标志性和重大影响力的一体化项目，通过政策支持、以奖代补等方式，推动项目落地。

三是深入开展一体化研究。坚持问题导向，依托第三方根据新时代新要求，集中研究三市在一体化方面"想要干的大事、难事、实事"，且省级层面"下决心能够干成的大事、难事、实事"，形成管用成果，落实到具体项目，并推动问题的解决。

四是抓好新开发银行贷款项目建设。调度完成项目可研报告、节能报告和资金申请报告批复，推动项目开工实施。抓好项目实施进度，严控时间节点，按时完成提款计划。组织开展项目培训，着力提升项目管理人员工作水平，做好项目年度评估工作。

（三）坚持以最严格的制度、最管用的办法保护长株潭生态绿心

一是全面完成绿心总规修改工作。完成绿心总规修编专题研究工作，编制绿心总规局部修改方案，经方案评审、网上公示、征求意见、修改完善等程序，形成最终成果报省人民政府批准、报省人大审议备案。

二是完成绿心地区中央环保督察整改工作。根据整改方案部署，落实好违法违规项目和工业退出项目分类处置方案，将整改任务分解到长株潭三市党委政府和省直相关单位，督促工作落实，确保2018年12月底前全部整改完成。

三是进一步强化绿心监管工作。规范绿心监控流程、违法违规地块认定及处理措施，编制绿心违法违规监测管理办法。更新、升级绿心"天眼"监控系统。加强违法违规项目整改和清理。提请湖南省政府批准通过长株潭生态绿心地区总体规划实施督察制度、长株潭生态绿心地区保护工作责任分工、长株潭生态绿心保护建设项目准入管理程序。

B.5
突出资源节约利用　助推绿色循环发展

湖南省发展和改革委员会

按照国家和湖南省委省政府关于贯彻落实党的十九大精神，加快推进生态文明建设，实现生态强省战略目标的要求，2017年湖南省进一步强化能耗"双控"工作，不断推动资源再生利用产业升级，为助推绿色循环发展提供了坚强保障。

一　2017年主要工作成效

2017年，湖南省认真落实国家部署的各项任务，进一步强化政策研究、项目建设和监控监管，全省单位GDP能耗同比下降5%左右，超额完成能耗强度和总量"双控"目标，同时，以各类试点为依托，不断促进资源再生利用相关产业集聚发展，取得初步成效。重点开展了以下工作。

（一）突出宏观研究，切实抓好规划编制和体系建设

1. 做好政策研究和规划编制

会同湖南省直有关部门，研究"十三五"时期湖南省重点用能单位节能"百千万"行动单位名录，初步划定了下阶段湖南省重点用能领域能耗"双控"的责任主体和范围。会同省住房城乡建设厅编制并印发了《湖南省"十三五"城镇污水处理及再生利用设施建设规划》和《湖南省"十三五"城镇生活垃圾无害化处理设施建设规划》，确定到2020年底，全省所有设市城市、县城、建制镇污水处理设施（能力）和生活垃圾无害化处理能力全覆盖，县以上城镇生活垃圾无害化处理率达到95%以上。

2. 积极开展课题研究

为进一步推动湖南省资源循环利用产业发展，我们委托中共湖南省委政研室、湖南省两型社会与城市科学研究会对全省资源循环利用产业发展开展课题研究，通过对全省资源循环利用产业发展调查，全面掌握该产业发展现状，分析存在的问题和困难，从发展方向、区域布局、技术支撑、政策保障等方面提出推进产业发展的建议，为争取国家政策支持、推动全省资源综合利用和循环经济发展工作打好基础、做好引导。

3. 加强制度体系建设

为贯彻落实《循环经济促进法》和《关于加快推进生态文明建设的意见》的要求，科学评价湖南省循环经济发展状况，按照国家《关于印发〈循环经济发展评价指标体系（2017年版）〉的通知》要求，我们在与财政、统计、环保、住建、水利、国土等部门专题座谈、反复协商研究的基础上，会同省统计局、省财政厅、省环保厅下发了《关于制定〈循环经济发展评价指标体系〉的通知》，要求各市州根据国家公布的统计口径和测算方法，进一步完善本市州评价指标体系建设，同时指导各县市区、园区制定符合本地实际的特色指标。

（二）突出统筹协调，推动实现能源消费总量和强度"双控"目标

1. 抓目标分解，层层落实责任

印发了《湖南省"十三五"节能规划》，研究并编制了《湖南省"十三五"节能减排综合性工作方案》（湘政发〔2017〕32号），经向国家汇报衔接、听取专家指导意见、节能减排领导小组成员单位商议、与每个市州分别对接，综合考虑各市州经济社会发展实际，下达了各市州"十三五"能耗"双控"目标分解方案，并组织开展了2016年湖南省、市、州人民政府能耗"双控"目标责任评价考核工作，会同湖南省经信、住建、交通、机关事务、统计等部门组成书面考核组，对全省各市州人民政府报送的2016年能耗"双控"自查报告及相关资料进行了综合考评和定档评级，考核结果报湖南省政府同意后向全社会公告。

2. 抓监察执法，强化制度约束

全年组织开展了非工业用能单位、重点高耗能企业、夏季公共建筑室内温度控制、固定资产投资项目节能评估审查等4轮专项监察，重点开展了湖南大学等61家非工业用能单位、江华海螺水泥等34家水泥企业和华菱涟钢等4家钢铁企业执行强制性能耗限额标准和阶梯电价政策情况现场监察，对6个市州市本级执行《固定资产投资项目节能审查办法》（国家发改委44号令）情况及部分已批项目落实节能审查意见情况进行了专项监察，印发了节能监察意见书，有效督促用能单位开展整改、提高能效。

3. 抓联合惩戒，建立信用体系

在全国率先建立节能信用体系制度，出台了《湖南省节能监察信息公开办法》，会同湖南省信用办联合印发了《湖南省节能失信行为认定和记录办法》，探索发布《湖南省节能失信黑名单联合惩戒备忘录》，明确了节能监察结论信息公开曝光、节能失信行为分级、部门联合惩戒等系列措施，通过湖南省级信用平台公开曝光节能监察和节能违法违规行为、省级信用信息共享平台记录节能信用信息并与银行征信记录互联互通等手段，实现节能违法违规行为的信用约束，倒逼用能单位主动履行节能义务。

4. 抓项目建设，强化宣传与交流

重点推进了11个重点节能工程项目建设，范围涵盖公共机构、绿色照明和重点用能行业节能技术改造等领域，项目建成后预计可实现年节能量约3.2万吨标准煤。全年共完成36个固定资产投资项目节能审查工作，累计核减能源消耗约4000吨标准煤，从项目的源头提升节能能力水平。积极组织参加了国家发改委组织的节能优秀实践案例和重点节能技术推荐、节能自愿承诺活动。支持远大空调有限公司成功加入中美绿色合作伙伴计划，与美国CAPSTONE公司共同开发分布式冷热电联产系统（CCHP）。精心策划组织了第27个节能宣传周、第5个低碳日活动，在长沙高新区举办了省、市、园区"十三五"节能降碳行动计划展、公共机构节能示范单位成果展和新能源汽车展，开展了捐赠节能灯、赠送环保袋、发放节能低碳手册、征集节能宣传画等公益活动，湖南卫视、红网等新闻媒体对活动进行了宣传报道，取得良好的社会反响。

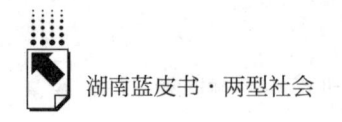

(三)突出试点示范，强势带动再生资源产业集聚发展

1. 产业发展初具规模

经过多年发展，湖南省已形成以"长株潭"城市群为核心的再生资源产业圈，沿107国道形成了一条再生资源的经济走廊，并依托国家级"城市矿产"基地形成了永兴和汨罗一南一北两大再生资源产业基地，除此之外，通过规划引导，目前湖南省已有4个全国再生资源城市回收体系建设试点城市，6个国家（区域）性大型再生资源回收利用基地，涌现出了一批如湖南金龙国际再生铜业、湖南万容科技、湖南邦普循环科技、湖南绿色再生资源等为代表的龙头企业。2016年，全省再生资源产业总产值1032亿元，同比增长12%，资源回收量为2819.8万吨，同比增长18%，从业人员超过26万人，再生资源产业发展已初具规模。

2. 重点园区集聚发展

作为国家级"城市矿产"示范基地，汨罗和永兴再生资源产业发展日趋成熟，并颇具特色。其中汨罗通过转变传统的回收方式，形成了以专业公司带动个体经营户的回收格局，全市已吸纳再生资源回收利用企业200余家，经营户4000余户，5100多个网点遍及全国除西藏、台湾以外的各省（区市）。园区内回收利用品种包括铜、铝、不锈钢、塑料、橡胶、纸和电子废弃物等，2017年园区废铜铝、不锈钢精深加工比例提高到85%左右，废塑料、废橡胶深加工比例将提升到90%，每年生产再生铜、铝、钢、塑料等原材料239万吨，实现工业总产值280亿元。仅再生铜一项，每年可为社会节约铜矿石7970万吨、标煤3188.4万吨以上，相当于每年为国家建起一座千万吨级矿山；永兴县按照千亿元级园区的发展方向，全力实施"中国银都"发展战略，建立了稀贵金属再生资源利用产业集中区，将129家企业整合重组为30家，已形成在国内外较有影响力、产值超过200亿元的稀贵金属产业集群，永兴提炼的有色金属中，铋、锑、白银产量全国第一，其中白银产量连续十年保持全国第一，2016年生产白银2200多吨，占全国产量的1/4。目前正部署建立总额达50亿元的永兴有色金属产业基金，力争年内到位20亿元，重点扶持5~10家重点企业，培育收入过50亿元的龙头企业，大力扶持2~3家以白银为主的上市公司，提升"中国银都"的影响力。

3. 区域发展特色鲜明

各市州依托当地资源禀赋、交通区位全面优势和产业传统形成了各具特色的再生资源产业。其中长沙再制造产业基地以工程机械及零部件再制造、汽车拆解为主导产业，目前已聚集再制造企业36家，其中以工程机械及零部件再制造、汽车拆解为主导产业的循环经济再制造示范基地，成为中南地区颇具影响力的再制造产业集群，年产值达50亿元；资兴市构建了特色显著的有色金属综合循环产业链条，实现了转型升级。目前，资兴市冶炼渣综合利用率为100%，工业固体废物综合利用率为93.94%，主要再生有色金属回收率为97.8%，废纸回收率为70%，废塑料、废橡胶回收率为84%；岳阳泰格林纸形成了废旧纸张回收绿色生态、清洁生产、节水、再生、环保五大循环链；还有国家"编织袋之乡"之称的益阳沧水铺和废旧塑料回收加工较为突出的邵阳雀塘等，地域分布特色明显。

二 2018年发展思路

2018年，我们将按照十九大精神和习近平新时代中国特色社会主义思想指引，牢固树立和践行绿水青山就是金山银山的理念，以生态文明建设为统领，突出改革创新，强化政策引导，实施重大工程，稳步推动湖南省能源资源节约和循环经济工作取得新的成绩。

（一）深化课题调查研究

落实习近平总书记关于大兴调查研究之风的系列重要指示精神，围绕国家和湖南省委省政府确定的工作中心，选取重点难点盲点开展调研。一是探索城市节能路径。强化对湖南省资源节约工作指导和顶层制度设计，就落实国家推广开发利用地热能工作开展专项调研，为缓解湖南省夏冬两季供冷取暖能源供应紧张、提升能效缓慢等难题提供参考。二是强化能耗形势预判。全面分析评估湖南省"十三五"中期能耗"双控"形势，对"十三五"后期能耗增量空间和能效提升空间进行预判研究，对市州和行业下阶段能耗"双控"工作提出对策意见。同时，结合节能工作新形势新热点，按照国家部署，制定并出台《湖南省重点用能单位"百千万"行动实施方案》，研究重点用能单位能耗"双控"工作路径。三是研究产业升级发展。聚焦资源综合利用中如何合理利用资源和防治污染问题开展深度调研，探寻"有色大省"在经济发展和资源环境的双重压力下，面临区域发展不均衡和资源生产率总体水平较低的现实，如何通过政策指引和支持，实现从低端化、末端化处理到高端利用、生态循环的产业升级发展之路。

（二）强化考核监管力度

一是组织实施2017年市州人民政府能耗"双控"现场考核。在评分定级基础上，重点注重工作内容落实督察，强化考核结果应用，对能耗"双控"目标未完成地方，开展约谈和高耗能项目缓批限批等惩戒措施。二是深入实施重点用能单位节能监察。落实《节约能源法》《湖南省节能监察办法》等要求，聚焦湖南省重点用能领域，就"百千万"行动中能耗反弹较快的部分重点用能单位组织实施专项监察，进一步提升用能单位技术节能和管理节能能力。三是强化事中事后监管。研究并出台《湖南省中央预算内投资生态文明建设专项管理实施细则》，在规范申报、审批程序的基础上，进一步强化对项目建设的监管。同时严把各试点示范中期评估、终期验收关卡，加大对市州落实能评44号令的督察力度，对相关工作落实不力的市州进行通报整改，并强化惩戒制度，特别是将能评监察结果与企业信用记录关联惩戒，探索开展高耗能项目节能审查验收工作制度研究。

（三）搭建信息管理平台

一是打造重点用能单位能耗监控平台。按照国家部署，推进湖南省重点用能单位能耗在线监测平台建设，对工业、建筑、能源计量等领域能耗在线监测平台进行整合，对主要耗能领域的重点用能单位能耗能效进行在线监测分析，通过大数据平台，提高全省节能减排宏观研究分析和能耗增量预警预测能力。二是搭建能评监控平台。在现有固定资产投资项目在线审批平台基础上，建设项目能耗填报和能评审查模块，强化湖南省固定资产投资项目能耗信息的归纳统计汇总功能，提升项目核准、备案工作中能耗信息的透明度，也为项目节能审查的事中事后监管提供数据支撑。

（四）突出资源综合利用

一是积极开展资源循环利用基地创建。根据国家三部委《关于推进资源循环利用基地建设的指导意见》，启动资源循环利用基地创建工作，通过统筹规划、合理布局，推动1~2个条件成熟的地区建设废弃物综合处置示范基地，探索形成与城市绿色发展相适应的废弃物处理典型模式，切实为城市绿色循环发展提供保障。二是积极推动垃圾分类处置。积极推进餐厨垃圾和建筑垃圾处理，推行长沙、衡阳经验，鼓励支持有条件的地区建立餐厨垃圾集中收运处理和建筑废弃物回收处置体系。积极推进园区循环化改造、循环经济示范城市（县）、资源综合利用双百工程、餐厨垃圾处理利用试点等试点示范建设并逐步总结推广试点经验，开展公共机构生活垃圾分类行动，通过循环利用、分类处置促进源头减量。

（五）加强宣传引导示范

一是筹备实施2018年湖南省节能宣传周活动。计划进一步突出市场化节能主题，通过打造节能科技产品交易博览会、组织节能技术论坛等多种方式，营造全社会绿色发展、节能降耗主题氛围，推动节能科技产品的推广应用。二是推动一批节能重点工程项目。围绕公共机构、城市道路照明、重点用能单位节能等领域，推动一批节能示范项目，形成新的节能能力和带动示范效应。三是发布一批资源节约循环利用典型案例。在湖南省行业领域搜集和汇总一批成熟的节能技术改造、资源循环利用的成功案例，归纳总结一批成功模式加快宣传推广。

B.6
湖南省2017年环境保护工作总体情况及2018年基本思路

湖南省环境保护厅

2017年以来，湖南省环保系统坚持贯彻习近平总书记生态文明建设新思想、新理念、新战略，严格落实党中央、国务院以及环保部和湖南省委省政府的统一安排部署，紧紧围绕改善环境质量这个核心，以解决突出问题为重点，以深化改革为动力，以加强作风建设为保障，不断开拓创新，狠抓落实，各项工作都取得了积极进展。2017年，全省地表水419个省控断面水质总体为优，Ⅰ~Ⅲ类水质断面占90.2%；60个"水十条"国家考核断面中，57个断面水质达到2017年考核目标，14个市州集中式饮用水水源地水质达标率为97.2%。全省14个城市平均优良天数比例为81.5%，同比上升了0.3个百分点。

一 2017年加强环境保护的主要工作

（一）坚持问题导向，强力推进环保督察整改

一是积极配合中央环保督察。湖南省高度重视中央环保督察工作，在总结2016年益阳市环保督察先行试点经验的基础上，湖南省委省政府主要领导多次召开任务部署会和整改推进会，把环保督察作为解决突出环境问题、推进生态强省建设的重要抓手，切实扛起了生态文明建设的政治责任。中央督察组进驻期间，共交办4583件信访件，目前已办结4561件。配合中央督察，省政府领导带队开展集中督察，交办501个问题，目前已整改完成370个。

二是抓好督察反馈意见整改。针对中央环保督察反馈意见指出的76个问题，制定了《湖南省贯彻落实中央第六环保督察组反馈意见整改方案》并经党中央、国务院审核同意公开发布。在全省各级各部门和人民群众密切配合、共同努力下，截至2017年底，反馈意见指出的76个问题已整改完成54个；经拆分后下达到各市州和省直有关单位的176个具体问题已整改完成140个。解决了一批群众反映强烈的突出环境问题，特别是洞庭湖自然保护区违规采砂、欧美黑杨清理、饮用水水源保护区突出问题整治等难点工作顺利推进。

三是严厉追责问责，树立导向。治污先治人，失职必追责。省纪委12次召开专题会对涉及责任追究的15个问题进行研究；整改工作领导小组集体约谈推进不力、进展滞后的12个县区和单位主要领导。全省共责令整改企业4025家，立案处罚1223起，立案侦查136起，行政、刑事拘留180人，约谈1379人次，问责1370人次，罚款6854.25万元。在全国第一轮环保督察中，湖南省在立案数、拘留人数、约谈人数、问责人数四方面均居全国前列，有力推动了环境保护"党政同责""一岗双责"，提升了全省各地转型升级产业结构、推动绿色发展的意识。

（二）瞄准突出问题，奋力打好环境治理战役

一是聚力打赢蓝天保卫战。邀请国内大气领域专家召开咨询会，制订了湖南省"蓝天保卫战"三年行动计划。分类推进大气污染防治，有效加强长株潭地区重污染天气联防联控。促进机动车环检与安检同步，新增120家机动车排放检测机构，完成全省黄标车淘汰任务。完成20台火电机组超低排放改造，淘汰1067台燃煤小锅炉。全面启动挥发性有机物污染防治工作，完成排放标准制定。

二是持续加强水污染防治。贯彻落实五级河长制，推进省"一号重点工程"向"一湖四水"延伸，实施洞庭湖水环境综合整治"五大专项行动""十大重点工程"，总计实施整治项目511个。全省171处黑臭水体（总数排全国第三）已整治完成130处；140个省级工业园区（工业

聚集区）有130个完成污水集中处理设施建设；组织千吨万人级和千人以上级饮用水源保护区划定，80个长江经济带饮用水水源地排查问题全部整改完成。

三是积极推进土壤污染防治。出台《湖南省土壤污染防治工作方案》，全面开展土壤污染防治政策宣传和科普教育，组织省市两级签订土壤防治目标责任书。在全国率先完成3679个农用地土壤污染状况详查点位布设和2215个疑似污染源、污染地块调查，建立健全土壤和重金属项目储备库。62个土壤污染防治重点项目如期推进，常德土壤污染综合防治先行区建设取得较好成果。

四是加快农村环境综合整治。坚持农村环境综合整治全省域覆盖与美丽乡村建设、精准扶贫协同推进，年内完成4158个行政村整治任务。整治资金重点向贫困地区倾斜，积极支持2.2万名贫困人口应聘为农村保洁员，平均每月发放工资756元，加快贫困人口脱贫步伐。湖南省作为全国农村环保唯一代表参加2017年环境保护治理体系和治理能力研讨会，介绍了相关经验做法。

（三）推动绿色发展，助力供给侧结构性改革

一是把好绿色环境准入关。加快生态保护红线划定进度，编制《湖南省生态保护红线划定方案》正报国家审批。强化"三线一单"约束，全年审批建设项目127个，否决或指导调整选址、优化工艺和污染防治措施项目30个。严格审批永州、郴州、邵阳等三市20个风电项目，责令整改11个，立案处罚8个。积极服务省重点项目建设，实行环保服务责任制。参与长江经济带规划环评，对全省工业园区进行排查清理，推动园区专业化功能布局和新建工业项目入园管理。

二是促进环保科技产业发展。与中国环境科学院建立战略合作机制。出台4个环保技术湖南省地方标准，颁发第一批（13人）湖南省环境保护科学技术专家委员会委员和专家证书。以科技创新为动力提升固体废物综合利用水平，促进循环经济发展，取得环保产业发展和环境污染治理共赢。落实

环保产业发展政策，组织省内骨干环保企业参加香港、澳门国际环保展，加强技术交流与业务合作。据统计，2016年实现环保产业产值1947亿元，较上年增长20.6%，预计2017年达到2100亿元。

三是强化企业排污和治理责任。推进重点减排工程建设，主要污染物减排完成国家下达指标。落实排污许可证管理制度，通过强化证后系统监管，优化前置审批程序，发放火电、造纸、水泥、有色等行业排污许可证491张，提前完成年度任务。污染治理市场化改革成效初显，全年收缴有偿使用费1.08亿元，企业间直接交易持续增长。实施并公开企业环境信用等级评价，向各部门提供环境信用信息近900条，倒逼39家企业整改升级。正式发布《黑名单管理办法》，初拟92家进入环保黑名单企业。

（四）履行监管责任，大力加强环境监察执法

一是深入开展专项执法行动。在全国首个将环保执法机构纳入政府执法保障序列。配合中央开展"绿盾2017"专项行动，核查出涉及国家自然保护区违法违规问题3254个，已整改完成2935个。开展"洞庭湖环湖利剑"、"长株潭蓝天利剑"等专项执法行动，全省共查处环境违法案件4726起，同比增长196%；罚款总额1.9亿元，同比增长240%。其中按日计罚案件50起，处罚金额1108.2万元。

二是创新方式推动两法衔接。建立健全两法衔接工作长效机制，成立了全国首家省级层面检察机关驻环保部门联络机构，联合省检察院、省公安厅出台《湖南省环境保护行政执法与刑事司法衔接工作办法实施细则》，指导全省各级环保部门移送行政拘留案件562起，同比增长190%；移送污染环境犯罪案件73起，同比增长46%，有效震慑了环境违法分子。

三是加强环境风险防范与处置。全省排查环境安全隐患2281个，已完成治理1803个。妥善处理攸县吉林桥煤矿"5·7"重大中毒窒息事故和娄底市升平河水质异常等33起突发环境事件，化解了环境危机。扎实开展全省放射源安全检查专项行动，严格核与辐射类建设项目管理，加强固体危险废物监管与安全处置，确保了全省环境安全大局基本稳定。

（五）创新机制体制，深化生态文明领域改革

一是生态强省建设稳步推进。出台《湖南省生态文明建设目标评价考核办法》，制定《湖南省生态强省建设规划纲要（2016~2025年）》。生态环境损坏赔偿五项管理制度正式实施，成为全国出台制度内容最全、级别最高的试点省。江华瑶族自治县被评为首批国家生态文明创建示范县，南山国家公园正在试点中。全省185项总体改革任务已完成146项。

二是环保责任体系不断完善。成立省生态环境保护委员会，修订并完善《湖南省环境保护工作责任规定》和《湖南省重大环境问题（事件）责任追究办法》，更好凝聚起部门合力。推动建立以环境质量为核心的环境管理和评价制度，印发《湖南省环境质量考评办法》，研究并起草全省环境保护目标责任和考核评价制度。

三是环保垂管改革蹄疾步稳。成立推进环保垂管改革工作机构，完成了全省环保系统机构编制和人员、装备资产情况摸底，拟定了湖南省《环保机构监测监察执法垂直管理制度改革实施方案》，并在广泛征求意见建议后正式呈报省政府。

（六）提高保障能力，不断夯实环保工作基础

一是强化资金支持和规划执行。积极争取中央和省级财政资金支持，其中中央拨付土壤资金和农村资金位列全国各省份第一，水污染防治资金排名前列，有力保障重大环保项目实施。构建并实施全省"十三五"环境保护"1+7"规划体系，年内实现全省三级环保部门移动执法装备和应急装备全覆盖，生态环境监测网络体系基本建成。

二是加强法制建设和环保宣传。制定并出台《湖南省大气污染防治条例》、《湖南省实施〈固体废物污染环境防治法〉办法》和《湖南省饮用水水源保护条例》三部法规，推动《湖南省土壤污染防治条例》列入省政府2018年立法计划。大力开展环保宣传教育，在省主流媒体开设"中央环保督察组进驻湖南"和"洞庭湖生态环境专项整治进行时"等专栏，承办

"砥砺奋进的五年—绿水青山新湖南"大型媒体采访活动,通过全方位、多角度的报道,引导人民群众积极参与生态文明建设,"'湖南环保'双微"关注数和文章点击数创历史新高。

三是锻造忠诚干净担当环保铁军。邀请十九大代表黄斌做专题讲座,学习传达十九大精神特别是关于生态文明建设和环境保护的决策部署。加强干部队伍专业化培训,年内组织环保局局长、监测、监察等岗位培训33期2730人次。召开全省环保系统党风廉政建设视频工作会议,结合典型案例开展警示教育,加强行风建设。完成纪检派驻改革和省厅机关纪委组建,设立环保专项资金监督管理办公室,扎紧了预防职务腐败的制度篱笆。

二 2017年环境保护工作重大事项

1. 根据湖南省委统一部署,2017年2月17日,湖南省委第六巡视组对省环保厅开展为期两月的巡视"回头看"工作。5月22日,湖南省委第六巡视组向省环保厅党组反馈巡视"回头看"情况。8月30日,湖南省环保厅发布《中共湖南省环境保护厅党组关于巡视整改情况的通报》。

2. 2017年3月31日,省十二届人大常委会第二十九次会议表决通过《湖南省大气污染防治条例》(下简称《条例》)。这也是湖南省环保厅近十年来首次承办并获得通过的省级环保地方性法规,《条例》共五章四十一条,主要包括总则、防治措施、监督管理和法律责任等内容。《条例》于6月1日施行,是未来一段时间内湖南省大气污染防治的重要地方性法规。

3. 2017年4月24日,经党中央、国务院批准,中央第六环境保护督察组正式进驻,对湖南省开展为期一个月的环境保护督察。7月31日,督察组向湖南省委省政府反馈意见。12月,湖南省对外公开《湖南省贯彻落实中央第六环境保护督察组督察反馈意见整改方案》。

4. 2017年5月,湖南省成立全国首家省人民检察院驻省级环保部门检察联络室,为推动两法衔接建立了长效工作机制。

5. 2017年5月17日,湖南省成立由省长许达哲任组长的生态环境保护委员会（以下简称生环委）。8月4日，省长许达哲主持召开生环委全体会议，原则通过《省生环委及其办公室工作职责》和《省生环委议事规则》，强调坚决抓好中央环保督察反馈意见整改落实，确保实现环境治理年度目标。

6. 2017年我国环境日主题是："绿水青山就是金山银山。"6月5日，湖南省委书记杜家毫、省长许达哲在《湖南日报》发表署名文章：让三湘人民共享绿色福利——纪念第46个世界环境日，全省各地开展了丰富多彩的纪念活动。

7. 2017年6月5日，湖南省召开环境治理战役"夏季攻势"动员大会，开启落实中央环保督察交办任务、推进生态保护和环境治理的新一轮行动。省长许达哲在会上强调，要以习近平总书记系列重要讲话精神为指导，坚决落实党中央国务院决策部署，抓住中央环保督察重要契机，趁热打铁、乘势而上，坚决打好环境治理攻坚战，全力完成"夏季攻势"各项目标。

8. 2017年6月27日，湖南省委书记杜家毫主持召开湘江保护和治理委员会2017年第一次全体会议。他强调，湘江保护治理只有进行时，没有完成时。要全面落实绿色发展理念，坚持问题导向，保持定力、精准发力、久久为功，以一流的作风确保"一号重点工程"扎实推进。省长许达哲出席会议并讲话。

9. 2017年7月，湖南省人民政府发布通知，明确将全省环境保护执法机构纳入政府行政执法机构保障序列，这对全面加强和改进当前环境监管执法，加快解决突出环境问题、改善环境质量、建设生态强省具有十分重大的现实意义。目前湖南该项工作走在全国前列。

10. 2017年8月，湖南省政府下发《关于开展第二次全省污染源普查的通知》（湘政办函〔2017〕69号）文件，决定于2017年第三季度全面启动第二次全省污染源普查工作，并明确由省生态环境保护委员会负责统一组织、协调。

11. 2017年8月14日到16日，中共中央政治局常委、全国人大常委会委员长张德江在湖南检查《固体废物污染环境防治法》实施情况。他强调，要坚持从生态文明建设和经济社会可持续发展全局出发，切实加强固体废物污染防治工作，提高污染治理法治化水平。

12. 2017年9月，省环保厅发布2012年以来湖南省生态文明建设和环境保护工作成就。江华瑶族自治县被评为首批国家生态文明创建示范县，并于9月21日正式授牌。

13. 2017年9月26日，湖南省委书记杜家毫主持召开洞庭湖治理专题会议。10月9日，省长许达哲主持召开洞庭湖生态经济区建设领导小组第四次会议。11月1日，湖南省委省政府召开省、市、县、乡、村五级干部电视电话会议，就洞庭湖生态环境专项整治工作进行再动员、再部署、再推进、再落实。

14. 2017年10月，湖南省委办公厅、省政府办公厅印发《关于印发〈湖南省生态文明建设目标评价考核办法〉的通知》（湘办发〔2017〕55号），湖南省将对14个市州党委、政府推进生态文明建设工作情况实行严格的评价考核制度。

15. 2017年10月18日，湖南省环保厅组织厅机关、直管单位全体干部职工集中收看中国共产党第十九次全国代表大会开幕式。10月31日，湖南省环保厅组织传达学习党的十九大精神，传达学习《党的十九大精神传达提纲》，并就全厅如何深入学习贯彻十九大精神进行安排部署。

16. 2017年11月13日，湖南省委常委、常务副省长陈向群组织召开长株潭特护期大气污染防治工作部署会，强调坚决打赢蓝天保卫战。会议发布《2017年度长株潭大气污染防治特护期实施方案》。

17. 2017年11月29日，《湖南省生态保护红线划定方案》（以下简称《方案》）顺利通过生态保护红线部际协调领导小组审核。此前，11月21日，省长许达哲分别主持召开专题会、省政府第121次常务会议审议并通过《方案》；11月30日，湖南省委书记杜家毫主持召开湖南省委全面深化改革领导小组第30次会议，专题审议《方案》。

三 存在的问题

近年来，全省环境保护工作虽然取得一定的进展，但基于湖南省省情，还存在一些突出困难和问题。

一是环境质量形势不容乐观。14个市州空气质量与国家二级标准仍有一定差距，长株潭地区空气环境形势比较严峻。特别是2017年10月中旬以来，全省城市空气质量呈明显下降趋势（冬春季污染因子以PM2.5为主），多次出现大范围的中、重度污染天气，其中长株潭区域局部时段还出现了严重污染。水环境质量仍有近7%的监测断面未达到Ⅲ类标准，洞庭湖仍为轻度污染，湖体11个断面全部未达到Ⅲ类水质，虽然较往年有所好转，但总磷超标问题比较突出（0.072毫克/升，上年同期为0.083毫克/升）；60个国家考核断面中3个未达到考核目标（长沙胜利、益阳桃谷山和大通湖断面），其中大通湖断面（劣Ⅴ类）低于考核目标3个水质类别；土壤污染防治刚刚起步，局部地区土壤污染严重，耕地土壤环境质量堪忧，大型工业企业周边和工矿业废弃地土壤环境问题突出。

二是环境风险管控仍然存在薄弱环节。湖南省作为"有色金属之乡"，重金属污染问题历史累积严重，重点防控区13个重金属监测断面超标。全省危险废弃物产生点多、面广、量大，处置设施建设滞后，监管机制还不够健全。饮用水水源安全还存在风险隐患，地级饮用水水源保护区排查督察新发现146个问题，仅整改完成30个；县级饮用水水源保护区排查出322个问题，仅整改完成95个。

三是中央环保督察整改难度加大。整改已进入攻坚期，余下的大多数为涉及全省性、区域性或治理难度大、资金投入多的重难点问题，如洞庭湖区重点湖库整治、重点防控区重金属断面超标、矿山冶炼企业历史遗留废渣处置、长株潭"绿心"违规建设项目清理等。各地对整改工作还存在思想认识不统一、责任落实不彻底、工作推进不平衡的问题，有的地方甚至责任层层递减。少数地区因污染反弹导致已办结信访件再次上访，如洞口县威凌金属有限公司环境污染、郴州市北湖区东风宏祥公寓餐饮油烟污染问题。花垣县矿业采选污染问题近期又被媒体聚焦，引起国家领导人高度重视。

四是环境治理问题任重道远。各地环境治理主要依靠中央、省级治理资金支持，自身投入明显不足。环境治理部门责任压实不够，没有形成齐抓共管合力。2017年部分治理任务滞后，140家省级工业园还有10个未建成污水集中处理设施；部分企业清洁化改造进展缓慢；黑臭水体整治进展不平衡；水、土壤部分治理项目进展滞后。

四　2018年湖南省环境保护基本思路和主要任务

2018年，全省环境保护工作坚持习近平新时代中国特色社会主义思想，围绕生态强省建设，以坚决打好污染防治攻坚战为总纲，扎实推进湘江保护和治理"一号重点工程"，深入开展洞庭湖生态环境专项整治，大力加强长株潭地区大气污染防治，坚决打好蓝天、碧水、净土保卫战，按照"三突出，五加强"的工作思路，即突出防范环境事件为工作底线，以突出治理污染重点为工作中心，以突出改善环境质量为工作核心，加强综合协调、督察问责、监管执法、宣传教育、基础工作，扎实推动中央环保督察问题整改和省级环保督察全覆盖，全面深化生态环境保护体制机制改革，着力推进全省生态环境保护事业取得新进展，为建设富饶美丽幸福新湖南提供坚强保障。

一是推进形成绿色发展方式。推动"生态强省"建设落地，严格环境准入管理，建立完善污染物排放许可制，促进环保产业发展。

二是坚决打好污染防治攻坚战。打好蓝天保卫战，打好碧水保卫战，打好净土保卫战，深入推进农村环境综合整治。

三是大力加强环境监察执法。持续抓好中央环保督察整改，组织开展省级环保督察，聚焦打击环境违法行为，加强自然保护区综合管理，加强核与辐射环境监管，规范固体废物安全处置，提升环境应急管理能力。

四是深化生态环保体制改革。统筹推进环保管理体制改革，推动建立环

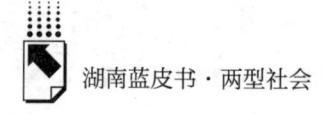

境保护考核制度，完善污染治理市场化机制。

五是狠抓基础能力建设。加强环境法治建设，提升科技支撑水平，加强环境监管能力建设，强化环境宣传教育，提高环境信息化水平，强化干部队伍建设。

六是深入推进全面从严治党。把政治建设摆在首位，加强党风廉政建设和反腐败工作，压实落实管党治党政治责任。

B.7 践行绿色发展理念 促进工业绿色发展

湖南省经济和信息化委员会

2017年，湖南省认真落实制造强省建设和生态文明建设的相关部署，积极推进绿色制造、节能降耗、清洁生产和资源综合利用各项工作，取得了积极的成效。2017年，全省单位规模工业增加值能耗超额完成下降4.5%的年度目标任务；规模工业综合能源消费6040万吨标准煤，同比增长1.7%，以较低的能源消耗支撑了较高的工业经济增长（全省规模工业增加值同比增长7.3%）。

一 2017年湖南工业节能与综合利用工作情况

（一）贯彻绿色发展理念，绿色制造工作开辟了新局面

一是建立了绿色制造工作机制。制定并印发《湖南省绿色制造体系建设实施方案》，提出了湖南省绿色制造体系建设的总体思路、实施内容、实施程序、年度计划和保障措施，会同省财政厅提出了配套奖励政策。召开全省绿色制造体系创建和两型工业企业认证培训会议，组织市州经信委、园区和企业，学习绿色制造体系创建和两型工业企业认证的政策、要求和程序。

二是绿色制造体系创建工作进展顺利。19家单位获批国家绿色制造示范单位，其中，楚天科技、三一汽车等15家企业获批国家级绿色工厂，宁乡经开区、浏阳高新区获批国家级绿色园区，远大空调获批国家级绿色供应链管理企业，湖南洁宇日化生产的浓缩洗衣氧颗粒产品获批国家级绿色设计产品。威胜集团等27家企业评估认定为第一批省级绿色工厂，岳阳绿色化工产业园和隆回工业集中区被评估认定为第一批省级绿色园区。

三是积极争取国家绿色制造政策支持。航天凯天环保工业废气治理装备制造绿色关键工艺系统集成项目等9个项目列入国家绿色制造系统集成项目支持计划，项目通过率100%，获批项目个数居全国第1位。会同省开行推荐湖南恒晟环保科技有限公司工业固体废物、废气、废液回收和资源化利用项目等2个项目纳入国家工业节能与绿色发展重点信贷项目库。推荐湖南节能评价中心获批国家第二批工业节能与绿色发展评价中心。推荐湖南东方时装有限公司等6家企业申报国家工业产品生态（绿色）设计试点企业。

四是会同湖南省两型委、省财政厅、省环保厅、省质监局、省统计局联合举办"2017年湖南工业绿色制造推进会"。会上发布了6个节能地方标准，为获得第一批国家级和省级绿色工厂、绿色园区、绿色供应链管理企业颁发了第三方评价证书，为通过省两型工业企业认证的企业颁发了第三方认证证书；国家绿色制造系统集成项目牵头单位与联合成员单位现场签订了项目推进协议。鉴于湖南省绿色制造工作取得了较好成绩，2017年12月8日，在工信部节能司召开的"全国绿色制造示范工作经验交流会"上，湖南省做了发言。

（二）大力推进节能降耗，工业能效水平实现了新提升

一是组织实施百家企业节能节水改造工程。鼓励支持重点用能企业实施节能改造工程，重点组织实施2017年全省电机能效提升工程，支持纳入试点的8家企业实施电机能效提升方案，推广高效电机309台，预计年节电675万千瓦时，促进了湖南省电机产业转型升级和重点用电企业电机能效水平提升。

二是组织制定一批工业节能标准。会同省质监局联合编制了《电瓷单位产品能源消耗限额及计算方法》等6项工业节能地方标准，使湖南省工业节能地方标准达到25项，弥补了国家节能标准在湖南省优势特色行业的不足。

三是扎实做好工业节能监察工作。对全省4家钢铁企业、144家水泥企业、1家平板玻璃企业能耗限额标准及阶梯电价政策执行情况，34家电机生

产和使用企业、16家工业锅炉生产和使用企业的能效提升情况进行了专项监察。节能监察"三个联合"（湖南省经信委、省发改委联合印发节能监察实施方案，省工业通信业节能监察中心、省节能监察中心联合开展节能监察执法，省经信委、省发改委联合公布节能监察结果）的工作模式，受到了工信部督察组领导的表扬。会同湖南省发改委起草《湖南省节能监察办法》，由湖南省发改委与湖南省经信委联合印发实施，该办法对于湖南省贯彻落实节能法律法规、增强节能监管实效、进一步理顺节能监察工作职能、增强部门协作联动具有重要的意义。承担了工信部委托的《工业企业节能违法失信联合惩戒机制》课题研究，研究成果提出的新思路，对于加强节能监察结果应用和推动建立工业企业节能违法失信惩戒机制具有积极作用。

（三）深入推行清洁生产，工业污染削减取得了新成效

一是积极推广清洁生产先进适用技术。推荐长沙赛恩斯环保科技有限公司金属矿采选废水生物制剂协同氧化深度处理与回用新技术等3项技术纳入工信部《涉重金属重点行业清洁生产先进适用技术推荐目录》。

二是持续推进高风险污染物削减行动计划。福嘉综环科技股份有限公司6万吨铅冶炼系统液态渣直接还原节能改造与余热发电项目通过工信部组织的专家审查。

三是持续开展自愿性清洁生产审核。组织108家工业企业开展了自愿性清洁生产审核，其中97家企业实施的清洁生产技术改造项目通过验收，企业技术水平和核心竞争力得到提升，从源头预防和削减了污染物的产生。

四是积极配合相关部门参与生态文明建设、两型社会建设、大气污染防治、水污染防治、湘江保护治理、环境保护督察、洞庭湖生态经济区环境专项整治、2017年长株潭特护期大气污染防治、最严格水资源管理、政府采购两型产品等多项工作。

（四）持续推进资源综合利用，再生资源行业管理得到了新加强

一是做好再生资源行业准入申报工作。湖南省同力循环经济发展有限公

司、湖南华信再生资源有限公司等2家企业列入废钢铁加工准入公告企业，邵阳市黑宝石再生资源有限公司列入废橡胶加工公告企业。

二是组织对已公告企业进行现场检查，加强对已公告企业的事中事后监管。

三是推进机电产品再制造产业发展。指导和支持浏阳高新区举办"湖南省首届工程机械再制造产品展销会"。

四是指导和支持郴州市申报国家工业固体废物综合利用基地。

（五）坚持全心全意服务企业，工业绿色增长获得了新动能

一是组织实施百家节能环保企业培育工程。筛选确定100家重点调度协调的节能环保企业名单，积极支持一批在行业具有核心竞争力的龙头企业发展壮大。

二是支持了一批绿色发展项目。充分发挥省工业转型升级专项资金的引导作用，支持和鼓励一批工业企业实施绿色发展项目，带动全省工业企业加快绿色发展的步伐。

三是启动两型工业企业认证工作。会同省两型委、省质监局通过政府购买服务的形式，组织对纳入2017年湖南省两型工业企业认证计划的企业进行认证，三一重工等26家企业顺利通过两型认证。

二　2018年湖南工业节能与综合利用工作思路

主要目标：全省单位规模工业增加值能耗下降4.5%左右。

（一）大力推进绿色制造体系创建

按照《湖南省绿色制造体系建设实施方案》确定的目标和步骤，加大绿色制造体系创建工作力度，以重点园区、重点企业引领工业绿色制造，形成强大的示范效应。切实加强第一批国家级和省级绿色工厂、绿色园区管理，组织召开"全省绿色制造示范工作经验交流会"和"全省绿色制造体系建设高级研修班",加强相互交流和经验探讨。组织开展第二批省级绿色工厂、绿色园区创建工作,积极推荐申报国家级绿色工厂、绿色园区、绿色产品和绿色供应链管理企业,力争2018年评估认定30家以上省级绿色工厂,获批5家以上国家级绿色工厂,实现厂房集约化、原料无害化、生产洁净化、废物资源化和能源低碳化;评估认定2家以上省级绿色园区,推动园区布局集聚化、结构绿色化和链接生态化,实现园区整体的绿色发展。尽早谋划2018年国家绿色制造系统集成项目申报工作,组织符合条件的行业领军企业组成联合体,开展绿色制造系统集成工作,抓紧做好项目储备。加强对2016年和2017年已获批国家绿色制造系统集成项目的跟踪管理,督促项目按时保质实施,启动首批项目验收工作。

(二)继续开展"两型工业企业"认证

会同省两型委、省质监局对照《两型工业企业》地方标准,以降低资源能源消耗、减少污染物排放、提高资源产出效率为主要着力点,继续组织开展省两型工业企业认证工作,计划2018年认证30家左右的省两型工业企业,引导全省工业企业逐步走两型发展道路,实现经济效益、社会效益和生态效益最大化。

(三)加快培育节能环保产业

实施空气治理技术及应用产业链行动计划,鼓励支持航天凯天环保等龙头企业牵头成立全省空气治理技术及应用产业联盟,组织开展工业废气专项治理"新风"行动。筛选确定并印发《2018年全省重点调度协调的100家节能环保企业名单》,积极支持节能环保产业培育发展。

(四)扎实推进自愿性清洁生产审核

紧密结合湘江保护和治理"一号重点工程",以长株潭试验区、湘江流域和环洞庭湖经济区为重点区域,计划组织100家工业企业开展自愿性清洁生产审核并推进中高费方案实施,积极推广应用清洁生产技术。

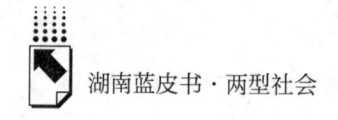

（五）继续推进资源综合利用

积极引导企业开展资源综合利用工作，促进资源的最优配置和高效利用，协调帮助符合条件的企业落实国家税收优惠政策。争取将长株潭列入国家新能源汽车动力电池回收利用试点地区，指导和支持郴州市申报国家工业固体废物综合利用基地。

（六）制定一批工业节能标准

继续组织开展强制性单位产品能耗限额地方标准的制定工作，计划2018年制定《锂电池正极材料单位产品能源消耗限额及计算方法》、《数据中心运行能效限额及节能监测方法》和《日用玻璃制品单位产品能源消耗限额及计算方法》3项地方标准，弥补国家节能标准在湖南省优势特色行业的不足。

（七）做好工业节能监察工作

进一步强化对重点用能企业的节能监管，严格按照执法依据、方式方法、程序标准、结果处理和执法文书"五个统一"的要求开展能耗限额标准执行情况专项监察，钢铁、水泥等行业阶梯电价政策执行情况专项监察，电机和变压器能效提升专项监察，燃煤工业锅炉能效提升专项监察等重大工业节能监察工作。通过节能监察，进一步规范企业用能行为，提升企业守法贯标意识和节能自觉性，营造良好的市场竞争环境。

B.8
开启建筑业绿色转型升级变革新时代

湖南省住房和城乡建设厅

为积极响应中央生态文明建设号召,实现建设"生态强省"目标,湖南省住建厅主动作为,以科技创新和标准制定为抓手,以建筑节能、绿色建筑、装配式建筑工作为重点,实施创新驱动和质量工程,推动住建行业向绿色转型升级发展。

一 建筑节能改善民生成效凸显

(一)提高新建建筑节能水平

一是不断提高新建建筑节能标准。发布实施《湖南省居住建筑节能设计标准》《湖南省公共建筑节能设计标准》,民用建筑节能率由50%提升到65%,建筑节能强制性标准执行率达到100%,民用建筑节能步入全国夏热冬冷地区前列水平,株洲市超低能耗建筑示范位居全国前列。

二是建筑节能强制性标准执行情况总体较好。根据全省建筑节能检查情况,各中心城市城区新建建筑节能强制性标准执行率设计阶段和施工阶段均达到100%。

三是制定《湖南省"十三五"建筑节能与绿色建筑发展规划》。高起点、高标准系统谋划未来几年湖南省建筑节能工作目标、任务和措施,目前已完成课题结题验收。

四是加强建筑节能材料、技术、工艺、设备管理。发布四批湖南省建筑节能新材料、新技术、新工艺、新设备推广目录对140余项建筑节能材料进行推广,为市州管理和建设单位选用提供依据和参考。

（二）稳步推进既有建筑节能改造

一是加强既有建筑节能改造技术研究，组织开展《湖南省既有居住建筑节能改造技术导则》编制以及《湖南省既有建筑节能改造关键技术和政策研究与示范》课题研究，对湖南省既有建筑节能改造配套政策、行业发展管理和服务模式、既有建筑能耗诊断方法、既有建筑节能改造关键技术、检测方法进行研究，以编制配套改造指南和相关标准。

二是加快推进公共建筑能耗统计和能耗监管工作。全省2017年度完成统计并上报了3425栋、5328.8万平方米建筑基本信息和能耗信息。按照1个省级平台、长沙株洲2市级平台以及其余12个市州虚拟平台和1个高校监测平台的架构，完成全省公共建筑能耗监测平台建设并组织验收，已接入264栋公共建筑、4所高校以及1所医院节能监管体系数据，实现了数据实时传送和统计，每日监测数据已实时上传到住建部的能耗监测平台。

三是推进节约型校园节能监管体系建设。到目前为止，湖南省已有湖南大学、中南林业科技大学、湖南工业大学（2010年获批）、湖南城市学院（2011年获批）、湖南师范大学、南华大学（2012年获批）六所高校列入国家节约型校园节能监管体系建设示范，中南林业科技大学还列入国家节能改造示范。总示范面积达350万平方米，参与人员近20万人。中央财政拨付资金共计2040万元，地方及学校配套资金共计1774万元。节约型校园节能监管体系建设示范工作开展以来，高校各类能耗逐年降低，各类能源费用总支出下降了8~41个百分点，节约了大量的水电气等资源。截至2017年底，中南林业科技大学、南华大学、湖南工业大学、湖南师范大学已通过省住建厅、省教育厅组织的验收和住建部、教育部备案。

四是推进能效提升示范工程项目进度。湖南师范大学、长沙理工大学、湖南省省儿童医院、湖南省省肿瘤医院和祁阳县人民医院等5家单位获批国家能效提升示范工程，示范面积92.83万平方米，获得补助资金1856.2万平方米。截至2017年底，湖南师范大学能效提升示范项目已经完成验收，祁阳县人民医院、省肿瘤医院、省儿童医院、长沙理工大学四家能效提升示范工程通过了中期调度，下一步将陆续进入验收环节。

五是推动组织开展建筑能效提升重点城市建设。按照住房和城乡建设部办公厅、银监会办公厅《关于深化公共建筑能效提升重点城市建设有关工作的通知》（建科办函〔2017〕409号）要求，长沙市编制了《长沙市公共建筑能效提升重点城市建设实施方案》，拟完成公共建筑节能改造150万平方米，已向住建部和银监会申报公共建筑能效提升重点城市。

（三）促进可再生能源建筑应用

一是加快推进示范项目的建设和验收。湖南省共获批国家可再生能源建筑应用示范城市7个，示范县13个，集中连片示范区（示范镇）1个；可再生能源建筑应用省级推广示范县3个。示范面积共2123万平方米，获批补助资金6.06亿元。截至2017年底，全省示范推广任务已开工和完工折合应用面积2127.4万平方米，占总任务面积的96.1%，其中已完工项目折合面积1735.8万平方米，占总任务面积的78.4%；已开工在建项目折合面积391.7万平方米，占总任务面积的17.7%。已有17个示范市县经省住房和城乡建设厅、省财政厅验收，完成示范任务量核定。

二是加强可再生能源建筑应用和管理。积极全面推进太阳能光电、光热技术的应用，稳妥推进浅层地源热泵技术应用，探索空气源热泵、工业余热以及风电互补发电等其他可再生能源技术应用。

三是加强产业培育和行业引导，发布了第六批可再生能源建筑应用企业和产品推广目录。组织编写《湖南省民用建筑可再生能源建筑应用评价标准》《湖南省地源热泵系统工程技术标准》《湖南省地表水地源热泵系统工程技术标准》《湖南省太阳能热水系统工程技术标准》。

二 绿色建筑与绿色建材全面发展

（一）大力发展绿色建筑

一是加快绿色建筑创建速度，2017年湖南省新增绿色建筑评价标识项目115个，建筑面积1100万平方米；全省累计绿色建筑评价标识项目365个，建筑面积4000万平方米。

二是建立健全绿色建筑标准体系。在建筑节能和绿色建筑评价标准的基础上，进一步完善标准体系，发布《湖南省绿色建筑设计标准》《湖南省建筑工程绿色施工评价标准》，制定《湖南省绿色建筑验收标准》《湖南省绿色生态城区评价标准》。

三是强化宣传教育。2017年11月29~30日，以"绿色建筑引领工程建设全面绿色发展"为主题的2017年夏热冬冷地区绿色建筑联盟大会，盛装起航、惊艳登场和圆满落幕。据统计，来自全国从事绿色建筑相关行业的主管部门领导、专家学者和建筑企业负责人约500余人参加会议。

（二）推广绿色建材

一是强化政策支持。出台《湖南省住房和城乡建设厅湖南省经济和信息化委员会关于进一步开展绿色建材推广和应用工作的通知》（湘建科〔2017〕188号），要求各市州参照省绿色建材工作机制模式，建立两部门推广应用协调组，积极开展绿色建材创建和管理工作，建立标识数据库，完成绿色建材在新建建筑、绿色建筑中占比任务。

二是确定绿色建材评价机构及检测支撑机构。经组织申报和专家评审，确定湖南省建筑材料研究设计院有限公司、湖南省建筑科学研究院为省绿色建材标识评价机构；湖南省建筑材料研究设计院有限公司、湖南省建筑科学研究院、长沙理工华建土木工程结构检测试验有限公司、长沙市城市建设科学研究院为省绿色建材标识评价检测支撑机构。

三是组建绿色建材专家委员会。通过邀请部、省领导和专家授课、组织考试，先后有一百余人取得了标识评价专家资格，已全部纳入省绿色建材专家库，评价专家基本覆盖了全省14个市州。

四是加快标识评价和产品应用。截至2017年底，全省共有25家企业获得绿色建材产品标识121个，131个工程应用了绿色建材，房建应用面积达1754.7万平方米，道路达465.6公里，节水、节能、垃圾回收利用等社会效益明显。

三 装配式建筑发展领跑全国

装配式建筑作为新兴战略产业，在湖南省委省政府正确领导和高度重视下，自2014年以来，经过四年努力，实现跨越式发展，领跑全国。

（一）行业地位影响扩大

湖南省装配式建筑工作多次在全国性会议上作为典型经验介绍。在2017年全国装配式建筑会议上，住建部陈宜明总工用"发展思路清晰、顶层设计合理、政策措施到位、企业支撑有力、工作成效明显"高度评价湖南省装配式建筑工作。在2017年筑博会上，陈宜明总工再次高度评价"湖南装配式建筑综合实力排名全国第一"。2017年筑博会吸引了32个国家及港澳台地区和20个外省区市参展展会，签约金额达600亿元，境内外好评如潮，被央视、央广、湖南卫视、《湖南日报》及境内外300多家媒体报道及转发转刊。

表1 2017年湖南省装配式建筑综合实力在全国排位情况

序号	指标	湖南	全国排位	备注
1	装配式建筑年生产能力	2500万平方米	第一	上海1500万平方米，其他各省不到1000万平方米
2	装配式建筑占新建建筑比例	11%	第一	全国平均为5%
3	装配式建筑项目累计实施总量	2472万平方米	第二	全国1.27亿平方米；上海排第一，已近3000万平方米

续表

序号	指标	湖南	全国排位	备注
4	国家装配式产业基地全产业链企业数量	8家	第一	全产业链企业指承担设计、生产、施工工程总承包装配式建筑大型骨干企业
5	国家装配式建筑产业基地企业总数	9家	第六	第一山东、第二浙江、第三江苏、第四河北、第五北京、第六湖南
6	完成装配式建筑总产值	400亿元	第一	远大住工、中民筑友等企业已在全国100多个城市有PC工厂和项目
7	装配式技术推广应用于贫困地区的精准扶贫安置项目	25万平方米	第一	湖南首开全国先河
8	装配式建筑海外签约项目总额	200亿元	第一	远大住工、中民筑友、三一集团与海外20多个国家签订了战略合作协议

资料来源：湖南省住房和城乡建设厅。

（二）发展步伐加速推进

湖南省现有国家装配式建筑示范城市1个、国家装配式建筑产业基地9家、省级装配式建筑产业基地16家。截至2017年底，全省累计实施装配式建筑面积2472万平方米，新建装配式建筑面积占新建建筑面积比例达到11%，产业总产值达到400亿元，年生产能力达到2500万平方米。湖南省装配式建筑规模企业由2014年的1家发展到30余家，其中全产业链大型骨干企业8家，配套企业20多家，涵盖了科研、设计、生产、施工、建材、物流等全产业链。

表2 湖南省2014年与2017年装配式建筑发展情况对照

序号	指标	2014年	2017年	增长率(%)
1	装配式建筑产业企业数	1家	36家	3500
2	装配式建筑生产基地个数	2个	20个	900
3	年生产能力	500万平方米	2500万平方米	400
4	实施装配式项目总面积	477万平方米	2472万平方米	418
5	产业总产值	80亿元	400亿元	400

资料来源：湖南省住房和城乡建设厅。

（三）发展模式顺应大势

湖南省装配式建筑积极响应中央号召，在"精准扶贫"和"一带一路"倡议下形成了独特发展模式。"装配式建筑＋精准扶贫"模式开创全国先河，以湘西武陵源为代表的一些贫困地区，易地扶贫搬迁集中安置项目中已经率先推广应用装配式建筑，赢得了贫困地区老百姓的青睐，得到中央领导高度肯定。"装配式建筑＋'一带一路'"模式将中国建筑的匠心品质输往全球，以远大住工、中民筑友为代表的企业在国内20多个省份、100多个城市布局建设产业园的同时，还向"一带一路"沿线数十个国家签订了战略合作协议，输出装配式建筑全套技术和产品。"装配式建筑＋筑博会"模式让湖南建筑业走向全国、走向世界，树立了产业形象，打造了产业品牌，促进了产业发展。

（四）发展路径科学有效

湖南省装配式建筑在全国起步最早，1996年，长沙远大住工注册成立全国第一家以"住宅工业"类别命名的住宅产业化企业，至今已有21年的探索发展。从2014年开始，在杜家毫书记（时任省长）多次研究推动下，湖南省坚持"政府引导、市场主导、质量为本、科学布局、协同推进"原则，抓好顶层设计、企业转型、标准制定、示范推广、机制创新等举措，大力推进装配式建筑发展。2014～2017年，先后出台一系列推进住宅产业化和装配式建筑的文件；组建了全国第一个住宅产业化产学研发展联盟；2016年，省财政拿出6000万元奖励6家省级装配式产业基地，支持装配式建筑龙头企业科技创新和做大做强。

四 存在的主要问题

（一）绿色发展意识不强

目前全社会普遍对发展建筑节能、绿色建筑以及装配式建筑的必要性、

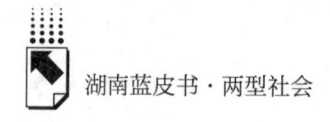

紧迫性及其社会、经济和环境效益认识仍然不足。对于示范工作，很多地方重申报、轻落实。

（二）政策支持力度不够

部分地区特别是县级住房和城乡建设部门推进装配式建筑与绿色建筑工作无机构、少人员，监管力量薄弱，工作难以落实。目前湖南省没有专门的建筑节能、绿色建筑、装配式建筑以及建设科技资金，亟须加大资金的支持力度。推广绿色建筑与装配式建筑没有强制性的法律规定，各级人民政府未将建筑节能与绿色建筑及装配式建筑的要求纳入对下级人民政府的考核。

（三）项目监管不到位，政策难以落实

装配式建筑企业管理人员和技术人员匮乏，一些市州质量监管人员不熟悉装配式规范规程，构件工厂制作和现场装配施工质量监管缺位，装配式建筑项目工程质量问题较多，现场施工管理粗放。建筑节能与绿色建筑的设计、施工图审查、施工、监理及竣工验收等建设基本程序把关不严。

（四）工作发展不平衡

地区发展不平衡，市州建筑节能普遍好于县级，绿色建筑与装配式建筑主要集中在长沙。装配式建筑技术体系发展不平衡，混凝土结构发展最快，钢结构次之，现代木结构还刚刚起步。建筑节能与绿色建筑各项工作发展不平衡，新建建筑节能工作推进较快，可再生能源建筑、绿色建筑标识应用次之，既有建筑节能改造等专项工作开展相对较慢。

五　2018年工作建议

（一）加快建筑节能、绿色建筑和装配式建筑项目的推广

2018年，全省各市州中心城区装配式建筑占新建建筑比例达到15%，

长株潭地区达到 25%。全省绿色建筑面积占新建建筑面积比例达到 40%，全省建筑节能强制性标准执行率达到 100%。

（二）完善法律法规

将《湖南省民用建筑节能条例》修订为《湖南省绿色建筑发展条例》，并列入 2018 年省立法重点调研计划，力争进入审议程序。

（三）推动绿色住建和绿色建筑规模化发展

开展建设领域绿色发展调研，争取以湖南省委省政府名义出台《湖南省绿色住建行动纲要》《关于进一步推进绿色建筑发展的实施意见》。

（四）加强督察督办

对全省 14 个市州建筑节能、绿色建筑、装配式建筑工作进行督促和检查（年中、年末），形成检查通报，公布一批不合格单位，力争督促各市州完成任务。

B.9
加强水资源管理 促进水生态文明

湖南省水利厅

党的十九大,将生态文明建设确定为构成新时代坚持和发展中国特色社会主义基本方略的重要组成部分,明确建设生态文明是中华民族永续发展的千年大计。湖南省委省政府高度重视生态文明建设,做出了把建设生态强省纳入"五个强省"战略目标、建设"富饶美丽幸福新湖南"的重大部署。水是生命之源、生产之要、生态之基,是生态环境的控制性要素,水生态文明是生态文明的重要组成和基础保障,加快推进水生态文明建设意义重大。

一 多措并举推进水生态文明建设

(一)以"三条红线"管理为抓手,推动用水方式新转变

湖南省全面贯彻落实国务院关于实行最严格水资源管理制度的要求,建立健全了覆盖省、市、县三级行政区域的用水总量控制、用水效率控制、水功能区限制纳污控制"三条红线"和考评体系,制定了《湖南省实行最严格水资源管理制度考核工作实施方案》,组织开展了湖南省政府对14个市州政府实行最严格水资源管理制度情况考核。顺利通过了国务院对湖南省2016年度实行最严格水资源管理制度考核工作。

强化用水总量控制,认真落实以水定城、以水定产理念,完成了《湖南省水量分配方案》、《湖南省主要河流控制断面最小流量方案报告》和《湖南省地下水资源开发利用总体规划》编制。出台了《湖南省"十三五"水资源消耗总量和强度"双控"行动方案》,开展了水资源承载能力监测预警机制建设工作,初步完成了以县域为单位的水资源承载能力评价。制定并

出台了《关于加强水资源用途管制的实施意见》，加强水资源用途监管。严格水资源论证，开展了长沙临空经济区规划水资源论证。

强化用水效率控制，积极贯彻落实节水优先方针，联合省发改委、住建厅印发了《湖南省节水型社会建设"十三五"规划》，联合省发改委等9个厅局印发了《湖南省全民节水行动计划实施方案》，出台了《湖南省计划用水管理办法》。启动了《湖南省用水定额》修编和《湖南省节约用水管理办法》立法计划。完成了湖南省非常规水资源及其开发利用调查评价。同时，抓试点示范，积极推进县域节水型社会达标建设，选择长沙县、湘潭县、株洲县、韶山市等地启动了试点建设；推动节水型企业建设，申报湖南华菱湘潭钢铁集团为第一批重点用水企业水效领跑者；开展了公共机构节水型单位创建，将省人大办公厅、省环保厅等41家单位纳入第三批省级公共机构节水型单位建设范围；选取长沙县江背镇开展了水资源使用权确权登记和水权交易试点，起草了《湖南省水权交易管理办法（试行）》。

强化水功能区监管，落实长江大保护，编制了《湖南省水功能区纳污能力核定和分阶段限排总量控制方案》，初步完成了水功能区纳污能力核定，探索了湘江长沙段水功能区水域风险评估技术开发。建立健全监测体系，对湖南省范围内的334个水功能区、124个水源地以及20个重要省界、25个市州界水体、27个其他重要河流实施监测，并结合中央环保督察整改加强了对资水流域锑指标监测，逐月发布了《湖南省水环境质量状况通报》，省级水功能区监测率达到100%。突出水源地保护，大力推进124个省级水源地达标建设。配合省人大审议并出台了《湖南省饮用水水源保护条例》。突出入河排污口监管，全面开展了入河排污口核查，共核查出各类入河排污口4036个，初步完成了规模以上入河排污口与省级水功能区、饮用水水源保护区、自然保护区等"一张图"信息集成；出台了《长江经济带沿江取水口排污口及应急水源布局规划湖南省实施方案》《长江入河排污口专项检查行动整改提升工作湖南省整改方案》等，完成了111个饮用水水源保护区入河排污口综合整治；按季度对重点入河排污口开展监督性监测。

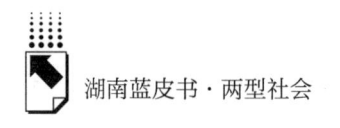

（二）以湘江和洞庭湖为重点，创新江湖治理模式

高位推进湘江流域保护与治理省政府"一号重点工程"。坚持"一部法统领、一把手推动、一盘棋推进、一江水同治"的思路谋篇布局，制定了2017年湘江保护工作要点和考核方案，明确了10项重点任务，并将退耕还林还湿、黑臭水体治理等4项重点工作和水质、水量达标情况纳入绩效评估指标。配合湖南省林业厅大力推进退耕还林还湿试点建设，八市试点顺利推进，正在开展评估验收。召开了湘江保护与治理委员会全体会议以及湘江流域第一次省级河长会议，配合湖南省财政厅制定了第二个"三年行动计划"重点工作奖补方案和实施细则，落实专项资金17.1亿元，提请湖南省委省政府督察室对湘江保护有关工作开展了重点督察。

全面启动洞庭湖水环境综合治理五大专项行动。为落实洞庭湖生态经济区发展战略，在环洞庭湖区各县市区深入开展河湖沿岸垃圾清理、畜禽养殖污染整治、沟渠塘坝清淤增蓄、重点工业污染源排查、河湖围网养殖清理整治等五大专项行动。力争用两年时间，基本消除垃圾污染和养殖污染，严格控制新增污染，明显遏制水体富营养化趋势，构建良好的水生态，大大改善湖区水生态、水环境。

（三）以城市试点创建为示范，打造人水和谐新格局

2013年水利部启动水生态文明城市建设试点工作以来，湖南长沙市、郴州市和株洲市、芷江县、凤凰县等5个市县分两批先后纳入国家级试点。各试点城市根据自身条件，以恢复河道、沟渠的连通性和输水能力为目标，大力实施河道控源截污、沟渠清淤疏浚、水生态景观改造、生态小流域治理、河湖连通等工程，疏通河湖水网中的毛细血管、治理城乡黑臭水体，全面解决水流不动、灌排不畅及水环境差等问题，极大地推动了水生态体系建设，取得了良好成效。

长沙以浏阳河、圭塘河为重点，深入开展了主城区河道环境综合整治，大力推进"一江五河"截污治污，精心打造湘江风光带、浏阳河风光带、

圭塘河风光带、河西梅溪湖－黄金水道－大众垸绿色走廊等亲水、滨水平台。郴州已建成金田湖、王仙湖、苏仙湖、爱莲湖、北湖等5湖水生态景观，刘仙湖、东湖、骆仙湖、西湖和南湖建设也在抓紧开展，初步形成"蓝脉绿网"城市景观系统和"串珠式"水生态景观，建设项目得到了国家有关部委的高度评价。株洲按照以湘江为龙头、"一港一特点"的思路，开展了"一江四港"（湘江、枫溪港、建宁港、白石港、霞湾港）综合整治，重点进行河道整治、污水治理、生态恢复和景观美化等。芷江围绕舞水河两岸城区发展策略，根据芷江侗族自治县北部西部山区、中部低丘岗地、东部丘陵的地形地貌特征和水资源自然禀赋条件，结合芷江侗族自治县和平文化与民族文化底蕴，着力塑造舞水河生态长廊的景观文化品牌，打造芷江"一脉四片五区多点"的水生态文明城市建设格局。凤凰县根据自身自然地理特点和生态功能特色，重点构建"一核、两带、三片、满天星"的空间布局，形成安全高效、适游宜居、文化彰显的水生态系统总体格局，建成山、水、城相映成趣的"中国最美丽小城"。

（四）以河湖水系连通为载体，构建资源配置新体系

河湖水系连通是优化水资源配置战略格局、提高水利保障能力、促进水生态文明建设的有效举措。湖南积极贯彻落实水利部印发的《关于推进江河湖库水系连通工作的指导意见》。

一方面，针对性地开展具有湖南特色的河湖水系连通探索。2013年常德提出打造"梦里水乡"的水城战略构想，以"源、根、景、蓄、养、趣、排"为不同功能定位的水系单元，打造"一江、两环、三湿地、四河、五湖、多水网"的水系空间结构，实现山、水、城、田浑然一体的动人画卷。目前，常德先后启动了内河水系雨污分流、截污清淤、防洪排渍排涝、江河湖连通、滨水交通及慢行系统、沿江景观建设、城市供水一体化等河网综合治理工程，一座会呼吸的城市正在洞庭湖畔崛起。益阳沅江市立足本地丰富的水资源，举"湖"旗，打"湖"牌，牢牢抓住"水"字搞建设，总投资约35亿元，大力推进包括后江湖、蓼叶湖、下琼湖、上琼湖、石矶湖的五

湖连通工程。通过设置控制水闸、恢复原有连通渠道，实现了五湖内部连通，并通过涵闸与洞庭湖水系连通，实现洞庭湖旅游与城市内五湖休闲旅游无缝对接。构筑沅江城区"水上威尼斯风光"及内湖休闲游览水道。郴州市以列为全国水生态文明建设试点城市为契机，因地制宜做好水文章，通过引水入城、拦水建湖、串水成网，将东江湖、四清湖、仙岭湖等水体"搬"到了城区，形成了近2万亩的水域面积，全市形成了"一轴五带、十城百景"的水生态美景。

另一方面，湖南也积极争取了国家江河湖库水系综合整治专项资金，2015～2017年共开展江河湖库水系连通中央补助项目9个，总投资117805.6万元，其中中央投资33000万元。中央补助的江河湖库水系连通建设，有效改善了当地水生态环境，取得了显著成效。新建或改善河流通道31个，年新增供水量24462万立方米，补充生态水量14294.2万立方米，建设生态护岸84.61公里，增加水面391.688平方公里，新增或保护湿地面积73.78平方公里，防洪除涝受益面积共计54.346万亩。

（五）以生态文明改革为突破，探索生态保护新机制

积极落实中央、水利部关于水生态文明体制改革的各项部署要求，结合湖南实际，探索建立了一系列有利于水资源管理、水环境保护、水生态修复的体制机制。探索流域保护，建立健全了部门、地市协同推进的"流域一盘棋，共治一江水"的管理模式。积极探索生态补偿，制定并出台了《湘江流域生态补偿（水质水量奖罚）暂行办法》，全面落实株树桥、东江水库库区生态补偿，初步形成了基于水质水量目标考核的湘江流域生态补偿机制，并加紧推进洞庭湖区生态补偿。试水水权交易，在长沙县桐仁桥水库灌区建立了"先费后水、节奖超罚"的农业水价改革模式，积极推进管道灌溉，建立了政府主导、农民用水者协会积极参与的行业间水权交易模式。近年来，通过引入激励机制，创新管理模式，加强动态监管，全省水利风景区建设管理全面加强。此外，湖南省在生态红线划定、领导干部自然资源资产离任审计、水环境损害终身追责、河道保洁等领域均开展了大量探索。

（六）以广泛宣传教育为引导，弘扬惜水爱水新风尚

为在全社会营造一种"节水洁水、人人有责"的氛围，围绕水生态文明开展了一系列宣传。以湖南省政府名义举办了最严格水资源管理制度考核新闻发布会，每年结合湖南省政府对市州政府实行最严格水资源管理制度情况考核通报开展系列报道。在红网开辟了水利频道、开通了湖南水利微信公众号，实时发布水生态文明、水资源管理与保护等相关资讯。组织新华社、人民网、《中国水利报》等中央媒体和《湖南日报》、湖南卫视等省级媒体对湘江保护成效进行了系列宣传报道，进一步凝聚了湘江保护共识。联合《湖南日报》、湖南广播电台、华声在线、湖南水利水电职业技术学院等开展了"世界水日""中国水周""节约水资源""最严格水资源管理制度考核""湘江保护"等系列主题宣传活动，与媒体、社区、学校等合作开展了一系列节水进社区、进校园活动，在湖南农业大学、怀化市全城污水处理有限公司、长沙供水公司第二制水分公司、枫树山小学等建成了节水教育基地，营造了知水、爱水、护水的良好社会氛围。

二 水生态文明建设成效明显

（一）水生态文明建设不断深入

湖南省"十三五"期间水利工作要围绕"夯实农村水利、拓展城市水利、注重生态水利"的总体思路，加快推进河湖水系治理、水生态文明建设、水土保持及农村饮水安全等，着力构筑"水生态网"等5张网，解决水污染和水环境破坏问题。同时，湖南省将以构建"一湖三山四水"的生态安全格局为目标，把洞庭湖打造成湖边城镇重要的"绿肺"；把武陵－雪峰山、南岭山区、罗霄－幕阜山区建设成美化环境、减灾防灾、保持水土的城镇绿色屏障；把湘、资、沅、澧四水建成集生态、文化、休闲功能于一体的清水绿色长廊。

（二）水生态环境得到有效改善

2016年在全省共布设水质监测站453个，对10142.3公里长主要江河开展监测，结果显示，Ⅱ~Ⅲ类水质河长约9959.74公里，占总评价河长的98.2%；对331个省级水功能区开展监测评价，达标301个，达标率为90.9%。特别是湘江流域水环境质量得到较大改善，实施"三年行动计划"以来，湘江干流18个省控断面的水质连续达到或优于Ⅲ类标准，2016年达到Ⅱ类标准的河长由2014年的112.3公里上升到379.8公里，作为全省4300多万居民的饮用水源，湘江流域水质总体为优。

（三）水资源利用效率逐步提高

随着最严格水资源管理制度的深入推行，水资源节约、保护和优化配置水平进一步提高。2016年，全省用水总量控制在330.36亿立方米，比2014年减少了2亿立方米；万元工业增加值用水量控制在79.6立方米，比2010年减少了44.4%；农田灌溉水有效利用系数控制在0.505，圆满完成国家目标控制任务。通过"三条红线"控制指标明确，各地将水资源论证和取水许可作为各区域、各行业产业布局和水量分配的前置条件，限制高污染、高耗水产业发展。

三　水生态文明建设存在的问题

（一）人水和谐发展水平不高

人水和谐思想是指导水利建设和自然生态系统可持续发展的战略思想，水利部《关于加快推进水生态文明建设工作的意见》明确将"坚持人水和谐，科学发展"作为基本原则，提出要牢固树立人与自然和谐相处理念，尊重自然规律和经济社会发展规律，充分发挥自然系统的自我修复能力，以水定需、量水而行、因水制宜，推动经济社会发展与水资源和水环境承载力相协调。但湖南在这方面存在明显不足，一是缺乏对生态环境问题的全面理解，没有充分认识到自然的巨大潜力，如对有"地球之肾"美誉的湿地认识不足，在实际工作中没有注重发挥其调节洪水、改善水质、提升水环境质量的作用。二是没有实现水利工程建设与水生态文明建设的有机结合，在生态护岸、鱼道建设、生态基流等方面推广应用力度不够，也没有制定相应的水利工程生态化标准。三是没有真正贯彻落实水生态文明发展理念，在眼前经济利益的巨大诱惑面前，往往容易放弃保护生态环境带来的长期效益，城市高速发展带来的与水争地、水环境破坏等现象尤为突出。这三个方面的问题紧密联系在一起，对大自然的充分认识是水利工程建设与水生态文明理念实现有机结合的基础，而水生态文明建设又是对自然客观认识具象化的升华体现。

（二）重治理轻保护现象明显

水资源、水环境、水生态的总体改善是水生态文明建设的根本，湖南抓住了这个牛鼻子，开展了大量工作，但先污染后治理、重治理轻保护的现象依然存在，没有真正做到由事后治理向事前保护转变。在维护河湖生态系统的自然属性、推进生态脆弱河流和地区水生态修复等方面存在明显不足。比如，根据《水法》，作为排污许可前置条件的排污口设置监督管理没有落到实处，部分入河排污口及废污水排放类别和数量与划定的水功能区管理要求不匹配，城市水环境面临突发污染事故风险；侵占水域岸线现象时有发生，特别是洞庭湖区，填湖围垦、矮围、拦网养殖等侵占水域的问题依然存在，农业面源污染扩散、养殖业无序扩张，水环境形势持续恶化等。同时，饮用水水源地保护意识亟待加强，全省共有1000人以上集中式饮用水水源地约3650处，除少数国家级水源地初步完成安全保障达标建设外，多数水源地仍在实施安全保障达标建设过程，风险隐患尚未完全消除，日常监管和保护存在缺位。

（三）顶层设计不完善

水生态文明建设是全新实践，需要完善的理论指导和制度保障。目前，湖南虽出台了相关指导意见，但与之配套的制度体系仍未建立健全，如水生态文明建设技术标准、生态补偿制度、水权制度、水生态环境损害责任追究制度、生态保护红线制度等都处于探索阶段。缺乏经济政策支持，有利于水生态环境保护的价格、财政、税收、金融、土地等方面的经济政策尚未出台，鼓励水害防治、水资源开发的政策与鼓励水生态环境保护的政策没有有机融合。缺乏评估制度支撑，没有真正将水生态文明建设理念贯穿于规划编制、项目论证、工程建设及运行调度等各个环节，相关评价标准、考核办法和奖惩机制不明确。同时，在水生态文明建设中没有坚持两手发力，公众广泛参与的机制尚未建立，公众对水生态文明建设缺乏知情权、建议权和监督权，全社会惜水、爱水、护水、亲水的文化氛围有待加强。

四　下一步水生态文明建设思路

下一步，湖南水利将深入学习贯彻党的十九大精神，深刻领会习近平新时代中国特色社会主义思想，牢固树立五大发展理念，坚持节水优先、空间均衡、系统治理、两手发力的治水思路，以进一步夯实农村水利、加强城市水利、注重生态水利为目标，着力构建五张网，即江河安澜的防洪网、城乡统筹的供水网、旱涝保收的灌溉网、河湖健康的水生态网、高效安全的水利信息网。

（一）突出制度建设

制定并出台农业取水许可、入河排污口规范化管理、水资源承载能力监测预警机制等制度，建立健全节约用水工作联席会议制度。出台《湖南省饮用水水源保护条例》配套制度，加快推进《湖南省节约用水管理办法》出台，配合省人大做好《湖南省水资源管理条例》立法前期工作。

（二）突出基础夯实

继续推进取水许可台账清理规范，加快灌区取水许可工作进度，规范农村安全饮水和水电站增效扩容取水许可工作，严格取水许可日常监管。进一步完善入河排污口台账，开展规模以下入河排污口核查，启动入河排污口规范化建设。完成饮用水水源地名录调整、省级水功能区纳污能力核定、主要河流控制断面最小流量核定、省界缓冲区调查等基础工作。全面完成国家水资源监控能力二期项目建设，实施湘江流域规模以上入河排污口在线监测项目建设。

（三）突出抓问题整改

抓好国家对湖南省2017年最严格水资源管理制度专项监督检查反馈问题和考核问题整改。加强省管取水户取水许可整改跟踪督办，全面完成取水许可台账清理规范。以入河排污口清理规范和饮用水水源地保护为重点，突出抓好中央环保督察整改和长江经济带"共抓大保护"突出问题整改。

（四）突出抓试点示范

扎实推进湘江流域保护和治理，全面完成第二个"三年行动计划"。推进株洲、凤凰、芷江等3个国家级水生态文明城市试点建设，做好技术评估和行政验收工作，加强2018年河湖水系连通项目资金争取。继续开展公共机构、企业等节水载体建设，推进县域节水型社会建设。

B.10
厚植林业优势　建设生态强省

湖南省林业厅

2017年，湖南林业深入学习贯彻党的十九大精神，全面落实湖南省委省政府工作部署，紧紧围绕生态强省建设的目标，坚持生态保护、生态修复、生态惠民并举，有效优化了全省森林、湿地的生态功能。截至2017年底，全省森林覆盖率达59.68%，较上年增长0.04个百分点；森林蓄积量达5.48亿立方米，较上年增长2200万立方米；湿地保护率达75.44%，较上年增加1.31个百分点；林业产业总产值达4188亿元，较上年增长12.1%；未发生重特大森林火灾和林业病虫害，为推动绿色大省向生态强省和两型社会向纵深发展奠定了坚实基础。

一　两型社会与生态文明建设成效

（一）森林经营成效显著

全省完成人工造林281.3万亩，良种使用率达85%；森林抚育814.3万亩，退化林修复293.7万亩，封山育林241.2万亩；新建国家储备林14.6万亩，启动建设84个省级森林经营示范基地。持续推进森林禁伐减伐行动，全省禁伐减伐面积达7986万亩，63个减伐县同比减少采伐量35.9%。继续开展天然林、生态公益林保护，对全省7484万亩生态公益林、1833万亩天然商品林进行了补助。着力提升森林火灾防扑能力，发挥航空护林、森林武警、物资储备保障优势，全省森林火灾受害率控制在0.085‰，没有发生重特大森林火灾。防治林业有害生物面积406万亩，有效遏制了松毛虫、松材线虫病等病虫害蔓延的趋势。加强了对全省自然保护区、森林公园、国有林场等保护地的规范化管理,森林生态系统更加稳定、健康。

(二)湿地保护坚定有力

洞庭湖综合治理迈出历史性步伐,提前25天完成自然保护区核心区7.99万亩杨树清理任务,有效推进采桑湖、君山后湖生态治理,妥善保留了大小西湖及"丁"字堤生态矮堤。湘江流域8市积极推进退耕还林还湿试点,完成试点面积4631亩,为计划任务的106.9%,试点区域内土壤、水质和生态环境质量有效改善。湖南省政府办公厅印发《湖南湿地保护修复制度工作方案》,湿地保护修复范围不断扩大。73处省级以上湿地公园建设加快推进,水府庙、东江湖等湿地不断提质。湿地生物多样性保护成效显著,洞庭湖候鸟、麋鹿保护成为湖南湿地保护的国际名片。

(三)城乡生态不断改善

国家森林城市建设有力推进,张家界市获评国家森林城市,全省国家森林城市达7个。省级森林城市建设正式启动,新邵、宁远、双牌、汝城、韶山、湘潭等6县市分别启动创建工作。长株潭森林城市群初具规模,长沙新三年造绿行动、湘潭全域绿化三年行动和株洲云峰森林植物园、韶山植物园建设加快推进。完成义务植树1.2亿株,省树、省花、树王评选活动影响广泛,古树名木保护取得新进展。完成裸露山地绿化78.3万亩、石漠化综合治理24.4万亩和城边、路边、水边、村边、房边造林96万亩,改造提质绿色通道1.8万公里。全省各地形成了各具特色的绿化模式,城乡人居环境不断改善。

(四)绿色产业稳步发展

全省新造油茶林62.17万亩、总面积达2092.19万亩,茶油年产量29.1万吨,年产值350亿元,三项指标继续位居全国第一。全省森林旅游接待游客5038万人次、实现综合收入500亿元,较上年增长11.12%、13.31%;

联合省发改委出台了《湖南省森林康养发展规划》，启动了首批20个森林康养试点示范基地建设，永州市、浏阳市分别被国家林业局评为全国森林旅游示范市、县。全省林下经济总产值达530亿元，较上年增长10%。成功参展第九届中国花卉博览会，举办了第十四届中国杜鹃花展、第四届湖南家具博览会暨首届林博会，花卉苗木产业和木竹加工产业稳步发展。

（五）改革创新不断深化

积极支持湖南南山国家公园试点建设，组织开展了公益林保护机制创新和自然资源科学考察工作。湖南省政府办公厅印发《关于完善集体林权制度的实施意见》，怀化市、浏阳市积极推进国家级林业改革试验示范区试点，浏阳市、洪江市全面启动林地"三权分置"试点。省政府办公厅印发《关于深化国有林场改革推进秀美林场建设的通知》，全省评选秀美林场20个，涌现出省青羊湖国有林场聚焦森林康养、永州金洞林场培育楠木文化等改革典型。全省实施科研项目220项、标准化专项19项，获省科技进步奖8项、梁希林业科技奖1项，油茶全产业链提质增效关键技术、农林剩余物处理及高效利用技术列入省100个重大科技创新项目，南方天敌繁育与应用工程技术研究中心、永州国家林业科技示范园区获国家林业局批准成立。全省首个林业PPP试点项目落户桃江县。积极推进林业信息化深度运用，湖南林业信息化建设走在全国前列。

当前，湖南虽是绿色大省，但还不是生态强省，在两型社会和生态文明建设方面主要存在发展不平衡、不充分的问题。主要体现在：量和质上的不平衡，不缺绿量，但缺绿质，森林虽多，但结构、质量、景观不优，生态功能有待提升；湿地虽大，但面临污染、退化、旱化的严峻形势，生态系统调优、生态功能提质道路漫长；区域发展还不平衡，重点林区、国有林场生态环境较好，石漠化地区、干旱半干旱地区绿化任务维艰，城镇人口聚集地绿色空间有待扩展；生态保护还不充分，保护力度需要加大，保护机制有待完善；生态惠民还不充分，林业产业效益亟待提升，林区林场发展较为滞后；林业发展动能还不充分，过多依靠财政投入和资源消耗，科技创新、制度创新、文化创新的动能还不强劲。这些亟待在新时代的林业发展中予以解决，以满足人民群众日益增长的生态需求。

二 2018年思路及重点

2018年工作的总体思路是：全面贯彻党的十九大精神，以习近平新时代中国特色社会主义思想为指引，以推进林业现代化为方向，以建设生态强省为目标，应变创新，转型图强，全面推进理念转变、重点转移、动能转换、治理转型，强化"保护优先、创新引领"的工作理念，突出"森林调优、湿地提质、城乡添绿、产业增效、管服做精"的工作主题，推动湖南实现从绿色大省向生态强省的跨越。

2018年工作的预期指标是：营造林1500万亩以上，森林覆盖率稳定在59%以上，森林蓄积量增长2000万立方米以上，林地保有量稳定在1.9亿亩以上，林业产业总产值增长10%以上，湿地保护率稳定在72%以上，森林火灾受害率控制在0.9‰以下，林业有害生物成灾率控制在4‰以下。主要开展以下重点工作：

（一）推进乡村振兴

按照产业兴旺、生态宜居、乡风文明、治理有效、生活富裕的要求，充分发挥林业职能，全力助推乡村振兴。

一是推进产业增效。着力培育茶油、木竹加工、森林旅游与康养三个千亿级产业。茶油产业要抓住科技创新、品牌打造、基地建设三个重点，将"湖南茶油"公共品牌推向全国，实现茶油产业持续健康发展。木竹加工业要在技术创新、产业重组、产品提质、品牌提升上下功夫，延长产业链，提升附加值。森林旅游与康养要打造一批精品森林旅游地、森林旅游线路和森林康养基地，提供多元化的生态旅游产品。因地制宜发展特色经济林、林下经济、花卉苗木业，布局森林碳汇、生物林业等新兴业态。推动林业产业园区持续健康发展，健全林产品品牌与质量安全管理体系。

二是推进生态扶贫。加大林业项目资金扶贫力度，对贫困地区继续保持倾斜支持。加大生态公益岗位扶贫力度，完善生态护林员选聘、管理机制。加大林业科技扶贫力度，林业科技特派员数量增加到400名左右、林农培训规模增加至10万人次。加大深度贫困县扶贫力度，推动驻村帮扶点按期脱贫。

三是推进乡村宜居。全面加强乡村原生植被、小微湿地保护，建设100个秀美村庄，围绕乡镇、村庄人口聚集地实施身边增绿行动，开展路边、村边、水边、宅边造林，提升乡村生态宜居水平。

（二）坚持保护优先

一是抓严保护地保护。加强对自然保护区、森林公园、湿地公园、国有林场等保护地的保护，实行源头严防、过程严管、问题严查的保护制度。深入推进管理质量评估、生态监测，全面加强对各类保护地的监督管理。统筹推进天然林、生态公益林保护，落实各类补助资金。

二是抓实森林资源管护。坚持以林地一张图经营管理林地，加强征占用林地审核审批管理。强化森林资源采伐管理，继续实施禁伐减伐三年行动。加强古树名木保护，巩固省树、省花和树王评选效益。

三是加强生物多样性保护。强化野生动物疫源疫病防控，加强濒危物种、极小种群保护和物种资源保存。开展湿地日、爱鸟周、观鸟节、世界野生动植物日等宣传活动。推进专项执法行动，严厉打击侵占、破坏自然生态资源的违法犯罪行为。

四是抓好森林防火与林业有害生物防治。认真实施《全国森林防火规划（2016~2025年）》，抓紧完成森林防火项目的验收。加强森林火灾的预防、扑救能力建设。贯彻落实湖南省政府与市州政府签订的重大林业有害生物目标管理责任书，突出张家界、韶山、南岳等重点区位防治，坚决遏制松材线虫病、松毛虫等重大灾害蔓延势头。

（三）狠抓森林调优

一是调强生态功能。围绕"一湖三山四水"生态屏障，大力实施长

（珠）防林、石漠化治理等国家重点生态工程，完成人工造林260万亩。推广生态造林模式，围绕生态功能配树种、调结构，大力推广乡土树种，合理选择珍贵树种、经济林树种，选育选造一批具有生态修复功能的优质树种。深入推进义务植树，丰富义务植树内容。

二是调高森林质量。实施森林质量精准提升、国家储备林等工程，完成封山育林240万亩、森林抚育700万亩、退化林修复320万亩。推进省级森林经营示范基地建设，推广近自然经营、多功能森林经营等理念和模式。优化全省种苗基地结构和布局，推进国家林木种质资源设施保存库湖南分库建设。

三是调美森林景观。森林城市建设要坚持绿化美化并重，深化国家森林城市建设，开展省级森林城市建设，推进长株潭森林城市群建设，筹备参展中国第四届绿化博览会、2019北京世界园艺博览会。抓好主要交通沿线裸露山地绿化美化，开展"最美绿色通道"评选，鼓励各地建设多树种、多层次、多色彩的森林景观。

（四）开展湿地提质

一是实施洞庭湖湿地提质。推进洞庭湖自然保护区核心区杨树清理迹地的生态修复规划、监测和评估，开展缓冲区和实验区杨树清理退出工作，完成洞庭湖相关自然保护区调优确界，实施洞庭湖全球环境基金项目，整体提升洞庭湖湿地质量。

二是推广湘江流域退耕还林还湿。适时召开现场推进会，把试点工作推广到全省，切实发挥湿地在治理污染、改良土壤、改善水质、改优生态中的重要作用。

三是扩大湿地保护与修复范围。落实《湿地保护修复制度方案》，完善湿地分级体系，公布湿地名录，加强湿地公园建设，扩大湿地生态补偿、湿地保护修复工程覆盖面，建立健全湿地考核评估制度、责任追究制度等。

（五）深化林业改革

一是深化集体林权制度改革。总结怀化等地集体林业综合改革成功经验，推进浏阳等地林地"三权"分置试点，开展林地股份农民合作社试点，完善集体林业社会化服务体系，加快培育新型林业经营主体，建立健全流转顺畅、交易便捷、保护有力、服务充分的林业产权制度和主体多元、规模适度、灵活高效的林业经营制度。

二是深化国有林场改革。改善森林景观质量，建设20个秀美林场，实施一批基础设施建设项目，发挥省青羊湖国有林场的改革示范作用，提升国有林场经营管理水平和发展能力。

三是深化放管服改革。继续精简行政许可事项，制定行政许可随机抽查检查办法，加强事中事后监管，实现行政许可随机抽查检查全覆盖，推动公共服务事项进驻政务大厅，提升行政审批效率和服务水平。

（六）实施科技创新

一是突破一批关键技术。瞄准国际国内林业科研制高点，结合湖南林业发展需要和现有优势，设立和实施一批重点科技创新项目，推动林业种业、生态脆弱区修复、森林质量精准提升、重金属污染治理、生态监测、林业资源高效利用等关键技术突破。

二是形成一批技术集成。做强国家级研究中心、重点实验室、科技示范园区等科研平台，加强科研院所、企业和社会科研力量之间的相互协作，围绕森林调优、湿地提质、茶油产业链、木竹加工产业链、森林旅游与康养产业链等领域形成重大技术集成，打造"茶油谷"等科技创新综合体。

三是转化一批科研成果。完善科技成果转移转化推广体系，加快转移转化、推广实施一批林业科技成果。规范科技成果评价制度，加强知识产权保护，持续推进林业科技服务、林业技术培训和林业标准化建设。

B.11
切实加强农业资源环境保护 推动湖南农业走向绿色发展

湖南省农业资源与环境保护管理站[*]

近年来，湖南省认真贯彻落实中央和湖南省委省政府"三农"决策部署，以推进农业供给侧结构性改革为主线，着力"补齐短板、调优结构、保护资源、防治污染"，加强农业资源环境保护与能源生态建设，农业绿色发展水平明显提升。

一 湖南农业资源环境保护主要工作成效

（一）加强农业面源污染防治，释放绿色发展新活力

湖南围绕"一控两减三基本"目标，切实履职尽责，农业废弃物综合利用深入推进，在秸秆综合利用上，以"五化"为重点全面推动秸秆资源化利用，启动长株潭严格管控区移除试点工作，秸秆综合利用率达76%以上。在畜禽养殖废弃物资源化利用上，指导各地优化养殖区域布局，科学划定"适养区、限养区、禁养区"；启动整县畜禽粪污资源化利用试点，推进畜禽标准化养殖示范场创建，全省累计创建国家级畜禽标准化示范场211个、省级示范场619个。规模养殖场粪污处理设施配套率达到75%。农业清洁生产水平明显提升。推进化肥减量提效，全省每年推广测土配方施肥9000万亩、配方肥120万吨。实施有机肥替代化肥和种植绿肥行动，2016

---

[*] 作者：涂先德，湖南省农业资源与环境保护管理站站长，研究员；陈欣欣、宋亮、肖顺勇、杨青，湖南省农业资源与环境保护管理站。

年全省减施化肥15.8万吨；推进农药减量控害，加快农作物病虫害专业化、绿色化、机械化统防统治服务，实行高效低毒农药补贴。全省农作物病虫害专业化服务面积达2000多万亩，统防统治覆盖率为40%。积极发展节水农业，示范推广集雨节水补灌、喷滴灌、水肥一体化等节水技术，全省喷微灌设施发展到45.2万亩。农业面源污染综合防控常态运行。实施农业面源精准监测，准确掌握全省农业面源污染现状和动态变化趋势。分自然寨、行政村、小流域推进面源污染防治综合工程建设，构建了多种面源污染防控模式技术，完成了1200个村、11个县整体推进面源污染防治示范项目。

（二）加强农产品产地安全管理，开创绿色发展新局面

2014年，湖南率先在全国启动重金属污染耕地修复及农作物种植结构调整试点，基本实现"突出重点、首战必胜"的预期目标。农产品降镉效果明显。经过3年修复治理，大面积稻米镉含量达标率趋于稳定，早稻为50%左右，晚稻近40%，试点区域三年新增合格稻米70亿斤左右。"VIP+n"修复技术模式前景广阔，中科院地理所第三方评估认为，湖南省探索形成了以农艺调控为主、边生产边修复的非工程性技术路径和"VIP+n"技术模式可广泛推广应用于南方酸性镉污染耕地。种植结构调整成绩斐然。长株潭试点区域12.3万亩重度污染耕地，已完成种植结构调整面积9.8万亩。长株潭13个县市区初步形成了"休耕－治理－培肥三融合"休耕模式，已完成休耕面积20万亩。低镉品种选育取得重大突破，湖南省农科院培育出的低镉杂交组合已通过专家鉴定，其糙米镉含量稳定在0.06毫克/千克以下，远低于0.2毫克/千克的国家标准。工作推进机制探索卓有成效，探索形成的"政府主导型"和"企业主体型"两种组织运行管理模式，取得了较好的成效。

（三）加强农业资源保护，增强绿色发展新支撑

湖南省不断加大耕地资源、草原生态、渔业资源、物种资源的保护力度，促进农业资源永续利用，夯实农业可持续发展基础。在耕地资源保护上，实行最严格的耕地保护制度，加强高标准农田建设，建成高标准农田

1495万亩，实施土壤耕地质量保护与提升行动。在草原生态保护上，推行基本草原保护、禁牧休牧和草畜平衡制度，有计划地推进退耕还林还草，实施生态补偿机制。在渔业资源养护上，湖南省率先在全国自然江河内实行湘江长沙段常年禁渔，国家级水产种质资源保护区达36个。积极推进"三证合一"核发工作，严厉查处"绝户网"、"迷魂阵"、电毒炸鱼等禁用渔具渔法。在农业物种资源保护上，深入开展调查工作，掌握了110多种珍稀野生植物资源状况，编撰了《湖南珍稀农业野生植物资源图鉴》。在外来物种管理上，出台了《湖南省外来物种管理条例》，在全国率先实现了外来物种法制化管理，多次承办全国现场会推广生态防控技术，年防控各种外来入侵物种近100万亩。

（四）加强农村可再生能源建设，拓展绿色发展新空间

完善沼气生产体系建设，目前全省累计建设各类沼气工程22584处，年产沼气1.1亿立方米，供气达60万户。实施"厨房革命"和"厕所革命"，做好沼气、沼渣及沼液的综合利用工作。多能互补不断拓展，目前全省农作物秸秆能源化量达到利用量的20.9%，同时，湖南省不断加大太阳能热水器、生物质炉灶等清洁能源产品的推广力度，推动农村清洁能源向多元化发展，全省优质清洁能源用户达到620万户。健全服务管理机制，全省广泛开展"全托式"等服务模式试点，实现建管并重转型。农村"110"服务平台、"三联两解一提升"后续服务模式等建立，逐步解决服务跟不上、机制不适应、管理不到位、体系不完善的问题。

（五）加强生态循环农业建设，提升绿色发展新高度

建成一批高质量的生态循环农业示范区，围绕"主体小循环、园区中循环、区域大循环"大力开展生态循环农业建设，先后建成一批国家级省级循环农业示范园区。探索出可推广的循环农业技术模式，在全省探索种养平衡，形成种养一体化模式、农副资源综合开发模式、三位一体庭院循环农业模式以及"稻田+"生态模式，仅"稻田+"生态模式，全省现已突破

260万亩，实现了"一水两用、稻渔双赢"。建立起生态循环农业发展长效机制，逐步建立起政府引导、市场推进、社会参与的农业生态补偿和生态环境建设投融资等机制。先后打造无公害农产品品牌2000多个、绿色食品1241个、有机食品201个、地理标志农产品55个，一批"湘字号"绿色有机农产品在市场上崛起。

二 主要工作措施

（一）高位推动、部门联动，形成共抓格局

领导重视是关键，汪洋同志就湖南省耕地重金属污染修复治理试点进行多次批示，他还亲自出席了全国畜禽养殖废弃物资源化利用长沙会议。湖南省委省政府更是将农业环能工作作为实施乡村振兴战略的重要载体来抓，杜家毫书记、许达哲省长等领导多次现场调研并召开座谈会，有力推动了各项工作开展。部门联动是保证，省、市、县各级政府及相关部门主动作为，针对重金属污染治理、农业面源污染防控、养殖废弃物污染集中整治等重点问题共同研究制定实施方案，抓好贯彻落实，形成了上下联动、部门联合、协同推进的良好工作局面。经费保障是根本，针对农业资源环境保护，种植业方面，省财政专项设置了重金属污染防控、面源污染治理和外来物种管理三个专项，年投入资金近1.2亿元；养殖业方面，省财政预算安排了以奖代补资金1.3亿元，推动养殖业转型升级。

（二）政策引领、科学规划，推动规范发展

注重政策推动。以湖南省委省政府名义先后出台了《关于加快转变农业发展方式的实施意见》《关于加快转型升级推进现代畜牧业发展的意见》《关于推进畜禽养殖废弃物资源化利用的实施意见》等一系列政策，推动农业资源环境工作不断向纵深突破；注重科学规划。先后出台了《湖南省农业环境突出问题治理规划（2016~2020年）》《湖南省农村面源污染综合治

理行动方案（2017~2020年）》等一系列规划，引导各项工作的规范化开展；注重监督管理。省政府和各市州多次开展专项督察指导，派驻项目特派员和技术指导专家，掌握进度、发现问题、督察约谈和考核评价，形成了自上而下的考核评价体系和督察问责机制。

（三）强化体系、提升能力，夯实发展基础

抓好体系队伍建设，我们始终把农业环保体系建设放在工作的首位，经过20多年的不懈努力，目前，全省各市州和县（市区）均单设了农业资源与环境保护机构。抓好业务能力建设，围绕面源污染防治、耕地重金属污染治理、沼气转型发展等农业环保热点和难点问题，组织省、市、县三级农环干部集中分批次学习轮训，注重打造一支管理能力强、业务素质高、能打硬仗的人才队伍。抓好监测能力建设，我们始终把监测预警作为农业资源环保的基础性工作来抓，在全省建成了外来物种、面源污染和产地环境监测点，初步建立了覆盖全省的监测预警网络。

（四）深化研发、推广示范，增强科技支撑

强研发。围绕水稻降镉技术优化集成、典型流域面源污染治理等关键技术问题，组建协同创新团队，开展技术研发与成果转化。强示范。在耕地重金属污染修复试点和面源污染防控工作中，着重分类建立示范项目，打造集成示范样板。强推广。组织委托省内教育科研院校（所）分区域、分项目对口各市州，负责技术推广与培训。

（五）分区分类、综合施策，强化措施保障

重金属污染耕地实施分区治理。在轻度污染区域，以农艺措施为主，全面推广VIP+n技术。在中度污染区域，试行第三方总承包方式进行治理，同时开展临田检测或边收边检，对暂未达标的稻谷，实施专收专储。在重度污染区域，退出水稻种植，改种桑叶等非食用农作物和油菜等镉低吸收作物，同时开展休耕试点。农业面源防控推行第三方治理。所有工程项目采取EPC

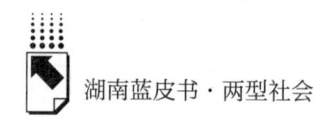

（工程总承包）模式，确保设计、施工和后期维护一体化，并明确以治理效果为资金拨付的依据，强化了实施单位的责任意识，做到规划一个，建设一个，管理一个，成效一个。农业生物多样性开展分类管理。针对农业生物资源保护，按照濒危程度、保护级别进行分类管理，一、二级重在原位保护，三级突出收集保存。强化外来物种管理，建立起外来入侵物种多层次、多指标的综合评价体系，逐步推动外来入侵物种防控转向资源化、生态化方向发展。

三　下一步发展思路

下一步，湖南省农业资源环境保护与能源生态建设工作将全面贯彻落实党的十九大关于生态文明和绿色发展的战略部署，进一步做好农业资源环境和能源生态工作，推动农业可持续发展。

（一）全面"清总量"，着重抓好现状调查

针对家底不清、现状不明的问题，要抓好"三个重点，三个结合"。重点调查三个方面：农业污染源、农业生物多样性和农业环境承载力调查；关键用好"三个结合"：结合第二次全国污染源普查和全国土壤污染状况详查等国家项目调查，结合卫星遥感等信息化手段调查，结合第三方社会服务调查。

（二）突出"控变量"，优化监测预警体系

通过"三个调优"，把已有的"小、散、粗"监测点做成"大、全、精"：布局调优。分区域构建三大监测预警圈，既湘江流域沿线的重金属污染监测预警圈、环洞庭湖区的面源污染监测预警圈和大湘西区的生物多样性监测预警圈。网络调优。整合提升现有监测点，构建齐全的监测预警网络。手段调优。委托权威机构通过信息化等手段提升监测数据质量分析水平等。

（三）重点"遏增量"，突出强化源头管控

念好"守、减、管"三字经，"守"住全省5956万亩耕地红线，农业

用水比例控制在55%以下，实现珍稀农业野生生物资源百分百保护，确保不发生重大生态灾难事件。"减"，坚决贯彻实施农业部"一控两减三基本"的工作部署，确保全面完成农业部规定的各项指标任务。"管"，强化各级政府主体责任，落实属地管理，建立最严格的生态红线保护制度，严格执行国家政策法规，推动农业环境持续改善。

（四）坚持"减存量"，重点实施分区（类）治理

耕地重金属污染防控要着眼于保障食用农产品质量安全，按照"土十条"的要求，依据耕地状况，实行优先保护、安全利用和严格管控。面源污染防治要按照"源头控制，中段消纳，末端治理"的理念，对污染进行分类治理，综合施策。生物多样性保护要开展好保护基础设施建设，构建生态廊道和生物多样性保护网络，大力清除外来有害物种，不断提升生态系统质量和稳定性。

区域篇
Regional Reports

B.12 长沙市2017~2018年两型社会与生态文明建设报告

长沙市人民政府研究室

2017年是长株潭城市群两型试验区获批十周年。一年来，在湖南省委省政府的坚强领导和省两型委的精心指导下，长沙深入学习贯彻党的十九大精神，以习近平新时代中国特色社会主义思想为指导，围绕全面建设现代化长沙的奋斗目标，突出改革创新、项目支撑、示范引领、公众参与，纵深推进两型社会和生态文明建设，一批改革成果和重点工作在全国、全省形成影响，长沙两型建设的铿锵步伐更加坚实、两型惠民的工作成效更加彰显、两型发展的绿色交响更加嘹亮。

一 2017年两型社会与生态文明体制改革情况

（一）两型改革攻坚更加深入

一是两型改革推进体系持续完善。出台《关于全面深化两型综合配套改革加快推进生态文明建设的实施方案》和《长沙市2017年两型社会建设综合配套改革工作任务责任分解表》，建立健全改革项目库，明确两型改革试验第三阶段路径及2017年43项改革任务和责任单位，将两型改革工作纳入生态文明体制改革绩效考核体系。通过定期调度、专项督察等方式，协调督促相关责任单位推进改革，建筑固废物再生利用等3项改革经验在全国推介，环境污染第三方治理机制等5个案例获评全省第二批生态文明体制改革创新案例。

二是重金属污染严重耕地修复及农作物结构调整试点扎实推进。落实修复治理技术措施1070.8万亩次，推广低镉水稻种植172.3万亩次，调整农作物种植结构9535亩。全市已建立39个休耕监测点，全年完成休耕面积5.7万亩。

三是农村环境综合整治全面推进。望城区、长沙县、浏阳市4个农村环保自治试点项目扎实推进，宁乡市农村环境综合整治整市推进工作通过省环保厅验收。完成供水规模为千吨万人、千人以上饮用水源保护区划分，完成105个村的农村环境综合整治任务。

四是绿色发展评价考核体系初步构建。制定《长沙市生态文明建设目标评价考核办法（试行）（送审稿）》，初步制定《长沙市绿色发展指标体系》和《长沙市生态文明建设考核目标体系》，探索将生态文明建设相关工作任务分解落实到区县（市）。

五是畜禽养殖第三方治理探索推进。大力推进畜禽养殖污染治理改革，建立了生态养殖和畜禽养殖废弃物资源化利用机制，形成了畜禽养殖废弃物资源化利用经验模式。2017年6月底，全国畜禽养殖废弃物资源化利用现场会在长沙市召开，向全国推介长沙经验模式。全国人大常委会委员长张德江和国务院副总理汪洋在调研考察中给予了高度评价。

六是绿色建筑推广机制有效健全。加快推进建筑产品部品标准化、产业化、工厂化、现代化，2017年实施装配式建筑项目面积约300万平方米。完善绿色建筑全寿命周期管理模式、项目全过程监管，2017年新增绿色建筑面积1292.45万平方米，85个项目取得绿色建筑设计标识。

七是城区垃圾分类试点深入实施。出台《长沙市生活垃圾分类制度实施方案》，在巩固2016年全市生活垃圾分类试点工作的基础上，着力打造一批生活垃圾分类示范点。全面推行餐厨垃圾全覆盖工作，日均收运处理量稳定在600吨以上，成为全国唯一实现餐厨垃圾收集处理全覆盖的城市。

（二）创新试点成效更加明显

一是餐厨油烟净化治理全面铺开。出台全市老旧小区居民家庭餐厨油烟净化治理实施方案，完善宣传发动、技术征集、质量监管、资金保障等长效机制，全年完成治理2万户，均实现油烟低空达标排放，有效地减少了空气污染，破解了建筑外墙立面"油鼻涕"反复污染难题，受到了基层和群众热烈欢迎，省市多家主流媒体进行了广泛的报道。

二是生活垃圾智能分类深入拓展。在岳麓区6个社区扩大生活垃圾智能分类试点，建立数据监控平台，新投放分类设备16组，打造了八方小区A区、恒大华府三期等2个全覆盖的示范小区，率先探索了"分类精准化、积分可兑换、回收广覆盖、过程能追溯"的生活垃圾智能分类回收新体系，参与居民达6000户以上、较2016年实现翻番，《湖南日报》、《三湘都市报》等媒体重点报道。

三是两型标准认证率先推广。率先全面推进村庄、景区、企业、机关等领域两型标准认证制度改革，引导150多个单位开展对标贯标，新增43个单位通过两型标准认证，推动长沙两型社会建设进入了标准化、规范化阶段，形成了可在全国复制推广的经验模式。国家质监总局、认监委2017年两次在长沙召开现场会，组织国家部委局及兄弟省市考察观摩；中央电视台拍摄专题片《两型认证绘出城乡新画卷》向全国推介。

四是两型技术推广深入实施。制定并出台清洁低碳技术推广年度计划，建立技术推广项目库，指导督促项目单位按计划推进，顺利完成畜禽养殖污染治理技术推广等32个示范项目年度任务，是年度计划的4倍，有力地促进了节能减排，推动了绿色发展。

（三）资源节约效果更加突出

一是深入推进节约用地。完善节约集约用地考核评价和激励约束机制，出台《长沙市土地开发利用强度和效益考核办法》。完善开发（园）区工业项目用地准入标准，探索开发（园）区工业项目用地投资强度、产出效益、容积率、绿地率等准入标准。探索工业用地弹性供地机制，全省首宗弹性年限工业用地在望城区顺利成交。长沙节约集约用地综合标准化试点项目于12月份高分通过国家验收。

二是深入推进节约用能。建立健全节能与低碳能源管理制度方面，分解下达各区县（市）能耗增量和强度双控指标。开展节能示范创建活动，纳入市级重点用能单位名录管理单位177家。实施能效领跑者制度，制定节能审查过渡性规定。征集推荐15项节能低碳技术和产品，向社会公布第四批长沙市节能技术和产品导向目录。强化公共机构合同能源管理，将工作任务纳入年度公共机构目标绩效考核体系。

三是深入推进节约用水。实施水效领跑者引领行动，积极创建节水型企业、节水型居民小区、节水型公共建筑，促进节水型城市建设。深入推进水生态文明城市建设试点，顺利通过验收。建立海绵城市建设技术标准体系，形成四项技术成果。加强城市地下综合管廊建设，应用新科技、新技术控制供水管网漏损。

四是深入推进节约用材。出台了《建设国家循环经济示范城市三年行动计划（2017~2019年）》《长沙市循环经济专项资金管理办法》，加强循环经济制度建设。积极探索生产者责任延伸制度，开展新能源汽车动力蓄电池回收利用。重点推进望城经开区园区循环化改造，打造国家循环化改造重点园区。实施2017年度"千家企业清洁生产绿色行动"。大力推动再制造产业发展，完善工程机械、汽车制造及零部件工业循环经济产业链。

（四）生态环境品质更加优良

一是深入开展环境整治。以中央环保督察为契机，深入开展"清霾"

"碧水""静音""净土"行动。持续推进大气污染防治，淘汰黄标车29497辆，建筑工地扬尘在线监测实现全覆盖，空气质量优良天数263天，优良率达72%。深入实施湘江保护与治理"一号重点工程"，全面推行"河长制"，全面禁止环保不达标船舶进入湘江，加快浏阳河、沩水沿线畜禽养殖退出，新改扩建污水处理厂6个，集中式饮用水水源地水质达标率100%，建成圭塘河生态引水工程。开展"三考"环境噪声污染整治行动，推进建筑工地扬尘与噪声在线监测系统建设。

二是不断提升生态品质。大力开展"新三年造绿大行动"，铺排造绿复绿八大工程项目643个，完成建设绿化面积7078.42公顷，新增绿地面积895公顷，绿化覆盖率达41.5%。铺排城市公园项目122个，基本建成114个，中心城区人均绿地面积11.61平方米。完成花卉特色道路33条、特色花坛14处、林荫道路70条、面积2000平方米以上林荫广场29个、林荫停车场46个、复合型路网达300余公里。完成"拆墙透绿"项目10个，拆除围墙2368米，开放绿地面积67550平方米。

三是持续保护生态绿心。落实中央环保督察反馈绿心问题整改，制定长沙市绿心保护问题整改工作方案，截至12月底，132个违法违规用地已整改到位96个、整改完成率72.7%，其余36个历史遗留问题有望在绿心规划修编时协调解决到位；470个工业项目已关停退出175个、整改完成率37.2%，为2018年底全面完成整改任务打下了坚实基础。出台绿心生态补偿办法，每年由市区两级财政安排资金3600万元，对绿心6个乡镇（街道）和24万群众进行生态补偿，开启全国省会城市对城市生态功能区实施系统生态补偿的先河。组织依法查处违法违规行为，统计年度违法违规用地数量36宗，比2017年下降达53.3%。圭塘河跳马段环境综合治理工程申报金砖五国新开行贷款，获贷4.18亿元。

四是着力构建绿色交通。推广纯电动公交车1609台，新增公交线路20条，在主城区主次干道施划公交专用道72.44公里，推进建成公交充电桩180根，"公交都市"加快创建。地铁3~6号线、湘府路快速化、西二环拓改和49条断头路、瓶颈路建设有序推进；建成自行车道408公里、步行道

646公里。规范公共自行车和共享单车管理，初步制定《长沙市促进互联网租赁自行车规范发展的指导意见（试行）》。

五是主动推进融城发展。将南部片区确定为长沙重点发展的六大片区之一，启动总体规划编制。建立长株潭一体化项目库，储备重大项目86个。在长沙城市总规修编中，认真落实长株潭一体化要求，推动实现"三规合一"。长株潭城际铁路全线开通运营，潇湘大道南段开工建设。协调暮云两型产业新城建设，完成两型产业发展规划编制，退出落后产能企业5家、绿心工业项目67个。推动社保、公积金等异地互认互通不断完善，长郡中学与株洲云龙示范区、长沙市一中与湘潭经开区分别签订合作办学协议。

（五）绿色发展质态更加显现

一是着力发展产业园区。湖南湘江新区发展走在全国新区前列，示范引领、辐射带动作用持续增强。恒大童世界、华谊电影小镇、湘江欢乐城、湘军文化园等一批重大项目加速推进。园区特色更加彰显，国家级园区"两主一特"、省级园区"一主一特"产业功能明晰，长沙经开区汽车及零部件产业产值过千亿元；浏阳高新区获批中国产学研合作创新示范基地，岳麓科技产业园评为国家检验检测认证公共服务平台示范区，隆平高科智慧园区建设富有成效，国家文化产业园、广告产业园合并获批全国版权示范园区，全市规模以上工业增加值园区占比达63.6%，提升2.5个百分点。

二是着力壮大两型产业。新引进五矿新能源、中国电科等投资50亿元以上项目23个，第六代柔性面板、华大基因、伟创力、铁建重工、中国长城等一批百亿元级项目相继落户，长沙智能制造发展进入新阶段。工程机械、新材料、电子信息、食品、生物医药等支柱产业优势进一步巩固，移动互联网、3D打印等产业产值保持50%以上增幅。国家智能制造示范企业及专项总量达20个，稳居中部第一。与株洲、湘潭、衡阳成功获评"中国制造2025示范城市群"。

三是着力推进创新驱动。万人有效发明专利拥有量居省会城市第5位，新认定高新技术企业800多家，增幅居中部地区首位，高新技术产业总产值突破万亿元、增加值占地区生产总值的31%。新增航天中南先进光机电技术创新中心、湖南大学机器人研究院等研发机构，新建院士专家工作站9家。

四是着力发展服务业和现代农业。全域旅游加快推进；湘江基金小镇挂牌成立；红星全球农产品批发中心一期建成；智能制造、移动互联网等峰会成功举办，国际轨道交通、工程机械配套件博览会以及筑博会、农博会、食博会等会展蓬勃发展，服务业对经济增长贡献率超过50%。培育省级以上农业产业化龙头企业79家，农产品加工销售收入突破2000亿元，休闲农业和乡村旅游经营收入达520亿元。

（六）两型公众参与更加广泛

一是高规格举办系列两型主题活动。举办"湘江新时代·两型新征程"长沙两型十周年主题活动，湖南省两型委全体领导和长沙市委、市政府主要领导出席，800余名社会各界代表参加，在十九大后率先发出了长沙推进生态文明建设的时代强音。组织实施十大两型事件人物评选、首届两型宣传月、两型十周年图片展、市直机关绿色出行千里健走等活动，产生了广泛影响。

二是高质量开展系列宣传报道。编辑并出版《长沙两型改革试验十周年发展报告》和《长沙通讯》两型特刊。开通"长沙两型"微信公众号，阅读量超过40万人次。新华社、人民网等近30家中央、省、市媒体对长沙两型建设情况进行采访，刊发新闻报道100余篇（条），深度推介了一大批长沙两型工作亮点。

三是高标准完善公众参与机制。公开招募第二批两型公益宣讲员，完成宣讲100场，打通了两型理念传播"最后一公里"。推动岳麓区望恒华社区两型宣传教育基地提质改造，新建芙蓉区龙马社区、天心区状元坡社区等4家两型宣传教育基地。公开招募社会组织4家，开展面向公众的两型服务活动100多场，得到了国家发改委、湖南省省两型委的充分肯定以及全市居民群众的热烈欢迎。

四是高水准打造两型典型标杆。持续推进社区、村庄、学校、企业、门店、家庭等两型示范单位创建，获评2017年省级两型单位11家，认定市级两型示范单位11家、创建单位99家，成为走在前列、可看易学的两型典范。

二 2018年两型社会与生态文明建设思路

2018年是贯彻落实党的十九大精神的开局之年，是改革开放40周年，是长株潭两型改革试验区第三阶段工作深化之年。全市两型工作的总体要求是：以习近平新时代中国特色社会主义思想为指导，围绕全面建设现代化长沙的奋斗目标，以推进供给侧结构性改革为主线，突出改革攻坚、项目支撑、两型惠民、公众参与，着力加强环境治理、促进绿色发展，纵深推动两型社会和生态文明建设再上新台阶，努力建设人与自然和谐共生的美丽长沙。

（一）推进两型改革纵深突破

制订2018年两型改革工作计划，全力推进43项两型改革任务实现突破。加强统筹、协调和督察力度，推进农村环保自治、环境污染强制性第三方治理、城区生活垃圾分类收集处理、领导干部自然资源资产离任审计、绿色金融创新、环境资源司法体系等改革事项取得成效，探索试点经验。宣传推介一批生态文明体制改革案例经验。按照市两型办总体统筹、相关市直单位按领域牵头实施的方式，在全市全面推进两型村庄、机关、旅游景区、工业企业、小学等两型标准认证，充分发挥两型标准在生态文明建设中的引领、带动、示范作用。

（二）推进资源节约集约利用

全面实施建设用地总量与强度"双控"行动；完善国有土地资源有偿使用制度，改革矿产资源有偿使用制度；推进农村宅基地制度、土地征收制度、农村集体经营性建设用地入市三项改革试点；完成浏阳自然资源统一确权登记试点，探索建立自然资源确权登记工作机制。制订并实施全市节能年度计划，全面推进各行业领域节能降耗；公布一批节能技术和低碳产品推荐目录；开展市级重点用能单位"百千万"行动；推动天然气、水源、地热源、光伏等分布式能源项目建设。落实最严格水资源管理制度，推进高耗水企业节水改造和工业废水处理回用技术应用等工作。推进国家循环经济示范城市建设，加快园区循环化改造和再制造产业发展；支持推广建筑垃圾资源化利用产品。

（三）推进两型项目落地生根

全面实施老旧小区居民家庭餐厨油烟净化治理，主城区完成治理8万户，长沙县、望城区、浏阳市、宁乡市各试点完成治理2000户；规范餐厨油烟治理技术要求和售后服务，推进废油循环试点，组织开展经验交流和现场观摩会。深入推进造绿复绿，开展高质量的国土绿化行动，实施退耕还林还湿还草400公顷，新增城区绿地360公顷；建设洞井体育公园，建成开放狮子山、海棠公园和马楚文化园。推进红星等15个城市片区"双修"，建设海绵城市，推进圭塘河生态修复。实施河湖连通工程，启动创建国际湿地城市、国家生态园林城市。健全绿色交通体系，加快轨道交通建设，纯电动公交车投放使用比例达35%以上；实现中心城区公交站点500米覆盖率达98%以上，建成国家公交都市示范城市；建成自行车道320公里。加大绿色、装配式建筑推广力度，创建装配式建筑国家示范城市。

（四）推进环境治理强力实施

深入贯彻"强力推进环境大治理 坚决打赢蓝天保卫战"三年行动计划（2018~2020年），着力解决大气、水和土壤等环境领域存在的重点问题。坚决打赢蓝天保卫战，强力做好"六控"，即"控尘""控车""控排""控烧""控煤""控油"，实现全年空气优良天数275天以上，重污染以上天数较上年减少3天。全力打好碧水攻坚战，围绕湘江保护与治理"一号重点工程",全面落实"河长制"改革措施,深入实施"水十条",加快实施长善垸、花桥、岳麓污水处理厂尾水提标,推进浏阳河下游污水收集。深入推进净土持久战,做好土壤环境基础性工作,实施农用地分类管理,加快推进原长沙铬盐厂、宁乡黄材水库库区周边、浏阳七宝山区域等土壤重金属污染防治项目实施,完成"两园三区"违法违规问题清理自查和整改。推行垃圾分类减量处理,创建示范小区20个;建立"长沙绿色账户",探索生活垃圾智能分类常态运行机制。

(五)推进绿心保护全面深化

严格落实中央环保督察要求,对绿心地区范围内现有工业项目因企施策,明确退出措施和时序,2018年底前全面完成绿心地区现有工业项目整治退出。创新全市绿心保护与发展顶层设计,研究推进绿心地区生态保护和绿色发展的政策意见。严格绿心地区执法监管,建立健全绿心镇村基层日常监督巡查机制。配合完成绿心总体规划局部优化修编工作,启动长沙绿心地区"多规合一"保护与发展总体规划编制前期工作。编制《绿心地区雨花区跳马镇矿山矿坑整治与生态修复规划》,从2018年起,力争在三年内完成50%的绿心地区矿山矿洞整治修复工作。健全绿心农村环境整治机制,加强绿心地区生态环境综合治理。持续实施绿心地区综合性生态补偿,开展补偿资金使用情况督察。

(六)推进融合发展不断提速

认真贯彻湖南省委省政府即将出台的《关于加快推进长株潭一体化的实施意见》,强化省会担当,引领长株潭城市群发展,突出打通市际断头路,推进107国道暮云段提质改造、湘江大道南延线等重点项目建设,加快产业发展、基础设施、公共服务和环境治理等全方位对接,在交通物流、科技创新上率先融合,形成大都市城市群格局。围绕建设长株潭融城核心区、城市群生态绿心样板区、全国两型发展示范区,扎实推进南部片区建设,设立协调机构,建立推进机制,完成相关规划编制,整合各类要素资源,谋划长株潭商圈核心区建设,在发展现代商贸、生态旅游、文化康养等高端服务业上取得新进展。

(七)推进两型产业健康发展

深入推进产业链建设,以长株潭衡"中国制造2025"试点示范城市群建设为契机,突出22个工业新兴及优势产业链,打造竞争力强、绿色发展水平高的先进制造业集群。提升园区发展效益,推动园区"腾笼换鸟";加强园区公共服务平台建设,提升资源利用水平和环境治理效率。加快节能环保产业、清洁生产产业、清洁能源产业等绿色产业发展,为两型社会建设提供支撑。加快建设岳麓大学科技城、马栏山视谷、高铁会展新城、临空经济区,推进现代服务业集约化发展。坚持质量兴农、绿色兴农,大力发展现代都市农业,实施农作物种植结构调整,打造30个千亩、4个万亩特色种植片区。

(八)推进两型理念深入人心

着力营造两型宣传参与平台更加坚实、内容更加出彩、影响更加广泛,构筑共建生态文明、共享两型社会的浓厚氛围。组织实施社区、村庄、学校、企业、机关、家庭等6类两型示范单位创建,新增省级两型示范单位6家左右,认定市级两型示范单位10家左右、两型创建单位100家左右,打造特色突出、可看易学的示范典型。举行第二届"两型宣传月"活动,以"生态文明·你我共建"为主题,通过全市统一部署、区县(市)自主实施的方式,集中组织开展一批两型主题宣传活动。全面推进两型宣传教育基地建设,推动既有5家基地提质升级,雨花区、望城区、长沙县、宁乡市因地制宜建设1家基地,实现全覆盖。完善两型公益宣讲工作运行机制,打造高素质宣讲团队,在社区、村庄、学校、企业、机关等开展宣讲100场以上。优化社会组织遴选方式,选择一批有特色和实力的社会组织,支持面向公众开展形式多样的两型主题服务。征集遴选一批两型科普基地,引导有序面向社会公众开放。继续精心运行"长沙两型"公众微信号,打造网络宣传名片。持续推进公共自行车租赁系统等两型公益宣传。加强两型工作总结推介，开设一批媒体宣传专栏，在中央、省市主流媒体宣传展示长沙两型社会和生态文明建设工作亮点。

（九）推进工作机制持续完善

围绕全市中心大局，聚焦两型社会和生态文明建设的前瞻性、战略性问题，组织推出一批高品质的研究成果。强化两型工作统筹协调，定期对重点工作进行调度督促。针对部署开展的重点改革任务和两型项目，适时开展工作督察、进行情况通报，综合运用督察成果推动两型工作。组织开展两型观摩交流活动，推动形成比学赶超的工作氛围。完善两型工作考核，根据区县（市）实际情况，设置差异化、科学化的考核指标，对两型工作成效进行跟踪评估和精准考核。加强向国家部委及相关省直部门的汇报、沟通和协调，积极争取资金、政策、项目支持。加强工作总结、提升和推介，争取在国家层面推出一批长沙两型社会和生态文明建设的经验做法，进一步提升知名度与影响力。

B.13 以绿色发展理念引领株洲高质量发展

毛腾飞[*]

习近平总书记指出,"我们既要绿水青山,也要金山银山。宁要绿水青山,不要金山银山,而且绿水青山就是金山银山。"株洲作为全国两型改革试验区,落实"绿水青山就是金山银山"的理念,重在精准把握高质量发展阶段的必然要求,贵在以绿色理念引领质量变革、效率变革、动力变革,关键在把绿色发展作为高质量发展的本质内涵、核心追求和衡量标准,加快株洲消费、生产、流通、投资、生活方式等全方位的绿色转型,当好绿色转型发展的排头兵、生态文明建设的先行者、高质量发展的实干家,推动实现更高质量、更可持续、更具活力的发展。

一 坚持绿色引领,在新旧动能转换中实现更高质量的发展

推动高质量发展,振兴实体经济是着力点,制造业是主战场,新旧动能转换是根本途径。过去的经济增长,主要依靠"三驾马车"尤其是投资等大规模的要素粗放投入拉动,依靠 GDP 导向制度拉动,现在这种拉力的边际效用正在递减,副作用和后遗症逐步加大。这就要求我们必须加快培育壮大新动能,通过改革、开放、创新的作用,推进新动能加速成长,实现新旧动能加速接续转换。当务之急是深入推进"产业项目建设年"活动,聚焦打造"株洲·中国动力谷",全面对接湖南省 5 个 100 计划,大力实施项目

---

[*] 毛腾飞,中共株洲市委书记、市人大常委会主任。

攻坚行动和与之配套的规划引领、园区升级、设施配套、环境优化"五大行动",进而推动经济发展质量、效率、动力"三大变革",加快构建具有株洲特色的现代产业体系。

找准实体经济这一切入点,加快打造"株洲·中国动力谷"。按照"3+5+2"产业体系,持续壮大轨道交通、航空、汽车等三大动力产业,加快发展新能源、新材料、电子信息、生物医药、节能环保等五大战略性新兴产业,改造升级陶瓷、服饰两大传统产业,让中国动力谷挺起株洲发展的脊梁。坚决贯彻落实"中国制造2025"战略,大力推进工业"1093"行动,促使"3+5+2"产业由产业集中向产业集群转变、粗放拓展向集约增长转变、产城分离向产城融合转变,充分彰显"谷"的凝聚力、影响力与发展合力。

找准供给侧改革这一着力点,大力推进传统产业转型升级。株洲淘汰落后产能的重点和难点都在清水塘老工业区,在2017年一口气关停污染企业147家的基础上,2018年将全面关停昊华化工和株洲冶炼厂,以及与株洲冶炼厂高度关联的4家企业,年底前全面完成企业绿色搬迁、实现产业转移转型。全面落实"工业十二条",引导企业运用新工艺、新技术、新装备技改扩能,推动有色、冶金、建材、烟花、陶瓷、服饰等传统产业转型升级。大力推广绿色生产方式,加快工业、农业、服务业的循环化、清洁化改造,积极推进企业小循环、园区中循环、社会大循环模式,大力推进清洁生产审核全覆盖,促进生产、流通、消费过程的资源化、高效化、低碳化。

找准国家创新型城市这一增长点,大力推进创新创业。大力实施创新驱动发展战略,以产业集聚创新、企业技术创新、体制机制创新、知识产权创新、特色园区创新、创新人才培育、创新创业推进、开放协同创新、民生科技引领、创新文化推广等"十大工程"为抓手,切实加强产品创新、技术创新、业态创新和市场创新,实现产业升级的倍增效应,将株洲打造成为中部地区极具竞争力、全国一流的国家创新型城市。

找准"互联网+"这一结合点,大力培育新业态、新模式。加快互联网与传统制造业、服务业和农业等各个领域线上线下融合发展步伐,形成一批跨界融合新模式。加快推进智能制造、物联网、大数据等新兴产业和新技术发展应用，培育共享经济、数字经济、生物经济、现代供应链等新业态、新模式。同时，大力发展工业设计、信息服务、现代物流、现代金融、职业教育等生产性服务业和健康养老、旅游休闲等生活性服务业。

二 坚持绿色引领，在加强生态文明建设中实现更可持续的发展

良好生态环境是一个地方经济发展的基石，更是高质量发展的生命线，不仅承载着人民群众对美好生活的质朴期许，更蕴含着实现高质量发展的不竭动力。曾经高投入、高能耗的发展方式让株洲连续两年被戴上"全国十大空气污染城市"的黑帽，近年来我们坚决摒弃"先污染后治理"的老路，坚持走绿色发展的新路，用保护生态倒逼产业转型升级，用环境质量推动发展质量效益的整体提升。推进高质量发展，必须把加强生态文明建设摆在更加突出的位置，必须统筹安排生产生活和生态空间，必须以系统的思维推进山水林田湖的保护修复，解决好环保问题，保护好生态环境，真正让绿色成为株洲高质量发展的普遍形态和鲜明底色，力争株洲两型社会和生态文明建设走在全国全省前列。

以刮骨疗伤的举措保护蓝天碧水青山净土。在蓝天永驻上下功夫，坚决打好蓝天保卫战，紧盯重点行业、重点区域和重点时段，着力在控尘、控车、控排、控烧、控煤上加大工作力度，确保到2020年，全市主要污染物排放总量大幅减少，市区空气质量优良率达83%以上，空气$PM_{2.5}$、PM_{10}平均浓度分别降至48、73微克/立方米以下，各县（市）空气质量优良率达86%以上。在绿水长流上下功夫，坚决打好碧水攻坚战，纵深推进河（湖）长制，突出饮用水源保护，加大水污染防治力度，加快创建海绵城市，扎实推进水生态文明城市试点工作，确保到2020年全市集中式饮用水源水质达标率100%，市本级、县城、乡镇污水处理率分别达到98%、96%、70%以上。在青山常在上下功夫，持续推进国土绿化行动，大力开展"裸露山地"

绿化、道路沿线绿化和流域沿线绿化，大力推进"城市绿荫"三年行动计划，加大退耕还林还湿力度，严格保护森林生态，不断巩固国家森林城市、国家园林城市创建成果，确保到2020年全市森林覆盖率持续稳定在61.95%以上，森林蓄积量达到2800万立方米。在净土永存上下功夫，坚决打好净土持久战，加强农用地分类管理，严格建设用地用途管控，突出重点领域监督管理，严控新增污染，减少污染存量，改善土壤环境质量，提升土壤环境承载力，切实保障农产品质量和人居环境安全，确保到2020年受污染耕地安全利用率达到90%以上，污染地块安全利用率不低于90%。

以久久为功的韧劲推进湘江保护与治理。按照"治调并重，建管结合"的思路，坚决落实湘江保护与治理第二个"三年行动计划"，提前谋划第三个"三年行动计划"，深入推进"一江两水八港"整治，进一步控制上游水土流失，减少农业面源污染，加大对主要支流和黑臭水体的治理，加强河道、船舶和港口污染防治，让湘江重现漫江碧透、鱼翔浅底的本色。

以壮士断腕的决心推进清水塘老工业区搬迁改造。按照"三年大见成效，五年完成综合治理，十年建成新城"的进度目标，全面完成企业关停收储搬迁任务，加快推进人员安置、污染治理、片区征拆、新城建设、产业导入等工作，确保清水塘老工业区整体关停搬迁取得标志性进展，打造全省乃至全国供给侧结构性改革和老工业基地转型发展的样板和典范，让清水塘凤凰涅槃、浴火重生。

以造福桑梓的情怀推进农村人居环境整治。坚持以人民为中心，遵循乡村发展规律，以建设美丽宜居村庄为导向，以农村垃圾污水治理和村容村貌提升为主攻方向，整合各类资源和力量，补齐农村人居环境短板。大力推进农村房屋改造，严格落实《株洲市农村村庄规划建设管理条例》，深入开展农村公共空间整治和美化绿化气化，推进"一廊十镇百村"美丽乡村示范工程建设，突出乡村特点，保持田园风貌，体现地域文化风格，形成各美其美、美美与共的美丽宜居乡村建设格局。大力改善农村人居环境，完善农村垃圾治理专项规划，推进农村垃圾专项治理，大力推进农村生活污水处理，加快建设完善乡镇污水处理设施，大力推进厕所革命，加大农户卫生厕所建

设和改造力度，积极探索适合农村特点的垃圾、污水运营管理体制机制，加快建设美丽乡村，让每一位市民都能望得见山、看得见水、记得住乡愁。

三 坚持绿色引领，在全面深化两型体制机制改革中实现更有动力发展

两型改革试验已经进入决战决胜的关键期，必须紧扣"2020年全面建成两型社会"的总目标，按照中央《生态文明体制改革总体方案》要求和湖南省委省政府统一部署，认真执行好《株洲市生态文明体制改革实施方案》，不断完善相关配套方案，形成1+N组合改革方案体系，充分发挥改革制度体系"大棒加胡萝卜"的作用，以严格的制度、鲜明的导向，为推动株洲绿色发展、高质量发展保驾护航。

协同发展方面，进一步健全与长沙、湘潭基础设施对接、产业互补发展、环境协同治理、公共服务融合的体制机制，在一体化中定位和谋划株洲发展，处理好"一体化"和"差异化"的关系，做好"舍"与"得"的文章，走特色化、融合化的发展之路。

绿色发展市场化方面，加快培育环境治理和生态保护市场主体，大力推广合同环境服务、环境污染第三方治理等模式，大力推行绿色信贷、排污权抵押贷款等金融新产品，积极开展用能用水权和碳排放权交易试点，进一步完善排污权交易机制。

生态补偿方面，建立覆盖全部红线区域的生态补偿机制，完善绿心地区生态补偿机制，开展湘江株洲段及洣水、渌江水质水量生态补偿和湿地生态补偿试点，建立公益林分类分区域补偿办法。

资源节约利用方面，实行能源消费总量和强度目标双控，强化取水总量和强度双控，加强土地集约节约利用，推行"差别地价"等工业用地供地方式，加快转变矿业发展方式，推进矿产资源全面节约和高效利用。

环保监管方面，进一步完善大环保格局，完善项目准入机制，健全两型司法体系，建立水、土、大气等资源环境承载能力监测预警和评价机制，强

化空间、总量、准入环境管理，推进各类环境司法机构联合执法。

督查考核方面，进一步完善不同生态功能区特点的市县党政领导干部政绩考核办法，全面落实《党政领导干部生态环境损害责任追究办法（试行）》《开展领导干部自然资源资产离任审计试点方案》，对造成自然资源环境损害的严肃问责、终身追责。

两型示范方面，继续按照"全单位覆盖、全员参与、全要素进入"的要求，持续深入开展"十进十四"两型示范创建活动，推进节能节水产品、清洁能源、保温环保建材等十大基本要素进入家庭、学校、机关等14个社会单元，推动生活方式和消费模式加快向勤俭节约、绿色低碳、文明健康的方向转变。

鼓励全民参与方面，进一步健全自我评价、社会评价与政府引导相结合的标准评价机制，进一步完善以信息公开、听证、公益诉讼、奖惩方式、环境影响评价等形式的生态公众参与机制，从体制机制上形成推动绿色发展的思想自觉、行动自觉和内生动力。

B.14
践行发展新理念 聚力两型新提升 奋力谱写伟人故里生态文明建设新篇章

——湘潭市2017~2018年两型社会与生态文明建设报告

曹炯芳*

湘潭是毛泽东主席的家乡，全市总面积5006平方公里，总人口300万。自2008年获批两型社会建设综合配套改革试验区以来，湘潭坚持以两型社会建设为主线，把两型理念融入改革发展的全过程，把两型建设体现在全局工作的各方面，两型理念践行、两型改革攻坚、两型产业发展等都实现了重大突破、取得明显成效。

一 湘潭两型社会建设的主要成效

2017年是湘潭两型社会建设承上启下的一年，也是湘潭生态文明建设富有成效的一年。在湖南省委省政府的坚强领导下，湘潭市统筹谋划、强力推进，总体完成两型社会建设第二阶段任务，全面铺开了第三阶段各项重点工作，体制机制改革创新、产业发展、一体化建设、绿心区保护等取得明显成效。

1. 以产业发展为重点，加快构建两型产业体系

围绕"1+4"重点产业，既抓传统产业的改造提升，也抓新兴产业的培育引进，大力促进产业两型化、信息化、智能化。

一是创建了一批发展平台。在做优做强、用好用活现有发展平台的同

---

* 曹炯芳，中共湘潭市委书记、市人大常委会主任。

时，立足湘潭实际，加大对接力度，促进一批国省级平台落户湘潭。"蜂巢"创客空间、创业微工场、九华创客汇获批为国家级众创空间，湘电、桑顿新能源成功申报国家级绿色制造系统集成项目，湘潭"智造谷"纳入"中国智造2025"国家战略，高新区成为国家低碳试点园区，湘潭获批的国家级平台达20多个。

二是培育了一批重点产业。以"高端、智能、高效、绿色"为方向，以"1+4"重点产业为抓手，大力推进汽车、装备制造"两个千亿"行动计划，装备制造业产值突破1000亿元，汽车产业产值达到400亿元，"1+4"特色产业占全市规模工业增加值达到了70%，重点产业、骨干企业的主导地位、智造水平、示范作用更加突出。

三是推广了一批技改项目。编制《湖南省湘潭市低碳城市试点实施方案》，实施清洁低碳技术推广三年行动计划，完成技术推广项目107个，总投资达102.9亿元，初步构建了以湘电风能、兴业太阳能为龙头的"风"、"光"产业集群和城市矿山"互联网+回收利用"、垃圾分类第三方运营等新模式。成为全国亚行低碳城市贷款的唯一备选城市，2017年利用亚洲开发银行贷款8亿元，有力推动了长株潭绿心区域小流域生态修复、农村生活污水和垃圾处理项目建设。

2. 以改革创新为动力，着力完善两型体制机制

坚持问题导向，突出改革重点，狠抓关键环节，大力推进43个大项改革任务、89个子项改革落地见效。

一是推进水利体制机制改革。出台《关于全面推行河长制的实施意见》和《湘潭市实施河长制行动方案（2017~2020年）》，制定了市（县）级河长会议制度、信息共享制度、河长制工作督察制度、河湖日常监管巡查制度工作机制，推行了一张水系图、一份责任书、一个时间表、一本记录簿"四个一"工作方法，建立了市、县、乡、村四级河长体系，形成了河长治水责任链。在落实国省系列电价降价政策、开展非居民用天然气季节性差价试点的同时，重点推进农业水价综合改革，湘乡市、湘潭县分别列入2017年、2018年湖南省农业水价综合改革项目试点县，用水计量监测设施建设、

水利工程产权明确、管护主体和责任落实、农业用水精准补贴和节水奖励机制等方面取得重大突破。

二是创新环境污染治理机制。围绕垃圾减量化、资源化和无害化处理目标，健全完善垃圾分类市、区、街道、社区四级联动管理机制，探索建立"环境污染整治+土地开发整理"打捆运营模式和环境污染第三方治理产业投资基金体系，积极推进城区垃圾分类试点项目和"互联网+垃圾分类"工作。完善城乡环境同治机制，推进农村环境综合整治全市域覆盖，形成了湘潭县农村生活污水"智慧治理"和韶山市农村环境综合整治工作模式。建立长株潭大气污染联防联控机制，与长沙、株洲、衡阳签订跨界污染应急联防联控协作框架协议。

三是开展绿色发展绩效评价考核改革试点。在昭山示范区开展绿色发展绩效评价考核试点工作，启动湘潭市生态文明建设目标评价考核办法起草工作。积极开展韶山绿色GDP评价试点，完成《韶山市绿色GDP评价体系研究》，建立一套包括经济发展、资源利用、环境保护、绿色建设等四个方向涉及60项指标的绿色GDP评价指标体系及评价方法，率先将绿色GDP评价纳入领导干部绩效考核。

3. 以绿心保护为重点，着力打造两型建设品牌

坚持把绿心区保护作为两型品牌、湘潭名片来谋划打造，高标准、严要求、系统化推进绿心地区发展。

一是坚持规划引领。按照多规合一要求，制定并出台《湘潭市生态绿心地区总体规划局部修改建议方案》《湘潭市湿地保护和生态修复规划》《湘潭市绿心公益林生态补偿管理办法》《生态绿心地区复绿补绿插绿五年行动方案》《湘潭市绿心地区生态补偿办法》《湘潭市生态绿心地区违法违规行为处理暂行办法》等系列文件，引领绿心地区发展的制度框架基本搭建，绿心地区的生态屏障和生态服务功能得到有效发挥。

二是突出项目带动。严格控制基本生态红线，认真做好生态绿心地区项目前置审查，重点支持盘龙大观园、昭山大健康产业园等一批生态旅游、健康休闲、文化创意类产业发展。策划打造"互联网+"模式下长株潭生态

绿心两型示范带（湘潭地区）建设，探索"政府引导、群众参与、市场主体"的创建模式，重点打造昭山立新村、岳塘盘龙大观园、天易金霞山三个片区，盘龙大观园已经成为绿心保护和共享的典范工程，昭山立新村探索了环境保护和群众增收双赢的新路子，为推动绿心地区发展、加强绿心地区保护探索了新的模式、新的经验。三是狠抓督察整改。以中央环保督察整改为契机，开展湘潭市生态绿心地区违法违规项目整改和工业项目退出分类处置工作，54个违法违规项目均已制定整改任务书和时间表，16家工业企业全部退出，绿心地区保护和服务水平不断提升。

二 存在的主要问题

在两型社会建设中，湘潭取得了一定成效，探索了一些经验，但仍然存在不少问题和不足，面临一些瓶颈。

1. 产业结构有待优化

湘潭作为中部地区26个老工业基地之一，通过持续推进经济结构调整、产业转型升级，绿色理念得到牢固树立，产业结构得以不断优化，但高耗能、高排放行业比重还是偏高，两型化、智能化、绿色化产业培育有待加强。

2. 体制机制有待完善

在长株潭一体发展、融合发展纳入湖南省委省政府重大决策部署的大背景下，三市之间基础设施的共建共享、产业项目的协同协作、环境治理的联防联治等，都需要相应的体制机制予以保障。

3. 治理开发有待创新

近年来，湘潭强力推进重金属污染土壤的治理力度，取得了很大的成效，尤其是竹埠港区域"退"和"治"的成效很显著，创造了可复制、可推广的经验。但在已治理区域的开发建设上，如招商引资、产业转型、基础设施建设等方面仍然存在不少困难和瓶颈，还需进一步创新方式方法，加大探索力度。

三 下一步工作打算

2018年是湘潭推进基本现代化建设新征程的开篇之年，统筹抓好两型社会改革建设各项工作，任务十分艰巨、意义十分重大。湘潭将以党的十九大精神为指引，深入学习贯彻习近平新时代中国特色社会主义思想，牢固树立"生态优先，绿色发展"理念，充分调动各级各类主体积极性，加快推进产业结构优化升级，建立健全政府与社会组织联动体制机制，着力构建生态文明制度体系，确保两型社会建设目标如期全面实现。

1. 突出规划先行，提升战略定位

完善两型社会第三阶段顶层设计。根据中央、湖南省委关于生态文明建设的有关文件精神和总体部署，对全市两型社会建设顶层设计完成情况进行评估论证；坚持新发展理念，贯彻高质量发展要求，着眼建设现代化经济体系，进一步完善顶层设计方案，科学统筹各项改革任务，研究并出台《湘潭市生态文明建设与改革方案》。创新体制机制，借鉴国内外先进经验，着眼全局、系统设计、科学谋划好第三阶段的两型改革重点，提高改革定位的战略高度。加强长株潭区域规划对接。按照湖南省委省政府的统一部署，主动加强与《湖南省长株潭城市群区域规划》等上位规划的协调，从加快长株潭城市群发展、打造核心增长极的角度谋划湘潭各项改革发展；从基础设施、主导产业、民生保障等领域入手，加快推进与长沙、株洲两市城市总体规划和示范区规划的无缝对接，引导市内各两型社会建设示范区加强战略合作框架协议的落实，促进区域协调发展。

2. 突出改革突破，激发强大动力

坚决落实重点领域、重大事项改革举措。按照国家、湖南省部署要求，继续推进全民所有自然资源资产有偿出让制度改革和开展自然资源统一确权登记试点改革工作。推进湘发〔2016〕31号文部署的43项行动、国家发改委近两年部署的改革试点任务，重点探索建立两型社会和生态文明建设等标准体系，开展生态环境损害赔偿制度改革，率先建立生产者责任延伸制度，率先建立环境污染责任保险制度，健全市场化环境治理和生态保护机制，在污染治理重点领域、重点行业推行环境污染第三方治理。大力推进制度创新。逐步探索建立对领导干部的生态责任追究制度、生态资源有偿使用机制、社会资本参与生态治理的合作机制、排污权的有偿使用交易制度、生态环境能源服务的第三方模式等体制机制，形成一套可操作的制度体系，加快把生态文明体制改革方案落实为改革发展成果，争做生态改革的先行者。

3. 突出项目带动，夯实发展基础

加快产业转型发展。在着力推动钢铁等传统产业转型升级的同时，以智造谷为重点，着力支持新的优势产业、优势企业发展，促进吉利汽车、泰富重装、威胜电气等重大两型企业释放最大产能。培育和发展大健康产业、全域旅游、总部经济、会展经济、金融服务等新兴服务业。加快一体融城步伐。健全完善长株潭三市在产业发展、基础设施、生态保护、民生保障、要素支撑等方面的一体化发展对接机制，加快建设与长沙和株洲对接的公路、城铁等城际快速道，完善城际快速交通体系；坚持差异发展、错位发展，结合湘潭产业基础、区位条件，围绕"1+4"产业体系，着眼建设"智造谷""军工城"，加快发展壮大风电新能源、矿山装备、汽车零部件制造等优势产业集群；落实共建共享理念，积极争取更多区域性公共设施和文化产业项目在昭山、九华落地建设，促进公共服务资源共享。加快跟进国家新开发银行项目。继续做好金砖国家新开发银行贷款项目申报和实施工作。扎实做好项目前期工作，高起点、高标准做好项目规划设计，严格按程序进行招投标，全力加快工作进度。

4. 突出标本兼治，加强保护治理

强力抓好昭山地区绿心保护与建设。严格执行《长株潭城市群生态绿心地区保护条例》及湘潭市政府2013年第2号市长令《关于落实长株潭城市群区域规划和加强生态绿心保护的若干规定》，坚决守住生态红线，不断改善生态环境，继续深化生态绿心地区违法违规行为清理整治，发挥生态绿心地区的生态屏障和生态服务功能，保障城市基本生态空间。在充分发挥绿心地区的生态功能的同时，着力平衡和处理好经济发展与环境保护关系，促进经济发展与生态环境相协调，将昭山地区打造成长株潭三市共有的休闲功能区。着力抓紧生态修复与治理。继续通过创新、完善合同环境服务、第三方治理、PPP模式等形式，加快竹埠港地区、锰矿地区等重金属污染区域的治理与修复，着力引入新的、符合环保生态要求的产业，确保生态治理与经济增长目标的实现。从严抓实问题整改工作。严格按照"不核查清楚不放过、不处理到位不放过、不整改完成不放过、不办结销号不放过、不建立机制不放过"的"五不放过"整改原则，继续推进生态绿心地区违法违规行为整改工作，确保2018年问题整改全部完成。

5. 突出创建引领，打造湘潭经验

继续深入推进两型创建。参照创建全国文明城市的做法，建立两型创建长效机制，突出生产、生活、消费领域，全面深化两型企业、两型城镇、两型村庄、两型社区、两型机关、两型学校、两型家庭等创建活动。强化政策引领和政策对接，坚持典型引导、以点带面，重点打造一批两型示范创建亮点。深化区域交流合作。深入实施"创新引领开放崛起"战略，加强与发达地区、周边地区的互动合作，加强国际交流，大力拓展低碳发展国际合作的范围、渠道和方式，聚集各种低碳领域创新要素和资源，引进一批转型发展所急需的技术和管理经验。营造两型浓厚氛围。坚持全民参与、共建共享，引导报刊、电视、网络等媒体聚焦两型建设，开展专题宣传报道，在全市营造践行两型的浓厚氛围；倡导低碳出行、绿色消费等生活方式，推动两型理念深入人心，成为全民行为自觉，凝聚全市各方面的力量共同推进两型社会建设。

B.15
两型引领、绿色崛起
"五个衡阳"建设迈出新步伐

——衡阳市2017~2018年两型社会与生态文明建设报告

衡阳市人民政府

2017年，衡阳市紧紧围绕学习宣传贯彻党的十九大这条主线，坚决贯彻落实中央、湖南省委生态文明建设和绿色发展系列战略部署，坚持两型引领，大力践行绿色发展理念，突出重点、创新抓手，在推进两型社会和生态文明建设、加快建设五个新衡阳的征途上迈出了坚实步伐。

一 主要成效

(一)经济发展质量更优

地区生产总值突破3000亿元，达3132.48亿元、同比增长8.5%。产业结构不断优化。三次产业比优化为14.1∶38.7∶47.2；服务业占比提升3.8个百分点，成为经济增长主动力。工业经济稳中有进，规模工业增加值增长6.8%，战略性新兴产业和高技术产业保持较快增长，电子信息行业增长48.8%、高新技术产业增加值增长13.6%。旅游经济势头强劲，接待国内外游客4800万人次、实现旅游总收入340亿元，分别增长15%、24%。创新发展成效良好。"大众创业、万众创新"深入开展，全市拥有市场主体24.43万户，增长25.5%；新增高新技术企业51家，达143家、实现翻番；研发经费投入增长10.9%，有效发明专利拥有数1538件，增长21.9%。成立经济社会创新发展智库，新增院士工作站10家、国家级博士后工作站2

个、国家重点实验室1个；专利申请量和授权量连续5年增长20%以上。雁峰区三叶中小企业创业基地获评国家小型微型企业创业创新示范基地、衡东县被列为返乡创业国家级试点县。电子商务蓬勃发展，年交易额达130亿元。发展支撑来势看好。成功跻身"中国制造2025"试点示范城市，扎实推进振兴实体经济"3311"工程计划、工业原地倍增计划。白沙绿岛军民融合产业园、水口山铜铅锌产业基地、比亚迪（衡阳）轨道交通智能制造产业园等一批支撑长远发展的战略项目落户，军民融合、有色金属、先进制造三大千亿元级产业集群渐成雏形。

（二）生态人居环境更好

2017年，全市城镇化率达52.46%，比上年提高1.39个百分点；全市森林覆盖率达47.6%，成功获批国家园林城市。城乡环境大幅改善。重点流域水污染治理成效明显，24个考核断面水质年均值达到Ⅱ类标准，县级以上集中式饮用水水源地水质达标率达100%。重点乡镇污水处理厂建设扎实推进，县级以上城镇生活污水处理率达92.8%，城市生活垃圾处理率达100%。城市黑臭水体得到有效整治，"三江六岸"生态绿地建设扎实推进，城市建成区绿化覆盖率达40.99%。蓝天保卫战取得阶段性成效，城区空气质量优良率达79.2%。土壤污染状况详查全面完成，污染场地修复稳步实施。对外形象更加开放。被国务院明确为湘南地区中心城市；文明城市创建扎实推进，年度测评成绩大幅提升；成功举办2017衡州经济发展论坛；衡阳的知名度、美誉度大幅提升。南岳机场开通航线达14条，旅客吞吐量增长45.9%，为建设湘中南地区航空枢纽奠定了坚实基础；综合保税区运行日趋良好，衡阳跨境电商产业园正式投入运营；进出口总额大幅增长，总量稳居全省第二，加工贸易总额居全省第一，富士康出口额居全省单体企业第一。城市品位不断提升。新一轮城市总体规划、土地总体规划修编全面启动。滨江新区、来雁新城、陆家新区等建设有序推进。老城区雨污分流、道路提质改造项目全面完成，城区路网及配套设施不断完善。城市建成区实现旱厕清零。岐山森林公园获批国家森林公园，南岳区获批国家重点生态功能区、国家级旅游业改革创新先行区。

（三）两型改革成效更多

出台《衡阳市生态文明改革和建设实施方案（2016~2020年）》（衡办发〔2017〕31号）文件，明晰全市生态文明改革建设"路线图"。逐步完善机制体制。全面推行河长制，出台衡阳市《关于全面推行河长制的工作方案》，河流名录确定458条；陆续出台PPP工作导则、联审规程，建立联席机制；环境保护工作机制进一步健全，印发《衡阳市生态保护红线划定工作方案》；率先在全省成立市人民检察院驻市环保局检察室；完成环保机构检测监察执法垂直管理改革编制、人员、资产等摸底。扎实推进重点改革。供给侧改革顺利推进，处置完成国有"僵尸企业"5家，市属国有公司改革深入推进，债务风险整体可控；国企国资改革取得突破，"三供一业"分离移交有序推进；减税降费政策全面落实，累计为企业减负35亿元以上。农业供给侧结构性改革扎实推进，农村土地确权率达95.5%，耕地流转率居全省第一；新型农业生产经营体系不断完善，新认定市级以上农业产业化龙头企业298家。稳步推进改革试点。全力推行环境治理PPP模式，2017年纳入市本级环保类PPP项目12个，总投资65亿元。建立节能环保市场化机制，实现全市非国控污染源在线监控设施第三方运营；衡阳县建立整县推进乡镇污水处理治理机制、蒸湘区开展水利综合治理改革试点。

二 主要做法

（一）坚持绿色发展，推动产业优化升级

以推进供给侧结构性改革为主线，加快调整产业结构，转变发展方式。

1. 抓好源头防控

加强"三同时"环境管理，实行项目环评与区域总量、环境质量挂钩，

严禁"两高一低"项目建设。2017年,市本级共对84个项目进行环评,拒批污染严重或选址不当建设项目16个。

2. 调整产业结构

大力落实"三去一降一补"任务,"地条钢"生产企业全部关停,退出煤炭落后产能51万吨,烟花爆竹生产企业实现全部关停。重点产业发展壮大,六大重点产业完成工业总产值1247亿元,增长20%,工业投资和工业技改投资分别增长16.1%、26%。绿色制造体系建设加快推进,单位工业增加值能耗下降4.5%。全力推进全域旅游,加速推进梦东方、汇景雁湖生态文旅小镇、天子山火文化公园、东洲岛、云鹫峰等重点项目,新增3A级景区3个。

3. 优化能源结构

2017年,全年建成集中式地面光伏项目7个、装机14万千瓦,支持118个村建成光伏扶贫电站、装机9828千瓦,建成并网风电、垃圾焚烧发电等项目各1个,全市太阳能、风电、生物质等新能源发电量占比达10%。天然气等清洁能源利用度明显提高,工业用气量达1.12亿立方米、增长46.3%;煤炭产量253万吨、负增长27.8%;工业用电量达到75.35亿千瓦时、下降1.75%。

4. 力推循环经济

以绿色化、低碳化为方向,严格落实"园区十条",强力推动重点产业发展提速提效。着力打造省级循环经济示范城市,松木经开区、水口山经开区两个国家级循环化改造示范园区建设稳步推进,构建起"企业内"、"产业内"、"园区内"、"园区及周边地区间"的四重循环经济链条,构建有色、化工、高端装备制造、新型电子信息、资源综合利用、煤炭循环等6条循环工业链。

(二)坚持问题导向,实施环境综合防治

以加强重点领域、重点地区的污染防治为抓手,着力解决环境突出问题,全面改善环境质量,留住城市可持续发展的生态"基因",加快建设蓝天常驻、青山常绿、碧水常流的美丽衡阳。

1. 加强水污染防治

湘江保护和治理第二个"三年行动计划"扎实推进，完成省重点项目16个、推进15个；11个省级以上产业园区已全部建成污水处理设施或依托城镇污水处理厂进行污水处理；对城区饮用水源保护区内4个排污口进行截污，对2个交通穿越桥面设置雨水收集系统，完成市城区饮用水水源保护区规范化建设。

2. 加强大气污染防治

完成全市32家重点企业碳排放数据核查；加快燃煤锅炉和工业窑炉现有除尘设施升级改造，淘汰燃煤锅炉106台（273蒸吨）；全面启动中心城区"禁炮"，加强秸秆露天禁烧监管，治理餐饮行业油烟污染，强化施工场地扬尘污染治理；淘汰黄标车6483台、完成率60%，排全省第三。着力推进《衡阳市大气污染防治行动计划实施方案》项目实施，完成省重点项目8个。

3. 加强土壤污染防治

完成重点区域土壤环境质量风险点位布设和土壤污染源、污染地块调查。"土十条"实施后，启动4个污染场地治理修复项目；加大取缔非法矿点力度，实施矿山整治复绿工程45个，南岳衡山国家级自然保护区内17家采矿企业全部停产关闭；创新开展"四级联动"义务植树，完成造林30.56万亩，退耕还林还湿1640.34亩。2017年争取重金属（土壤）专项资金支持项目47个，其中完工32个、10个在建、5个前期准备。集中推进水口山、合江套、松江、大浦等重点区域综合整治，采取关停淘汰涉重金属排放企业或生产线，搬迁退出集中入园；对重金属严重超标的康家溪、曾家溪进行截流改道、干河清淤、治理修复，实行"工居分离"，区域环境污染风险大幅降低。

4. 加强城乡环境同治

全面完成中心城区社区"三清三建"工作，新一轮提质升级扎实推进；城市"六乱"大排查、大清理、大整改活动扎实开展，拆除"两违"建筑

23.6万平方米；市餐厨废弃物资源化利用和无害化处理中心建成并投产；全面启动城区11个黑臭水体整治项目建设，其中西湖公园、岳屏公园、平湖公园、生态公园等7个年度任务已过半。统筹推进农村环境综合整治，全面完成580个村农村环境综合整治任务、建设37个美丽乡村示范村。

5. 加强规范禽畜养殖

率先在全省探索通过政府立法规范畜禽规模养殖，出台《衡阳市畜禽规模养殖污染防治办法》。2017年创建国家级禽畜标准化示范场2个、省级示范场5个、市级22个，创建部级水产健康养殖示范场3个；全市生猪、家禽规模养殖场比例达78%、80%。

（三）坚持两型引领，转变生产生活方式

全面推进节能、节水、节地、节材，发展循环经济、低碳经济，推动可持续发展。

1. 两型示范效应凸显

全年创建两型示范单位40个，其中获批湖南省两型专项资金支持单位18个、省级示范单位1个；白沙工业园金龙坪社区等一批两型示范单位两型示范成效显现，富士康（摩拜单车）共享平台投入使用。完善两型示范、两型发展项目库，收集两型社区、村庄示范项目16个，城乡生活垃圾分类处理、农村地区生态环境保护及修复等两型发展项目10个。

2. 大力推广经验成果

两型经验总结宣传工作得到进一步加强，市、县两级共建共推模式已经形成。深入开展"两型宣传月""两型文化节"等专题活动，累计举办两型进社区等主题宣传演出8场、发放两型宣传资料3万余册，"环保行"、"世界环境日"等文化主题活动有声有色；与《衡阳日报》合作推出生态文明体制改革专栏，集中报道禽畜养殖管理改革、常宁松塔村、衡南皂田村等生态文明体制改革最新成果以及两型社会建设示范创建成果，通过宣传，让两型理念深入人心。

3. 引导生活方式转变

大力提倡低碳出行、绿色环保、节能等两型生产生活方式。发展绿色交通，推动纯电动、天然气、油气混合动力等清洁能源公交车辆应用，先导快线"共享汽车"入驻衡阳，已投放200辆、建设网点20多个；投放新能源公交汽车800辆；编制《衡阳市新能源电动汽车充电基础设施专项规划》，建成充电桩130个。

（四）坚持改革创新，着力培育新生动能

树立底线思维，强化"绿水青山就是金山银山"的理念，探索建立推进两型社会和生态文明建设的长效机制。关键领域改革稳步推进。相继出台《衡阳市生态保护红线划定方案》等文件，拟定"十三五"湘江流域治理等实施方案，逐步推进各领域生态保护补偿机制；深入推进国家生态文明先行示范区建设，完善推进生态文化建设与历史名城保护协同机制。第二部地方性法规《衡阳市城市市容和环境卫生管理条例》即将施行。试点改革重点突破。出台《衡阳市电能替代工作实施方案》，有序推进生产制造、居民取暖、交通运输等领域电能替代，白沙洲增量配电业务改革试点项目稳步实施。在全省率先通过立法规范禽畜规模养殖污染防治，总结祁东县流泉町养殖区废弃物资源化用及监管机制创新、常宁市油茶林森林经营认证改革等7项生态文明改革创新案例，并推荐申报省级创新案例评选。开展绩效评价指导。扎实开展两型示范创建绩效评价，严格规范专项资金使用。探索构建绿色发展评价体系，完成2016年度两型社会建设综合评价报告、长株潭区域规划实施情况综合评估报告，进一步加强指导全市两型社会建设。

三 2018年思路

2018年，衡阳将深入学习贯彻党的十九大精神，以习近平新时代中国特色社会主义思想为指引，践行新发展理念，推动全市两型社会和生态文明建设。

（一）全面推进两型改革

1. 推进改革落地

以落实湘发〔2016〕31号文件和《衡阳市生态文明体制改革和建设实施方案（2016~2020年）》为抓手，着力推进两型及生态文明改革，继续深入推进两型改革43项行动计划，让改革落到实处。完成衡阳市生态保护红线划定，加强自然保护区保护和生态修复，严格落实主体功能区制度，建立生态保护屏障。

2. 探索改革创新

研究并制定《衡阳市生态文明建设目标评价考核办法》，建立完善全市绿色发展指标体系和生态文明建设考核目标体系。探索研究水流、森林、山林、荒地、滩涂等各类自然资源主体界定办法。在污水处理、垃圾收集、城市地下综合管廊、黑臭水体整治、旅游交通等基础设施建设领域大力推行PPP模式。初步建立以排污许可为核心的环境管理体系；完成省以下环保监测监察执法机构垂直管理制度改革；推进排污费改环保税改革。

3. 推动项目实施

重点抓好耒阳永济镇大众村湿地环境修复、祁东金桥镇白河流域生态环境保护及修复、珠晖区茶山坳镇生态治理示范片、蒸湘区雨母山镇生活垃圾分类处理等一批两型发展项目的实施。协调推进衡山科学城科技创新中心、高新区双创中心等科技孵化器和众创空间建设，加快中民筑友装备式建筑和绿色建材产业园、水口山铜铅锌深加工综合基地、中兴衡阳科技园等两型项目实施。

（二）全力打好"三大战役"

1. 打好水污染防治攻坚战

深入实施"水十条"，扎实推进湘江保护和治理第二个"三年行动计划"，启动实施"一江四水"净水行动，抓好退耕还林还湿。积极调整优化湘江流域产业结构和布局，深入推进工业企业、工业园区废水达标排放，加快城区污水治理，全面封堵湘江、蒸水城区段排污口，完成角山、松木、酃湖污水处理厂建设及城市黑臭水体治理任务。继续完善城乡垃圾处理配套设施，加快实施重点区域重金属污染治理，深入开展畜禽养殖污染治理和农业面源污染治理，确保全市达到或好于Ⅲ类以上水体比例逐步提升。

2.打好大气污染防治攻坚战

认真贯彻落实国、省大气污染防治行动计划，加大重点领域大气污染防治力度，全面淘汰城区10蒸吨以下燃煤锅炉，深入推进有机化工、表面涂装等行业挥发性有机物污染物治理，加大建筑工地、道路扬尘和餐饮油烟整治力度，严格开展机动车环保检测，力争城区空气优良天数达300天以上。完成国、省、市三级检测数据联网，开展大气污染物源解析等基础科研工作，推动制定大气污染综合治理措施，形成长效机制。

3.打好土壤污染防治、农村环境整治攻坚战

加快完成全市土壤污染状况详查。按照《衡阳市土壤污染防治行动计划实施方案》，有序推进全市土壤污染防治项目实施，加强对水松、大浦、合江套等重点地区重金属污染土壤的治理和修复。配合省、市"乡村振兴计划"，全力抓好农村环境综合整治，开展秸秆禁烧和垃圾清运专项行动，推进农村"厕所革命"，全面整治农村村容村貌。完善自保区多部门监管工作机制，加强对全市各级各类自然保护区的监管力度和问题整改力度，确保自保区符合相应功能区标准要求。

（三）全力培育发展新动能

1.推动工业转型升级

全面实施绿色制造工程，引导传统产业加大技改投资，构建绿色制造体系。落实"3311"工程计划，加快白沙绿岛军民融合产业园、水口山铜铅锌产业基地、比亚迪（衡阳）轨道交通智能制造产业园等建设，统筹推进三大千亿产业发展。推进"中国制造2025"试点示范，加快建滔电子信息产业园、富士康精密模具产业园和亚马逊中国制造基地等重点项目建设，打造优势产业集群。全力推动衡山科学城新技术、新产业、新平台、新业态发

展，打造全国一流的科技研发创新和成果交易中心。优化工业经济结构，着力发展新一代信息技术、新材料、生物医药及高性能医疗器械、轨道交通、精密模具和机器人等新兴产业。

2. 推动农业转型升级

深入落实乡村振兴战略，支持发展"一县一业""一乡一品"，逐产业打造1~2个拳头品牌。大力建设油茶、茶叶、黄花菜等优质农副产品主产区和供应基地，支持大三湘、中联、神农等企业强化精深加工，培育衡阳油茶全国知名农产品区域公用品牌，打造全国油茶第一强市；启动全国性农产品交易展示中心建设，加快推进农产品加工业发展，力争农副产品加工业总产值增长15%以上；力争新增农产品"三品"50个以上、地理标志产品2个以上。发展"农业+休闲旅游""农业+电商"等新业态，促进一、二、三产业融合发展。

3. 推动服务业转型升级

做强现代物流业，加快唯品会、衡缘、铁路口岸、白沙洲、圆通速递湘南总部基地等物流园建设，大力引进和培育第三方物流企业，支持品牌快递企业在衡建立区域转运中心。围绕高端装备制造、汽车零部件、生物医药、盐卤化工以及钢管材加工等领域，培育研发设计服务产业。积极发展多层次金融产业，优化金融生态环境，吸引各类金融机构来衡设立分支机构，打造金融集聚区，提升金融供给质量。着力推进电子商务、健康养老、全民健身等现代服务业发展，提升供给质量。加快建设衡阳国际会展中心、衡阳国际吉利汽车文化城，着力发展总部经济、汽车后市场等新兴业态。

4. 推动创新能力提升

重点围绕高端装备制造、新材料、核产业、生物医药等领域开展核心关键技术攻关，培育一批具有创新能力的排头兵企业，提高产业核心竞争力。抓实高新企业培育认定。支持市高新区围绕创建国家创新型特色园区，打造总部经济区、现代产业核心区、国家级产城融合示范区。支持校地、校企共建工程技术研究中心、重点实验室、院士专家工作站等研发平台；支持蒸湘区双创园区易创空间发展，鼓励市留学生创业园、启迪之星企业孵化器等申报国家级众创空间、孵化器。创新人才工作体制机制，实施创新人才集聚工程，加大财政对人才发展的投入，引进和培养一批科技创新领军人才。加强知识产权保护，提高科技成果转化和利用水平。

（四）全力打造两型生态之城

1. 加快绿色低碳发展

进一步完善城市园林绿化整体规划布局，加强对老城区绿化改造升级，基本完成中心城区主次干道提质改造，逐步实现城市道路"微循环"，采用立体绿化、见缝插绿、拆违建绿等多种措施，扩大绿色植被种植，平衡绿地覆盖面积。加快城市停车设施及智能停车平台建设，着力解决城市"停车难"问题。加快城市生活垃圾焚烧发电厂二期、城乡生活垃圾收运体系、动物园异地搬迁等项目建设。推进"三江六岸"滨水区域规划建设管理，加快雁栖湖公园、酃湖公园建设，提质改造南郊公园。

2. 加快美丽乡村建设

突出山清水秀之美，科学制定乡村振兴战略规划。加快茶山坳、雨母山、横江、萱洲等美丽乡村示范片建设。有序推进田园综合体建设，打造蒸湘南路、船山西路美丽乡村示范廊道，完成省下达的37个美丽乡村示范村、340个人居环境示范村创建任务。加大农村危房改造、"空心房"整治、农村电网改造升级、农村道路提质改造、乡村亮化等工作力度。

3. 加快拓展城市功能

突出生态建设与管理，扎实开展"城市双修"工作，建设海绵城市、管廊城市、智慧城市，构建城市防洪防涝、山洪地质灾害防御体系。抓好新一轮城市总体规划修编，推进中心城区区划调整。加大来雁新城、滨江新区、酃湖高铁新城、陆家新区、南湖生态新城等新区开发力度。高位推动衡山科学城、梦东方、雨母山片区融合发展。

4. 加大两型宣传力度

系统推进两型宣传活动，形成"九市同奏"两型改革十年之声。扎实

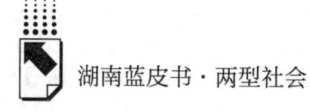

开展"两型宣传月"等专题宣传及"环保行""世界环境日"等主题活动，利用报纸、网络等平台集中报道两型社会及生态文明改革十年成就，让衡阳两型改革有所作为、有声音发出、有形象展示。突出抓好两型示范创建，进一步建立完善两型示范项目库，争取创建市级示范单位30家、省级示范单位5家，将衡南宝盖打造成省级宣传教育基地。

B.16
邵阳市2017~2018年两型社会与生态文明建设报告

龚文密*

一 2017年两型社会与生态文明建设情况

近年来,邵阳市认真贯彻落实习近平总书记新时代中国特色社会主义生态文明建设思想,统筹推进"五位一体"总体布局,协调推进"四个全面"战略布局,按照五大发展理念的要求,促进"五化协同",大力度推进转型升级,大手笔投入基础设施,大规模整治城乡环境,生态文明建设取得明显成效,有力地推动全市"二中心一枢纽"建设。

(一)提高政治站位,高度重视生态文明建设

邵阳市委、市政府坚持把生态环保工作作为增强"四个意识"、坚定"四个自信"、做到"四个服从"的一项重要工作,大力推进生态文明和美丽邵阳建设。

1. 加强组织领导

成立了由市委书记任顾问、市长任主任的生态环境保护委员会,将环境保护与生态建设融入经济社会发展的各方面和全过程,列入党委(党组)中心组学习重要内容,引导各级领导干部牢固树立生态文明理念,强化生态环境保护意识,提升绿色发展能力。邵阳市委常委会、市政府常务会先后9次专题研究部署生态文明制度建设、重点区域环境治理、大气和水污染防

---

* 龚文密,中共邵阳市委书记、市人大常委会主任。

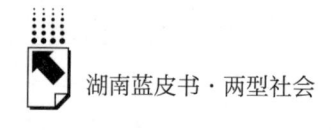

治、加强考核督办等工作。

2. 落实工作责任

严格落实环境保护与生态建设"党政同责"和"一岗双责"，及时制定相关政策文件，进一步明确党委、政府及有关部门单位的环保责任，将大气、水、土壤等环境质量"只能变好、不能变坏"作为环保责任的红线。2017年，约谈履职不到位公职人员92人、问责112人。

3. 严格督察考核

借鉴中央环保督察模式，建立市级环保督察长效机制，督促各县市区、各有关单位按要求、按时限完成环保重点工作，定期调度分析、定期督察问效、定期通报情况。进一步加大环保工作绩效考核权重，将县市区环保指标分值由上年度的34分提高到了80分。市人大、市政协定期开展执法检查、民主评议监督、"三湘环保世纪行"、环保专题调研等活动。各有关部门按照职责分工，密切配合，扎实推进产业结构调整、重点减排工程项目、环保基础设施建设等具体工作。广大社会公众绿色环保意识不断提高，对生态文明建设更加关注、理解、支持，环保工作齐抓共管大格局形成。

（二）推动建章立制，深化生态文明体制改革

紧紧围绕生态文明体制改革目标，认真履行责任，切实加强组织推进，确保全面完成目标任务。

1. 认真编制环境保护和城市生态规划

先后编制《邵阳市城市生态规划》和《邵阳市东部城镇群生态建设规划》，突出城市生态屏障建设规划和重要交通沿线生态保护与建设，初步构建东部城市群环境同治机制，突出"二区（自然保护区、风景名胜区）三园（森林公园、湿地公园、地质公园）"建设规划。

2. 认真编制水污染防治有关方案

组织环保、水利等部门，认真开展调研，通过现场勘探、采样布点监测，把握流域污染情况，认真编制《邵阳市水污染防治实施方案》。广泛汲取经验，注重与流域整体规划相衔接，编制《资江邵阳市区段污染综合整

治总体方案》《邵水邵阳市区段污染综合整治总体方案》，建立了重大项目库。2017年重点推动邵水污染防治工作，认真调查分析污染情况，收集资料，整理项目，编制《邵水流域水污染防治总体实施方案（2017～2019年）》，该项目已纳入中央资金项目库，其中4个子项目正在有序推进。

3. 认真制定生态文明建设有关监管和责任追究办法

认真贯彻落实环境保护政策法规和上级精神，先后出台《邵阳市较大环境问题（事件）责任追责办法（试行）》《邵阳市环境保护工作责任规定（试行）》。《邵阳市环境保护督察方案（试行）》《领导干部自然资产资源离任审计试点实施方案》《党政领导干部生态环境损害责任追究办法实施细则》于2017年3月审议并通过。

（三）严格保护监管，努力改善生态环境质量

以配合中央环保督察为契机，进一步增强执法刚性，根据《环境保护法》《国务院办公厅关于加强环境监管执法的通知》《湖南省办公厅关于加强环境监管执法的实施意见》《邵阳市环境保护工作责任规定（试行）》的精神，出台了《邵阳市环境保护网格化监管实施方案（试行）》推动环境监管关口前移、触角下延，实现全方位、全覆盖、无缝隙管理，确保区域环境安全。按照"属地为主、分级负责""分类管理、突出重点""责任到人、网格监管"的原则，建立市、县（市、区）、乡镇街道三级环境监管网格，明确相关部门行业环境监管职能。

1. 着力加强监管执法

开展了关停矿山问题、饮用水水源地突出问题、纳污坑塘环境问题排查、砖瓦行业集中整治执法检查等环保专项行动，排查关停矿山、冶炼、企业79家。对全市540余家砖瓦企业进行了排查，关闭淘汰砖瓦企业312家（其中黏土砖厂292家），立案查处52起。深入推进随机抽查制度，全市纳入随机抽查范围污染源企业共1019家，完成随机抽查监管3534家次，其中重点排污单位监管335家次，一般排污单位监管1267家次，特殊监管对象73家次，其他执法事项监管1120家次。切实加大环境行政执法力度，全市

出动执法人员9000人次，检查企业2625家次，立案查处企业360家，行政处罚企业327家，处罚金额890余万元，行政拘留46起，刑事拘留5起，实施查封扣押3起，停产整治28起。其中在中央环保督察整改中，立案处罚企业48家，罚款237.7万元，立案侦查19家，行政拘留9人，刑事拘留14人。与2016年相比，执法监管频次更高，查处力度更大。通过严管重罚，有效地遏制环境违法行为的发生。有效处置环境信访案件，中央环保督察组交办的信访件122件，全部办结，环境信访问题解决率、群众满意度两项指标均达99%以上，全年没有发生进京赴省非正常上访和群体性上访事件。

2. 着力加强污染治理

大气污染防治方面：继续开展燃煤锅炉治理和淘汰，全面淘汰市区10蒸吨以下燃煤锅炉。集中开展散煤专项整治行动，取缔城区散煤运输、蜂窝煤加工销售行为。按照"6个100%"要求加强扬尘管控，落实防尘抑尘措施，确保渣土、沙石等车辆密闭运输，建筑工地和道路扬尘得到初步控制。全面禁止燃放烟花爆竹。大力发展城市绿色交通，市区新增200辆新能源公交车，提前完成全年13152辆黄标车淘汰任务，建成并投入运营16个机动车尾气检测站。黏土砖厂全部关闭。

水污染防治方面：全面落实四级"河长制"，市级7条、县级626条河道全部实行"一河一档""一河一策"，在全省率先推进"僵尸船"清理拆解工作，有效整治污水直排、垃圾倾倒、无序采砂、网箱养鱼、挤占堤岸等顽症痼疾，水质明显好转。将资江、邵水治理纳入重点工程前期准备项目库，启动龙须沟等黑臭水体整治，完成枫江溪、邵水（市区段）、红旗河3条黑臭水体治理，完成梅子井、珑瑚排污口污水截留处理，全面实施控源截污、垃圾清理、清淤疏浚、生态修复等措施，结束了中心城区水源保护地污水直排历史。深入推进饮用水源保护区突出环境问题整改，强化各县市区水系地表水断面、饮用水水源水质考核，严厉打击非法排污口、非法采沙、水上养鱼及水上餐饮业等，清理河岸水面垃圾，水源安全得到保障。加强农村水污染特别是畜禽养殖场防治，禁养区内养殖场全部退出，主要畜禽养殖场污水基本得到处理或综合利用。2017年,邵阳市监测断面及饮用水水源水质达标率100%,继续保持良好状态。

重金属污染防治方面:组织开展全市危险废物专项执法检查,对全市范围内超期贮存、非法转移、填埋、倾倒、处置危险废物的违法犯罪行为全面排查和严厉打击。排查出危险废物超期贮存问题12起,超期贮存量2656.08吨,截至2017年底,整改完毕9起,依法处置危险废物2101.08吨。做好危险废物申报登记工作,全市共完成危险废物网上申报609家。

3. 着力加强重点区域治理

强力推进"两沟、两路"改造,积极开展龙须塘片区古塘路、化工厂等土壤污染治理及生态修复工程。统筹抓好农村环境综合整治,启动重点镇污水处理设施建设18个,新建无害化垃圾焚烧炉206座、垃圾中转站65座。7个县市区按要求完成250个目标任务村整治任务。按计划推进生态红线划定工作,编制《邵阳市生态保护红线划定方案》。

(四)坚持绿色发展,全面夯实生态文明基础

1. 严格环境准入

认真落实国家"三去一降一补"以及供给侧结构性改革相关政策,出台了《邵阳市环境保护局审批环境影响评价文件的建设项目录》,严格建设项目环境审批前置,对选址不当的雨溪工业园和神滩渡电站等40个不合规的项目予以否决。同时关闭环保不达标企业360家,责令整改235家,淘汰落后产能项目16个,对有污染的10家企业转产退出,对湘中制药等6家发展前景好的企业"退城入园"。

2. 开展文明创建

深入推进南山国家公园体制改革试点,2017年10月湖南南山国家公园管理局正式挂牌成立。继续实施"四边五年"绿色行动,完成造林37.6万亩,全市森林覆盖率达到60.49%,城步、新邵获评"全国绿化模范县"。广泛开展以清洁家园、清洁水源、清洁田园建设为主要内容的生态村、生态乡镇、生态县等创建活动,以点带面促进农村生态环境改善和生态文明建设

水平提高。目前，全市共建成自然保护区7个、风景名胜区8个、森林公园6个，创建省级生态乡镇93个、生态村100个，隆回县虎形山瑶族乡成功创建邵阳首个国家级生态乡镇，新建省级美丽乡村28个，洞口、城步、新宁县正在开展国家级生态县创建工作，绥宁、城步、新宁、新邵4个纳入国家级生态功能区，邵阳县纳入省级生态功能区，这些县将以生态发展为主导，严格控制上马对生态环境有破坏的建设项目。

3. 加大环保投入

加强人居环境提质改造，投入30多亿元用于创国卫基础设施建设，市内生活垃圾无害化处理率达98%。稳步提升城市管理水平，相继开展城市市容秩序"八大整治行动"和创卫攻坚"六项专项行动"，市容秩序实现根本性好转。进一步完善环境质量监测网络体系，全市核定地表水环境质量监测断面（点位）41个、环境空气自动监测站点14个、土壤监测点位13个，初步建立市、县两级大气、水、土壤等主要环境要素监测网络。

二 2017年两型社会与生态文明建设的主要经验

1. 抓好生态文明建设，必须坚持绿色发展、标本兼治

邵阳市始终坚持推进经济绿色转型，建设"绿色邵阳"，使社会经济发展与环境保护相协调。以环境质量改善为主线，实施环境分区管治和分类管理，优化布局，强化源头控制，严格环境准入；推进多污染源综合治理，以大工程、大投入带动大治理、大修复，使部分区域、城市环境质量得到明显改善，环境质量恶化得到初步扭转。

2. 抓好生态文明建设，必须坚持依法治污、法治管理

邵阳认真贯彻党的十九大精神，以习近平新时代中国特色社会主义思想为指导，以实施新修订的《环境保护法》为契机，加快完善生态环境保护法规体系，强化生产者环境保护的法律责任，用严格的法律制度保护生态环境，实行最严密的法治监督，对污染源、排放过程和环境介质依法统一监管，锻造向污染宣战的有力武器，促进生态文明建设。

3. 抓好生态文明建设，必须坚持信息公开、社会共治

一年来，邵阳着重加强了党委、政府和企事业单位环境信息公开，以公开推动监督，以监督推动落实，明确政府、企事业单位、社会公众的责任和义务，引导社会公众有序参与环境决策、环境治理和环境监督，倡导绿色生活、绿色生产方式，初步构建了全社会参与的环境保护大格局。

4. 抓好生态文明建设，必须坚持深化改革，制度创新

一年来，邵阳始终把制度建设作为重点，按照"源头严防、过程严管、后果严惩"的总体思路，标本兼治，理顺环境保护体制机制，建立最严格的源头保护制度、绩效评价制度、损害赔偿制度、责任追究制度，完善环境治理和生态修复制度，初步形成系统完整的生态文明制度体系，用制度保护生态环境。

三 当前生态文明建设的主要困难与挑战

1. 生态文明建设体制改革还存在一定的困难

由于生态文明体制改革是一项全新的事业，很多方面没有经验可循，需要不断探索。

2. 推进环境污染治理任务较重

尽管近年来邵阳市委、市政府十分注重环境污染治理，然而任务依然较重。作为老工业城市，邵阳历史欠账多，遗留问题多，原有工业体系基本上是"三线"建设时期发展形成的，以化工、医药、造纸、建材、机械等为主，工艺、装备总体水平不高，整改任务重。在4000多家各类工业企业中，高新技术企业占比还不高。

3. 环境质量状况形势不容乐观

大气环境方面，从2017年的监测数据来看，邵阳部分指标没有达到省里下达的目标，空气质量在全省排名一直靠后。水环境方面，市区黑臭水体治理还没有最终完成；资江流域个别支流锑超标问题解决难度很大，部省领导也高度关注；市备用水源尚在前期准备工作中，还未开工建设，邵水要稳

定达到三类水标准尚有较大困难。土壤环境方面，全市土壤污染点位超标率比较高，局部地区重金属污染比较严重，耕地质量堪忧，部分工业企业周边和工矿业废弃地污染治理任务非常繁重。

4.环境监管能力仍然薄弱

环境监管能力与新形势不相适应的问题比较突出，全市环保队伍普遍存在编制少、专业技术人员缺乏的问题，县乡基层环保队伍人员力量严重不足，环保系统业务能力建设亟须加强。

四 2018年生态文明建设思路与措施

加快推进两型社会与生态文明建设，是高质量发展的时代主题。2018年，邵阳市委、市政府将牢固树立"绿水青山就是金山银山""绿水青山就是最大政绩"的理念，以改革思维、创新举措推动绿色发展。

（一）切实打好污染防治攻坚战

牢固树立"四个意识"，坚决按照中央、湖南省委关于打好"三大攻坚战"的决策部署要求，以系统思维抓好生态环境保护和污染防治，持续深入抓好中央环保督察反馈问题整改落实，下大力气解决好群众反映强烈的环境突出问题，以更高的标准和措施治水、治气、减排、增绿，着力构建山水林田湖草生命共同体，营造天蓝、地绿、水净的美好家园。突出抓好大气污染综合防治，打好"蓝天保卫战"，重点在工业废气、燃煤锅炉、城市扬尘、汽车尾气、秸秆和农村垃圾禁烧等方面下更大功夫。突出抓好水污染防治，积极配合推行"河长制"，加大资江、邵水等重点流域的水污染治理；抓好黑臭水体整治工作；加快对饮用水水源地保护区突出环境问题的整改，不断提升饮用水水源保护区执法巡查和环境整治力度，确保在2018年6月前县级饮用水水源地所有问题全部整改到位；积极推进木瓜山水库第二水源地建设，进一步提升邵阳市饮用水安全保障水平；全面完成园区工业污水处理设施建设任务，持续推进水环境质量的改善。突出抓好龙须塘等区域重点污染治理，推进"退城入园"，加快区域内工业企业搬迁进度；加快区域内排污管网配套建设和"两沟"清淤疏浚、"两路"升级改造进度，确保按期竣工投用；严格督促企业制定遗留污染物处置方案，及时查清遗留残渣、废液存量与成分，明确处置方式和去向，落实处置责任和处置资金。认真落实污染场地"先调查，后治理，再开发利用"的法律规定，加快污染场地治理和生态修复，加快实施龙须塘片区古塘路、化工厂等土壤污染治理及生态修复工程，促进区域环境质量有效改善。

（二）切实开展农村环境综合治理

实施农村"双改"和农村人居环境整治"三年行动计划"，突出"厕所革命"、农村垃圾治理、规范农村建房三大整治重点，确保2020年全市卫生厕所普及率80%以上，所有乡镇和90%以上的村庄生活垃圾得到有效治理。实施美丽乡村建设三年行动，启动第五轮美丽乡村办点示范建设。全面推进农村饮用水水源保护、农村生活源污染治理、农业源污染防治、农村生态文明建设等，进一步改善农村环境质量。

（三）切实加强自然生态保护管理

深入贯彻落实习近平总书记关于生态文明建设和国家公园体制改革的重要指示精神，加快推进南山国家公园建设。进一步强化主体责任，严格按照《国家公园体制试点总体方案》，理顺管理体制机制，突出抓好执法监管、生态补偿、移民搬迁、生态保护基础设施建设等具体工作，确保2019年顺利获批全国首批国家公园。坚持把自然生态系统和自然保护放在第一位，建立健全更科学的旅游环保工作评价体系和更严肃的环保责任追究制度，确保生态安全和自然保护区、景区建设提质增效，实现人与自然和谐共生。积极创建国家森林城市，继续实施"四边五年"绿色行动、城区绿化攻坚、绿化通道建设、水岸绿化、生态恢复、森林资源保护、美丽乡村建设、林业产业提质、森林文化建设九大生态工程，确保2020年达到国家森林城市标准。

（四）切实提升全社会环保意识

以4·22地球日、6·5世界环境日为平台，全方位、多角度宣传生态文明建设的政策措施和《环境保护法》《大气污染防治法》《水污染防治法》等环保法律法规，全面普及环保政策、法律及科普知识，引导和培养全社会环境意识、节俭意识、社会责任意识。根据本地社会资源和自然生态优势做好创建规划，有计划、有步骤建设一批有特色、有社会影响的环境教育基地。

（五）切实加大环境监管执法力度

全面落实环境监管执法新要求，严格按照"源头严防、过程严管、后果严惩"的思路，认真执行新《环境保护法》和环保部4个部令，用足、用好、用准按日连续计罚、信用等级评价、环评限批、停业关闭、行政拘留和刑事责任追究等法律手段，坚决做到重拳出击，铁腕治污。大力开展环保专项执法行动，加大对区县（市）特别是两区三园的环境行政执法的稽查力度，健全案件移交和联合办案机制，完善与公、检、法联动机制和"双随机"制度，提升联合执法能力，切实达到"查处一个、震慑一方"的效果，始终保持对环境违法行为高压严管态势。

B.17
岳阳市2017~2018年两型社会与生态文明建设报告

岳阳市生态文明体制改革专项小组*

一 生态文明体制改革推进情况

岳阳市生态文明体制改革专项小组发挥改革牵头、指导、协调、督促职能作用,在2017年的生态文明体制改革中做到了"三突出三强化"。

(一)突出改革重点,强化顶层设计

按照岳阳市委改革办要求,结合实际制定了《岳阳市生态文明体制改革专项小组2017年改革工作要点及责任分工》,明确了工作重点,细化了工作责任。起草并出台《岳阳市全面推行河长制实施方案》《深化公安、环保联动执法指导意见》《岳阳市东洞庭湖国家级自然保护区2017年度生态效益补偿试点方案》《生态效益补偿试点方案》《岳阳市关于培育环境治理和生态保护市场主体的实施意见》《关于加快绿色发展建设生态强市的实施意见》《关于加快绿色发展建设生态强市的实施意见》《岳阳市关于健全生态保护补偿机制的实施意见》8个改革方案,为各项生态文明改革工作的推进提供了遵循。

(二)突出统筹调度,强化工作督促

加强与湖南省生态文明体制改革专项小组的衔接沟通,及时把握上级改

---

* 执笔人:廖从志,岳阳市环境保护局。

革政策精神，跟踪改革进展动向。加强对县市区及市直相关单位的指导；加强对改革项目推进调度督察，实行分月调度、双月督察、季度汇总、年底讲评工作制。2017年，岳阳市生态文明体制改革领导小组组长组织召开了5次改革专项调度会，带队到实地3次督察生态改革工作，专项小组通过调度、督察及时发现并协调解决问题12个，保障了各项改革工作有序推进。

（三）突出培训学习，强化业务指导

针对河长制实施、加强环境执法等方面工作，外派培训学习6批，48人次参加。组织赴浙江、贵州等省学习考察生态建设3批次，17人次参加。邀请省级专家，在岳阳市组织开展环保两法衔接（行政执法与刑事司法衔接）等大型培训3场次，350余人次参加。通过学习培训考察等活动的开展，改革工作者视野进一步拓宽，能力进一步提升。

二 各项任务落实情况

2017年，岳阳市生态文明体制改革专项小组有10项重点改革任务，涉及发改委、国土、环保、水务、林业5个部门。目前，其中6项改革工作推进顺利，其余4项改革市里已做好前期工作，等待省里统一部署。

（一）全面推行河长制情况

2017年，岳阳市河长制工作按照中央部署和湖南省、岳阳市要求，以"打基础、建体系"为目标，全市各级河湖实现河长制全覆盖，河长制作用初步发挥，建立了责任明确、制度健全、运转有效的河湖管理和保护体系。

1.河长制工作体系基本建立

2017年4月，岳阳市率先制定了《岳阳市全面推进河长制实施方案》，提出"河畅、水清、堤固、岸绿、景美"的工作目标，5月底，全市12个县市区、141个乡镇（其中涉及河长制工作乡镇135个），县、乡河长制实施方案全部出台，全市16条市级管理河湖（水库）分别确定了一个市直单

位作为联系部门，实行"一河一长一办"。截至2017年底，全市市、县、乡、村四级河长体系已经全部建立，共计市级河长31人、县级河长267人、乡级河长782人、村级河长1348人。

2. 强力推进重点工作

对照湖南省河长办2017年度河长制工作要点，岳阳市将重点工作任务及时分解到各县市区河长办和市级各职能部门，多次调度工作完成情况，有序推进重点任务工作。根据湖南省河长办考核要求，除"两供两治"垃圾收转运设施建设项目2017年岳阳市无考核任务外，黑臭水体整治、完成退耕还林还湿（绿带建设）、工业园区污水集中处理设施与在线监测建设、一级A排放标准提标改造污水处理厂建设、乡镇污水处理设施建设、完成6处船舶污水垃圾收集点建设等20项重点工作全部按要求完成。

3. 河长制工作经费到位

岳阳市政府2017年共安排市级河长制工作经费70万元。各县市区按照年初签订的2017年度全面推行河长制工作责任书要求，县级河长制工作经费已落实到位500多万元，足额保障了各级河长办工作需要。其中岳阳经济技术开发区安排经费170多万元推进河长制工作，岳阳县除下拨了工作经费外，还安排了30万元奖补资金。

4. 河长制作用逐步发挥

岳阳市以河长制工作为基础，率先在"一河三湖"（华容河、芭蕉湖、东风湖-吉家湖、松杨湖）实行河长制，出台了《华容河水环境综合整治方案》《岳阳市城市内湖环境综合整治总体方案》。针对"一河三湖"开展水污染治理、环境卫生整治等专项行动，目前河湖面貌得到改观，管理保护情况大为好转，水质得到明显改善，特别是华容河水质稳定在Ⅲ类水平。全市地表水达到或好于Ⅲ类水体比例为89.4%，同比提高2.6个百分点。

（二）健全环境保护行政执法与刑事司法衔接工作机制情况

2017年岳阳市共立案查处环境违法案件692起，罚款总额2412.73万元，均在全省排第二，同比分别增长126.2%和167.19%。其中查封扣押类案件112起，限产停产类案件71起，行政拘留类案件66起。环保部在向媒体通报的2017年1~5月各地环保部门执行《环境保护法》配套办法及移送环境犯罪案件情况中，岳阳市作为执行四个配套办法情况较好的十个地市之一名列其中。

1. 强力落实《环保法》及配套办法，执法力度持续加大

随着环境执法力度持续加大，按日连续处罚、查封扣押、限产停产、行政拘留等手段得到广泛应用。比如2017年4月9日，市环境监察支队现场检查云溪区六道红洗涤公司，发现企业存在"未办理环评手续、未建污染防治设施、雨污未分流"等环境污染问题，顺着挖到的案件线索，迅速立案查处。2017年4月13日，执法人员再次现场检查，发现企业未按整改要求停产治理，当即对企业实施"按日计罚"。环境执法部门通过善用、尽用《环境保护法》及配套办法赋予的行政处罚权力，增加企业环境违法成本，不给企业任何投机取巧机会，促使企业自觉守法、正视问题、高效整改。

2. 积极参加比武练兵和各类培训，执法能力不断提高

在2017年10月份全省环境执法大练兵案卷评查中，岳阳市参评案卷获得市级组二等奖。为加强队伍能力建设，市环保、公安局、检察院联合发文，开展执法人员业务培训，组织为期四天的两法衔接短期培训班。8名同志参加国家级培训，三批次共30名同志参加湖南省环保厅组织的业务培训，全市296人参加湖南省环保厅组织的环保法、四个配套办法、"两高"司法解释、大气污染防治法等相关法律法规视频培训。

3. 主动推进行政执法和刑事司法联动体制机制建立，执法效果得以保障

加大行政执法与司法联动力度，出台《深化公安、环保联动执法指导意见》，倒逼企业形成环境守法新常态。挂牌成立公安驻环保工作联络室，建立完善执法联动联席会议、联动执法联络员和重大案件会商督办"三项制度"，以及案件移送、紧急案件联合调查、执法信息共享和执法联动奖惩"四项机制"。2017年8月15日，岳阳市人民检察院驻市环保局检察联络室成立，进一步加大了对环境违法犯罪行为的打击力度，是推进环境执法与刑事司法有效衔接的又一次创新实践。

4. 全面推广"双随机"动态执法模式，执法方式灵活多样

制定《岳阳市污染源日常环境监管双随机抽查制度实施方案》，利用移动执法系统，充分调配，利用监测、辐射、总量、环评、污防、监察等资源，有计划、全覆盖、规范化开展日常监管随机抽查。全市所有环保部门均建立了"双随机"工作机制。岳阳市本级纳入污染源监管动态信息库企业数1074家，执法人员21人，检查企业176家次；区县纳入动态信息库企业数992家，执法人员179人，检查企业1786家次。通过双随机执法检查，共发现环境违法问题124个。

5. 层层架构全市环境监管"网格化"体系，执法死角逐步封堵

印发《岳阳市网格化环境监管体系实施方案》，监管实行"五定"：定区域、定人员、定职责、定任务、定奖惩，运行实行"四步走"：巡查、查处、反馈、监督。建立三级环境监管网格体系，市级大网格1个、县级网格13个、乡镇级网格1574个、特殊监管网格9个。通过网格化监管，权责下沉延伸，相关部门履行环境保护责任的意识大大增强、齐抓共管措施落到实处。

（三）推动东洞庭湖国家级自然保护区生态效益补偿项目情况

对大小西湖的越冬鸟类，2017年岳阳共开展了6次常规监测和1次系统监测，全面了解春季鸟类种类、栖息和分布情况。完成试点区域近三年内的鸟类损害农作物的农户经济损失情况调查。召开了"生态效益补偿试点座谈会"。选取采桑湖水域开展鸟类食源补给点，在距大小西湖大堤一公里内的农田、旱地开展鸟类损害农作物补偿试点，目前正组织专家编制《生态效益补偿试点方案》。

（四）贯彻落实健全生态保护补偿机制的意见情况

通过调研东洞庭湖生态补偿现状、生态补偿计划实施项目、存在问题及困难，初步测算补偿额度，形成了《东洞庭湖生态补偿情况报告》。草拟了《岳阳市健全生态保护补偿机制的意见》，已将文本报市政府审议，按时序正常推进。

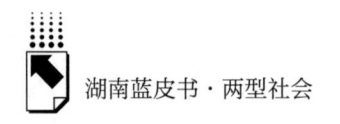

（五）推行环境污染第三方治理模式情况

已组织起草了《岳阳市关于培育环境治理和生态保护市场主体的实施意见（初稿）》，目前正在征求县市区、市直相关部门的修改意见，按时序正常推进。

（六）出台实施大力推进绿色发展 加快建设生态强市的意见情况

先后两次组织岳阳市直相关部门召开了征求意见座谈会，修改并完善了《关于加快绿色发展 建设生态强市的实施意见》，已报岳阳市政府审订，按时序正常推进。

（七）其他4项改革任务推进情况

完成市以下环保机构监测监察执法垂直管理制度改革工作，已按湖南省环保厅统一部署，对《湖南省环保机构监测监察执法垂直管理制度改革实施方案（征求意见稿）》提出建议报岳阳市政府。制定碳排放交易总量和配额分配方案、开展自然资源统一确权登记试点、推进全民所有自然资源资产有偿出让制度改革4项改革任务须湖南省级出台政策或方案后，再按省里统一安排部署实施。

三 下阶段改革思路

（一）进一步强化工作目标和绩效管理

进一步明确目标任务、工作要求、进度安排。对照改革任务台账，确保已经启动的六项改革工作全面、圆满完成年度任务。

（二）进一步强化责任分工和配合协作

进一步完善责任落实机制，明确分工、责任到人。不断完善改革推进机制，牵头部门抓紧研究制订相关专项改革方案和改革政策，参与部门积极配合、加强协作，共同完成所承担的改革任务，形成全市上下抓改革促发展的合力。

（三）进一步强化总结评估

要认真梳理改革亮点、及时总结改革经验，进一步评估改革成果，积极对接省直相关部门，向湖南省委省政府推介；对已经取得突破但仍需进一步探索的改革，持续稳步推进；对尚不成熟的改革，加强调查研究，深化试点探索。

B.18
践行发展新理念　建设绿色新常德
——常德市2017~2018年两型社会与生态文明建设报告

常德市人民政府

一　2017年两型社会与生态文明建设主要成效

2017年，在湖南省两型委的科学领导下，认真贯彻落实两型社会和生态文明建设工作各项决策部署，优化产业结构，创新制度供给，推进试点创建，狠抓污染治理，开展宣传活动，取得了较好的成效。一年来，常德蝉联全国文明城市，获评全国"厕所革命"先进市，入选全国"城市双修"试点城市、气候适应型试点城市和首批"公交都市"创建城市，城市美誉度和影响力显著提升。

（一）优化产业结构，两型产业得到进一步发展

以优化产业结构为重点，优先发展现代工业，大力发展现代农业，加速发展现代服务业，致力于构建高端化、两型化的现代产业体系。

1. 新型工业升级壮大

全年完成规模工业产值2977亿元，同比增长13.9%，完成增加值982.1亿元，同比增长6.8%。一是主导产业来势较好。六大主导产业完成规模工业产值2072亿元，同比增长10.5%，占全市规模工业比重达到70%。在烟草产业负增长的情况下，其他五大产业规模工业产值增幅均在17%以上，其中有色金属及新材料、电子信息、装备制造等产业产值分别增长27%、22%和20.6%，食品及生物医药产业产值占全市比重达到25.6%，比烟草产业比重高6.7个百分点，产业格局逐步由"一烟独大"向"多点

支撑"转变。二是园区攻坚成果丰硕。园区完成规模工业产值1855.19亿元，占全市比重达到62.3%，同比增长22.7%。常德高新区成功创建国家级高新区，成为全省三个同时拥有国家级经开区、高新区的市州之一。桃源工业集中区晋升省级高新区。园区基础配套不断完善，完成基础设施投入90.84亿元，建设标准化厂房146.77万平方米，超额完成年度目标。三是转型升级步伐加快。创新能力不断加强，全市高新技术企业达到142家，高新技术产业增加值达到350亿元，增长15%；全市新增2家省级企业技术中心、2家省级工程技术中心、2家省级科技企业孵化器。

2. 现代农业量质齐增

完成农业增加值达409.1亿元，增长3.8%。一是粮食生产稳量提质。全市建成新增粮食产能10万亩，粮食种植面积达到1083.6万亩，产量达到388.3万吨，稳居全省第一位。规模化种植占比32%，农机化率达到75%。油菜、蔬菜、茶叶等农作物稳定发展。二是产业化水平稳步提高。常德国家农业科技园获批建设，澧县入选国家农业可持续发展试验示范区，全市国家级农业示范园区达到4家。农业经营主体不断壮大，新增粮食大户4158个、农民合作社743家、家庭农场1624家、规模农产品加工企业32家。三是农业品牌不断打响。"常德品牌、中国品质"常德品牌农业推介行长沙首站活动成功举行，签约项目52个、投资近300亿元；"常德香米"获农业部农产品地理标志保护产品认证；"牛奶文化节""蔬菜文化节""红茶节""荷花节""柑橘节"等农业主体活动丰富多彩。

3. 现代服务业加速发展

第三产业增加值达到1550.1亿元，增长12.6%，服务业占GDP比重达47.87%。一是文化旅游来势强劲。共接待游客4396.7万人次，旅游综合收入达到352.2亿元。桃花源景区盛大开园，大小河街、穿紫河风光带成为常德旅游金字招牌；城头山景区、欢乐水世界、德国风情街、枫林花海等景点持续火热。二是商贸物流活跃繁荣。社会消费品零售总额达到1172.6亿元，增长10.9%，成功举办车博会、美食节等各类展会、节会80余场，总成交额近百亿元，较好地集聚了人气，活跃了市场。新增省级电子商务认定企业

22家，新建农村电商服务站点426个，石门县成功获批全国电子商务进农村综合示范县。三是房地产市场平稳健康。完成房地产开发投资195.5亿元，增长39.7%；完成商品房销售529.3万平方米，增长38.4%。四是金融业不断壮大。新增3家村镇银行、6家证券营业部、1家小贷公司和3家私募股权投资机构，金融机构存贷比达到52.46%，同比提高5个百分点。同时，冷链物流、健康养老、文化创意等新兴服务业保持快速发展。

（二）创新制度供给，两型体制机制得到进一步完善

切实加强改革创新，增加制度供给，努力建立有利于两型社会建设的体制机制。

1. 率先出台水资源保护条例

目前，常德两部地方性法规都是围绕水源保护设计的。2015年，常德市人大常委会将《常德市饮用水水源环境保护条例》确定为常德市行使地方立法权以来的首个立法项目。历经常德市人大常委会四次审议，2016年9月23日，常德市六届人大常委会第二十七次会议表决通过，经湖南省人大常委会批准，从2017年5月1日正式施行。第二部地方性法规《常德市城市河湖环境保护条例》在市七届人大常委会第三次会议审议并表决通过，经2017年5月27日湖南省人大常委会审查批准，从10月1日起正式施行。两个条例的出台对推动常德经济社会可持续发展、满足人民生产生活的迫切需求、巩固安全饮水实践成果具有十分重要的意义。

2. 全面推行河长制

按照"一河一河长、一河一策略、一河一档案、一河一考核"工作思路，全面推行河长制工作，截至2017年12月底，纳入河长制工作考核的21项工作任务已完成75%。2017年5月，以常德市委、市政府两办的名义出台了《关于全面推行河长制的实施意见》（常发〔2017〕15号），为各地推行河长制工作明确了思路。建立以党政主要领导为总河长的市、县、乡、村四级河长制责任体系，并在《常德日报》进行公示，在相关河湖设立河长制公示牌。常德市河长办制定并印发《全面推行河长制五项制度》，对各

项具体工作做出了明确规定。同时，把河长制工作纳入市政府对各区县（市）的绩效考核范围，为全面推行河长制提供了有力保障。

3. 严格实施环境质量考评问责

6月1日，正式实施《常德市环境质量考评实施办法》，综合运用通报、环境质量与环保专项资金项目挂钩、区域限批和督察问责等考评措施，推动建立以环境质量为核心的管理机制，确保区域环境质量稳定并逐步改善。考评对象为各区县市人民政府，考评内容包括地表水、县城空气和土壤环境质量，重点区域重金属专项环境质量状况及重大环境质量损害情况。坚持环境保护"党政同责、一岗双责"，对环境质量下降、排名靠后的区县下发预警函，对责任人员进行约谈，各级各部门的责任意识不断增强，环保合力正在形成。

（三）推进试点创建，两型示范作用得到进一步发挥

以试点为契机推进创建，以示范为方式推进全市发展，让各个地方、各个单位开展两型社会和生态文明建设"做有动力，学有样板"，充分发挥示范单位的引领带动作用。

1. 全面推进海绵城市建设

2015年初，常德市作为全省唯一代表成功入选全国首批16个海绵城市建设试点城市，要在36.1平方公里的试点面积内，完成148个海绵城市建设项目。目前已完成试点项目113个，在建试点项目35个；建成面积27.58平方公里，在建面积8.12平方公里；完成海绵投资64.22亿元，投资完成比例82.2%；城区已基本实现"小雨不积水、大雨不内涝、水体黑臭在消除、热岛有缓解"的海绵建设目标。此外，以海绵城市试点建设为契机，结合"城市双修"，把试点拓展到了整个市城区，使整个海绵效应影响区达52.98平方公里。穿紫河治理经验经央视深度报道形成全国性影响。海绵城市建设成果亮相全国"砥砺奋进的五年"大型成就展，成功打造技术示范基地和国际论坛两大品牌。

2. 积极开展生态创建

2017年2月21日，国家发改委、住建部印发《气候适应型城市建设试点工作的通知》，同意将28个地区作为气候适应型城市建设试点，常德在全国试点城市名单中排名第二，成功入选国家气候适应型城市建设试点。全年新造林24.19万亩，义务植树1165万株。成功获得国际湿地城市认证提名资格，桃源沅水国家湿地公园、安乡书院洲国家湿地公园通过国家验收。汉寿鹿溪国家森林公园成功获批。成功申报省级两型示范、创建单位18家，其中，创建单位14家，示范单位4家，示范单位占全省的1/4，为历年来最多。津市、安乡、西湖、西洞庭顺利通过全省农村环境综合整治整县推进验收，津市被纳入全国首批农村生活垃圾分类和资源化利用示范县。

3. 大力推进"公交都市"创建

2016年11月30日，交通运输部启动全面推进"公交都市"创建工作。常德市紧紧抓住这一契机，根据公共交通发展建设情况，科学编制创建方案，向交通运输部提出申报，最终获批成为全面推进"公交都市"建设第一批创建城市。根据创建方案，将以"桃花源里城市，绿色立体公交"为主题，按照批准的实施方案，大力开展基础设施建设、优质服务提升、智能公交构建、综合管理完善、政策法规保障、体制机制扶持等6大工程，推进22个项目建设，全面提升市城区公交发展和服务水平。力争到2020年，常德市公交车万人拥有量达14标准台，建成区内公共交通覆盖率达到90%以上，公共交通机动化出行分担率达到40%以上。市城区公共交通形成"一环、三圈、五支角"的线网布局，实现城市交通节点公交无缝对接。

（四）狠抓污染治理，生态环境质量得到进一步改善

按照"罗列问题清单，明确目标任务"的原则，对环境治理战役实行"清单上墙、挂图作战"，明确路线图、时间表和任务书，改善了生态环境质量，形成了常德特色经验。

1. 打好蓝天保卫战

在深入推进燃煤小锅炉关闭、工业污染治理与监管、整治机动车排气污

染等十大专项行动的基础上,建立健全区域分类管控、污染源清单、网格化管理、第三方巡查、定期督导检查等五大精细化管理机制,市环保局、市住建局、市城管执法局、市工商局、市交警支队等市直相关部门组成联合督察队,加强大气污染治理,市城区燃煤小锅炉、工地扬尘、道路扬尘等大气主要污染源得到初步遏制。建成机动车环检监控平台并实现省市联网运行,出台管理制度,每月对环检情况进行排名通报。为精准施策,8月1日,邀请省内外权威专家学者,组织召开市城区环境空气质量源解析调查报告和常德电厂环境影响跟踪评价报告专家评审会,为大气污染治理提供科学依据。

2. 打好碧水保卫战

重点实施洞庭湖水环境综合治理五大专项行动,关闭重点不符合环保要求的"小、散、乱、污"工业企业190家,整改企业101家。19个水污染防治重点项目顺利完成,保障了全市饮水用水安全。安乡珊珀湖水质污染问题,通过工程治理、生物治理、农业面源污染治理、适当补水等综合整治措施,短短几个月水质即从劣Ⅴ类提升至Ⅳ类标准;马家吉河整治时间紧、任务重,通过几个月连续作战、日夜奋战,所有泵站出水水质均已消除劣Ⅴ类。王家厂水库、黄石水库、皂市水库、安乐湖等湖泊(水库),通过采取全面禁投、控源截污、生态修复措施,水质得到明显改善。

3. 打好净土保卫战

作为全国土壤污染综合防治先行区,力争在全国出经验、出亮点。制定并出台《常德市土壤污染防治工作方案》并组织实施;扎实推进土壤污染综合防治先行区建设,现场调查全市工业、农业和生活污染源及污染地块,上报557家重点企业遥感数据,核实1508个农用地详查点位,组织农用地分类管理与修复试点。深入实施安乡县安丰乡农用地土壤污染治理与修复项目,探索建立农用地分类管理可复制、可推广的工作经验。筛选出全市土壤环境重点监管企业22家(第一批),有利于进一步防控土壤环境风险。

(五)开展宣传活动,绿色发展理念进一步深入人心

围绕节约资源、保护环境等主题,在节能宣传周、世界环境日等节日,

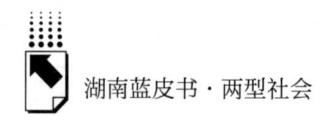

采取灵活多样的形式，开展系列宣传活动，积极传播绿色发展理念。

1. 开展节能宣传活动

6月11~17日全国节能宣传周期间，编制《节能有我 绿色共享》宣传册，分发到各区县市及市直单位，6月13日节能低碳日，组织青年志愿者深入商业广场等人群集中区进行节能知识宣传，并在网站、电视台等新闻媒体进行报道。

2. 开展节水宣传活动

5月14~20日全国城市节约用水宣传周期间，以"全面建设海绵城市，修复城市水生态"为主题，开展多样化的主题宣传活动。如：举办节水知识专家讲座、中小学举办节水知识抢答赛、节水倡议、"我的海绵城市"绘画展、节水主题班会、节水有奖征文等活动；组织高校大学生开展节水主题辩论赛等，使节约用水成为每个单位、每个家庭、每个人的自觉行动。

3. 开展环保宣传活动

围绕"六·五"世界环境日，开展以环保朗诵大赛为主、环保"五进"及"一条街"为辅的活动。市环委会在白马湖公园举办环保朗诵大赛，各区县市和市环委会成员单位参赛，有380多名观众现场观摩比赛，"常德全媒"微信全程直播，浏览量突破12万次。组织开展环保进学校、进机关、进企业、进工地、进社区"五进"活动，在市城区工地张贴大环保宣传标语，环保进社区"首秀"成功。举办《常德市饮用水水源环境保护条例》市民读本首发仪式，印发市民读本3500多册，市级领导亲自将读本赠给水利、教育、环保、企业和志愿者代表。

二 2018年两型社会与生态文明建设思路和重点

2018年，常德将全面贯彻落实党的十九大精神，严格按照省两型委的统一部署，坚持以资源节约型、环境友好型社会建设为引领，着力推进产业行动、改革创新、城乡互动和生态保护四大举措。

（一）着力推进产业行动，培育发展新动能

大力推进产业立市三年行动计划，开展"产业项目建设年"活动，进一步优化产业格局，壮大产业实力，提升产业能级，把实体经济的根基筑得更牢、扎得更深。

1. 主攻产业园区提质升级

把园区作为产业发展的主阵地，推动各方面要素向园区集中。科学明晰园区定位和产业特色，推动园区走集约化、特色化、人性化发展道路。按照国家级园区不超过"三主三辅"、省级园区不超过"两主两辅"的思路，专注主业发展，大力发展特色园、园中园，支持创建津澧国家级经开区，年内常德经开区、常德高新区规模工业增加值分别增长10%、12%以上。加强园区水电路气等基础设施建设，完善教育、医疗、娱乐等配套设施与服务，园区基础建设投入100亿元以上，根据需要盘活建设标准化厂房。推动园区去行政化、趋市场化，在选人用人、管理审批、薪酬标准等方面给予更大自主权，增强园区发展内生动力。

2. 推动现代农业转型增效

构建现代农业产业体系、生产体系和经营体系，推动一、二、三产业融合发展，提高农业现代化水平。升级主导产业，加快推进粮食、油菜、水果、蔬菜、茶叶、养殖、林业等主导产业向优质、高效、安全、生态转型升级，持续推进农业标准化示范区和健康养殖示范场建设，抓好国家级现代农业示范区、国家农业科技园区和国家农业可持续发展试验示范区等各类特色园区建设，同步抓好"常德香米""武陵红茶""常德油茶""石门柑橘""汉寿甲鱼"等公共品牌。实施加工带动，突出做大做强龙头企业，带动主导农产品、特色农产品、优质农产品资源综合利用和精深加工，高起点、高标准、高水平创建一批主业突出、规模适度、配套齐全、技术先进、管理创新的农产品加工园区。培育新型主体，加快培育专业大户、家庭农场、农民合作社、农业产业化龙头企业等新型农业经营主体，加强新型职业农民培训，新增农民合作社500家以上、家庭农场1000家以上。

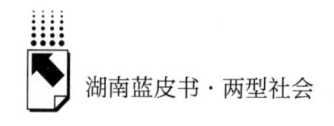

3. 加快现代服务业繁荣发展

把发展现代服务业作为聚集城市人气、提升城市品位的重要途径，实现社会消费品零售总额增长 10% 以上。发展全域旅游，加快推进卡乐世界、大唐司马城等项目建设，持续办好旅游节庆活动，大力发展城市旅游、乡村旅游、红色旅游、生态旅游，支持石门创建国家全域旅游示范县，打造一批知名旅游景区和精品旅游线路，加快推进旅游与文化、体育、康养等产业融合发展，全年旅游总收入增长 20% 以上。发展现代金融，支持各类金融机构引进与发展，加快建设柳叶湖基金小镇，举办全国性基金峰会。加强政府债务管理，防范区域金融风险。发展现代物流，力争传化公路港物流等项目开工建设，抓好物流标准化城市试点，形成便捷畅通的城乡物流网络。引导传统商贸企业创新商业业态和模式，进一步提升城市商圈品质和人气。高起点建设文化创意产业园，大力发展电子商务、服务外包、数字经济等新业态。促进房地产业健康发展。

（二）着力推进改革创新，增强发展新活力

1. 扎实推进改革攻坚

以供给侧结构性改革为主线，加大"三去一降一补"力度，深化"放管服"改革，下放行政权限，创新监管体制，减少行政审批，推进生态环境监管体制、社会领域等重点领域改革。加大国有企业改制力度，推进"三供一业"分离移交。推进农村土地制度改革，完善承包地"三权"分置制度。推进园区管理体制、口岸综合管理协调机制等一批自主改革，构建创新型经济新体系。

2. 大力推动科技研发

强化企业创新主体作用，加强产学研用紧密结合，推动产业链、创新链、资金链深度融合。组织开展"智汇洞庭、科创未来"科技成果系列展示对接活动，推动科技成果转化。推进"大众创业、万众创新"，建设一批双创示范基地，支持大学生、专业技术人员、返乡务工人员创新创业。年内新增国家级和省级科技企业孵化器各 1 家以上、省级星创天

地2家以上，新认定高新技术企业20家以上，高新技术产业增加值达到350亿元，增长15%。强化知识产权创造、保护与运用。推动"两化"融合、军民融合。

3.致力于人才机制创新

坚持多方引才、精心育才、大胆用才、环境留才，打造区域性人才高地。加大各类优秀人才引进力度，给予相关补贴和待遇。实施本土人才培育工程，年内培训高技能人才2000人以上，培育一批"常德企业家""常德工匠""常德能人"。完善人才柔性流动机制，在子女教育、家属就业、社会保障、住房保障等方面给予倾斜，以强大的环境软实力让本地人才留下来，域外人才走进来，各类人才聚拢来。

（三）着力推进城乡统筹，构建发展新格局

坚持贯彻新发展理念，做大中心城区与加快县城扩容提质并重，切实增强城镇的辐射能力、承载能力、吸纳能力。

1.提升城市品质

持续推进海绵城市建设，大力发展海绵产业，创建一批海绵示范工程，确保通过三年海绵城市试点考核验收。全力推进"城市双修"十大工程，启动国家生态园林城市创建申报，加强柳叶湖及周边生态环境保护。推进城市棚改、高铁新城、沅江隧道、沅水五桥、奥体公园、会展中心、第一工人文化宫等重点项目建设。结合常德传统文化元素，打造一批特色建筑和装配式建筑示范工程。健全城市管理和执法机制，推进城市管理向基层下移，建立完善责权明确、运行有序、条块结合的大城管工作体制。大力推进"公交都市"创建，规范传统出租车和网约车管理。加大城市地下空间利用力度，加强公共停车场建设。

2.完善县城功能

立足县城扩容提质，着力补强县域发展短板，加快城乡一体化建设进程。积极推进区划体制调整改革，加快推进区域融合发展，扎实开展津澧新城国家新型城镇化试点和中小城市综合改革试点、临澧产城融合试点，

加快津澧融合步伐，推进一批标志性融城工程建设；加快实施"两西"发展战略，把西洞庭湖建设成独具魅力的常德卫星城；积极推进临澧"一城五镇"城镇群建设，探索构建安乡"一体两翼"城镇新格局。加快完善县城主体功能，推进县城区商业、文化、教育、医疗、养老等生产生活服务提质升级，提高县城发展首位度。加快建设特色小镇，因地制宜建设白鹤山、陬市、新洲、城头山等一批工业强镇、商贸强镇、文化旅游名镇等。

3. 建设美丽乡村

深入实施美丽乡村建设行动计划，精心建设一批各具特色、尽显其美的美丽乡村、美丽庭院。提升农村基础设施现代化水平，抓好农村公路、信息网络的升级改造，倡导推进"厕所革命"。丰富农村文化生活，抓好移风易俗，倡导文明乡风，完善农村公共服务。

（四）着力推进生态保护，厚植发展新优势

1. 加强生态系统保护

统筹推进山水林田湖草的系统保护。严守耕地保护红线，加强矿产资源保护性开发和高效利用，抓好地质灾害防治工作。推进国际湿地城市建设，开展国土绿化行动，推动退耕还林还湿。健全生态环境保护责任体系，建立领导干部自然资源资产离任审计制度。

2. 深化环境综合治理

持续推进中央环保督察整改、洞庭湖水环境综合治理，强力整治突出环境问题。开展全国第二次污染源普查工作。全面落实河长制，启动实施湖长制，协同推进河湖管理保护和生态环境治理，禁养区内规模化畜禽养殖全部退出，完成县级以上饮用水水源保护区规范化建设。新建改建6个污水处理厂，全市污泥无害化处理率达100%。编制大气污染源排放清单，加强餐饮油烟、秸秆焚烧、工地扬尘等污染源治理，促进市城区环境空气质量优良天数稳步提升。全面推进土壤污染综合治理，完成土壤环境质量详查。出台城乡垃圾处理地方性法规，加快城乡垃圾一体化治理。强化企

业主体责任,加强环境督察联动执法,曝光一批破坏生态环境的违法行为和案件。

3. 推进绿色循环发展

建立资源总量和全面节约制度,推动重点行业整治整合,完成省下达的节能减排任务。积极培育节能环保、清洁能源等新兴产业,大力发展循环农业,减少面源污染。开展循环经济示范行动,倡导低碳出行和绿色生活方式。

B.19
益阳市2017~2018年两型社会与生态文明建设报告

益阳市人民政府

一 2017年益阳市两型社会与生态文明建设成就

2017年，在湖南省委省政府的正确领导下，益阳市主动适应经济发展新常态，统筹推进"五位一体"总体布局和"四个全面"战略布局，牢固树立和贯彻落实创新、协调、绿色、开放、共享的发展理念，积极推进绿色发展，大力推进生态文明建设，各方面工作取得较好成效。

（一）着力促推两型产业建设，加快转型升级步伐

1. 新型工业化加速推进

重点产业不断壮大。全市新增规模企业120家；食品、装备制造、电子三大产业产值达1300亿元，占全部规模工业总产值的55.1%；槟榔、休闲食品、电容器等特色产业快速发展，增速均超过20%。转型升级步伐加快。新增省级科技创新平台16家。完成全社会研发投入17亿元，全市有效发明专利达830件，每万人有效发明专利拥有量全省排名第6位。绿色园区建设大力推进。基础设施建设完成投资达122.8亿元，新建标准化厂房106.7万平方米，新开工项目137个，新投产项目124个。园区规模工业增加值占全市总量的71.3%；完成税收19.2亿元，同比增长15.6%。

2. 现代农业稳步发展

着力推进现代农业示范区建设，全市农林牧渔业总产值达485.7亿元，同比增长3.6%。现代农业系统性改革扎实推进。成功举办首届生态农业智

慧乡村互联网大会，进一步深化国家现代农业示范区创建和省级现代农业改革试验，推进了互联网与现代农业的融合发展。桃江、沅江、南县、资阳、安化基本完成农村土地确权颁证，全市完成入户调查93.7万户，占农户总数的96.6%。全市共流转耕地233.1万亩，适度经营规模水平居全省前列。农业机械化水平稳步提升，全市主要农作物综合机械化水平达到70%以上。绿色农产品供应基地加快建设。粮食播种面积和总产量比上年分别增加3.43万亩、3.91万吨。稻虾共生等高效生态种养面积达45万亩，平均每亩增加纯收入2000元以上。大力实施农业"三园""三品"工程，全市创建22个农业标准园、产业园、科技园，"三品"认证农产品新增138个。安化黑茶成为中欧国际互认地标产品，南县小龙虾、桃江竹笋、沅江芦笋和四季红镇腐乳获得国家级登记。农业生产经营方式逐步转变。农产品加工企业发展到3560家，其中规模以上企业达1358家，市级以上农业产业化龙头企业347家。认真实施"百企千社万户"现代农业发展工程，全市农民合作社和家庭农场总量分别达到4623家和3701家，新创建省级示范农民合作社6个，省级示范家庭农场6个，赫山、沅江成功申报省级家庭农场示范县。

3. 现代服务业加快发展

"健康益阳"建设稳步推进。进一步完善了促进生物医药产业及健康养老等健康服务业发展的政策措施。规划建设森林康养产业基地，支持康雅医院等医疗机构与养老机构建立"医养结合"模式，市医疗养老中心在益阳康雅医院正式挂牌成立。"休闲益阳"建设加快推进。稳步推进"国家旅游休闲示范城市"创建，大力发展全域旅游，安化、桃江成功入选第二批创建"国家全域旅游示范区"名单。成功举办各级各类大型活动10场（次），首届洞庭湖生态文化旅游暨水上运动节、中国·湖南首届国际涂鸦艺术节等活动效果显著。云梦方舟、紫薇村、万达广场、海洋城等建成运营，茶乡花海、碧云峰山水田园综合体等项目建设加速推进。全市实现旅游综合收入235.8亿元，增长60.3%。"运动益阳"建设有效推进。国家运动健康城市创建稳步推进，奥林匹克公园成为全省唯一入选全国首批"国家体育旅游示范基地"创建单位，鱼形湖成功入选全国首批运动休闲特色小镇试点，位列全省5个入选项目之首。湖南省第八届全民健身节、市第十七届大众运动会、全国羽毛球俱乐部超级联赛湖南华莱俱乐部主场比赛、中国新能源汽车拉力竞标赛洞庭湖赛段比赛等重大赛事成功举办。现代金融业加速发展。"一县两行"实现全覆盖。金融机构各项存贷款余额比年初分别增长9.7%和14.6%;成功举办金融机构支持实体经济发展洽谈对接签约活动,全年新增贷款178.14亿元,创历年新高。政策性农业保险覆盖面进一步扩大。14家后备企业股份制改造进程加快,奥士康成功上市,太阳鸟游艇成功完成34亿元的资产并购,艾华电子成功发行企业可转债6.9亿元。

(二)着力促推生态建设,人居环境持续优化

1. 环保督察问题整改取得实效

加大环保执法和问责力度,全部办结中央环保督察交办的信访件156件;中央环保督察反馈意见指出的益阳18个问题,已完成整改销号任务13个,完成率72.22%,其余5个问题,均完成年度时序任务整改;湖南省环保督察反馈的61个问题,累计完成41个,整改工作与中央环保督察问题整改同步推进。立案查处一批违法违规企业,行政、刑事拘留多达30多人,一批党员干部被问责。

2. 河长制工作全面推进

出台《关于全面推行河长制的实施意见》,成立益阳市河长制工作委员会,8个区县(市)和97个乡镇均成立了河长制办公室,制定了实施方案,出台了河长制工作规则和河长制会议制度、信息、巡查、督察、考核、责任追究办法等相关文件。完成了全市河湖名录摸底造册,设立了19名市级河长、134名县级河长、923名乡级河长、1712名村级河长。深入落实河长制"八个到位",探索实行了河长、河道督察长、河道警长和护河志愿者工作站"三长一站"模式,构建起横向到边、纵向到底的责任体系。对河长制公示牌进行了规范,全市共设立各级河长公示牌2915块。

3. 环境治理扎实推进

以洞庭湖水环境治理"五大专项行动"为抓手,大力加强大气、水、

土壤污染治理。56个水污染防治重点项目已完成7个、启动实施49个。排查重点工业企业473家，发现问题企业228家，关停164家，责令整改77家。排查重点排污口257个，排查超标排污口63个，完成排污口规范化建设54个。完成清除沟渠塘坝3276条6047公里。关闭搬迁畜禽养殖户2510户。拆除洞庭湖"两围"15.3万亩，顺利摧毁沅江下塞湖节制闸。柘溪库区退出"两网"772.9万平方米。11个饮用水源环境污染问题全部整治到位。淘汰燃煤锅炉20台35蒸吨，关闭157家黏土砖厂，淘汰黄标车6947台，完成3座油库和346个加油站改造任务，大气二氧化硫含量比上年下降57.1%。积极开展土壤污染治理，完成195个重点村的农村环境综合整治任务，全市禁养区退出畜禽养殖场（户）3448个138.2万平方米。推进全市"矿山复绿"示范工程和重点区域矿山生态修复工程，矿山地质环境明显好转。深入开展"个十百"生态建设工程，生态建设取得明显成效。积极开展南洞庭湖中央和省环保督察问题整改，南洞庭自然保护区规划调整方案已报省人民政府；大力推进南洞庭湖自然保护区核心区杨树清理工作，核心区28096亩杨树已全部清退到位；积极开展湿地保护与恢复，完成水生植被重建80公顷，新建鸟类栖息地38公顷，生态环境改造85公顷；制定周密的冬候鸟巡护调查实施方案，对冬季候鸟进行不间断的巡护监测。

（三）着力促推两型社会建设，两型示范成效明显

1. 全面实施节能减排降耗

2017年，全市单位GDP能耗同比下降5.04%，超过省定目标1.04个百分点；制定了《益阳市"十三五"主要污染物总量减排规划》，明确了各地重点减排工程，完成年度减排任务。制定了《益阳市工业污染源全面达标排放计划（2017~2020年）工作方案》，明确超标企业排查、达标排放评估、"一企一档"填报、按期落实整改、信息公开等重点工作，工业污染源达标排放工作稳步推进。从争取能耗指标、严格执行国家规定、建立健全相关制度、强化节能监察、开展节能宣传、全力争取资金支持等6个方面开展相关工作，并取得明显成效。能源消费增量由95万吨标准煤提高到105万

吨标准煤，能源消费总量增加到737万吨标准煤。通过严格按照项目能耗规模分类审查、严格执行行业准入条件、严格落实审查管理权限和严格执行节能审查程序，扎实做好项目节能审查各项工作。同时对高耗能项目进行节能监察，并提出限制整改要求。进一步争取资金支持。2017年，通过加大节能环保项目的申报力度，共有7个项目获得中央和省预算内3200万元资金支持，项目数量和争资额度分别为上年的2.3倍和3.6倍。

2. 全力推进两型示范区建设

2017年，大东部片区完成产业投资37.63亿元，同比增长21%，实现新开工产业项目49个，同比增长17%，共计完成投资29.34亿元；实现新投产产业项目30个，同比增长11%，共计完成投资15.72亿元。完成基础设施建设投资34.21亿元，同比增长8%。新签约项目48个，同比增长20%；合同引资额202.96亿元，同比增长49%。实现税收3.83亿元，同比增长9.8%。招商引资成效明显。48个新签约项目中，1亿元以上项目31个，占64.58%。其中20亿元以上项目3个。完成基础设施建设投资28.13亿元。长益高速湘江西互通项目正式通车，打开了益阳城市对外的新门户。

3. 强力推动两型改革

出台《益阳市全面深化两型社会建设综合改革加快推进生态文明建设行动计划》，继续在全市推进"一区县一特色""一部门一成果"主体改革，明确区县（市）建立项目库，全市重点推进改革项目8个，形成一批有标志性意义、有地方特色、有区分度的品牌项目。抓好重点试点改革。2017年，在全市深化环境责任险试点，积极探索与环境责任保险相结合的环境管理制度，充分发挥环境污染责任保险的社会管理和经济补偿的功能作用。全市在化工、制纸、电子电容器制造等六大类行业中，已有近40家企业参加了环境污染责任保险，保费约38万元，环境污染强制责任保险推广初见成效。申报2018年南县"稻虾共生"新型生态大农业发展模式助推农业供给侧结构性改革成为全省重点改革试点项目。绿色金融"财银保"贷款保证保险管理创新、"互联网+垃圾分类回收"和赫山九代转九化农村服务模式被评为全省生态文明创新案例。务实强化清洁低碳技术推广。继续推进竹产品转型升级示范园和鱼形山智慧谷两个平台建设，培育了资阳垃圾智能转运系统和赫山"互联网+垃圾分类回收"模式。打造了大通湖水面光伏发电项目、安化芙蓉山风电项目、赫山围山渠综合治理等一批清洁低碳技术推广应用样板。开展两型综合评价。形成了《2016年益阳市两型社会建设综合评价报告》，依据29项指标对全市的两型社会建设综合评价总指数进行评估，并对全市8个区县（市）进行了横向和纵向的多指标综合排名。

4. 深化绿色创建工程

全国文明城市创建工作扎实开展，国家卫生城市复审顺利通过，城乡规划研究中心成立运行。城市规划区山体水体保护工作全面启动。垃圾减量化、无害化、资源化处理"益阳模式"在全省推广。数字城管平台投入运行，城市"双修"工作扎实推进，完成894个"三微"项目建设、7处易涝点治理、9个黑臭水体整治。持续实施农村清洁工程，20个美丽乡村示范村创建有序推进，着力打造了资阳紫薇村、南县罗文村、赫山菱角岔村等美丽乡村示范村（片）。成功申报省级两型创建单位8个，省级两型示范单位2个，培育市级两型示范单位12个，发展两型志愿者1400余名，培育两型家庭210余户。2017年度两型标志性工程15个，总投资达192.13亿元，2017年完成投资46.02亿元。各项工程进展顺利，其中位于两型示范区内的新益阳高速互通设计新颖、技术先进、推进迅速，成为益阳的城市门户。资阳区玉马庄绿色安居工程已完成主体建设。"八大县级两型示范区"年度计划投资13.27亿元，2017年完成投资10.21亿元。

5. 加强两型理念宣传

开展"两型宣传日"主题活动。6月5日世界环境日，开展形式多样的"两型宣传日"主题活动，共计发放各类宣传资料3万余份，发放环保购物袋7000多个，直接参与人数逾万人。开展"三个一"宣传活动。在省级两型示范（创建）单位选择各方面条件较好、工作业绩较突出的单位，统一设立一块两型示范（创建）单位指示牌、张贴一条固定的两型宣传标语、设立一处固定的两型宣传栏。开展"互联网+垃圾分类回收"模式推广活动。湖南大丰资源回收有限公司在两型示范创建单位中推广"互联网+垃圾

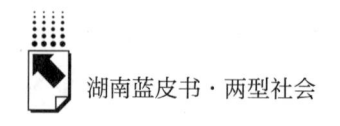

分类回收"模式。目前已推广至益阳中心城区的111个居民小区，共设置回收装置205个，全年减量垃圾750吨，产生了实实在在的生态环保效益。

二 2018年益阳市两型社会与生态文明建设思路

2018年，全市坚持以习近平新时代中国特色社会主义思想为指导，认真学习贯彻党的十九大精神和党中央、国务院及湖南省委省政府关于生态文明建设的重大决策部署，坚持人与自然和谐共生，按照"五个益阳"建设要求，以实施"十三五"规划为契机，落实生态文明各项工作任务，以中央和省环保督察整改为抓手，实施好大气、水、土壤污染防治三年行动计划，努力建设益阳天蓝、地绿、水净的良好生态环境，为建设富饶创新开放绿色幸福新益阳提供坚强保障。

（一）走稳走实绿色发展道路

健全绿色低碳循环发展的经济体系，大力发展节能环保产业、清洁生产产业、清洁能源产业、生态循环农业等产业。积极创建和申报"国家旅游休闲示范城市""国家历史文化名城"，大力发展全域旅游，打造一批新的核心景点景区，增加优质旅游产品供给。举办中国·湖南第二届国际涂鸦艺术节暨洞庭湖生态旅游美食文化节、第十届中国竹文化节、第四届中国湖南·安化黑茶文化节等系列文化旅游节会活动，益阳的美誉度、知名度和影响力不断提升。全面落实十九大提出的乡村振兴战略，深入推进农业供给侧结构性改革，加快全国现代农业示范区建设。深入实施安化黑茶，优质水产业、优质米面、优质蔬菜产业，特色食品加工业等现代农业"131千亿级产业"工程，打造全国优质特色农产品基地。发展"互联网+现代农业"，促进农村一、二、三产业融合发展。

（二）打好打赢污染防治攻坚战

扎实推进水环境保护和水生态建设，全面启动洞庭湖生态环境专项整治

"三年行动计划",以河长制为抓手,全面推行"三长一站"工作机制,深入推进"两治两退两禁一改"工作,力促河湖长治长美。扎实推进大气污染防治,加强废气治理和城市建设施工管理,综合防治大气污染,让益阳成为全省空气质量最好的市州之一。扎实推进农村环境保护和治理,重点抓好农村垃圾、养殖污染、面源污染和水生态水环境治理。

(三)建立健全生态文明制度体系

加强国土空间用途管制,科学划定生态保护红线、永久基本农田、城镇开发边界三条控制线。全面落实《益阳市城市规划区山体水体保护条例》和《益阳市城市规划区山体水体保护管理办法》,完整保持自然山水元素。不断加强南洞庭湖自然保护区管理和湿地生态建设。深入开展义务植树和城市绿地认建、认养、认管工作,构筑密布城乡的绿色屏障。

(四)全面深化两型社会建设

贯彻落实《益阳市全面深化两型社会建设综合改革加快推进生态文明建设行动计划》,全面推进城镇污水垃圾处理、工业园区和重点企业污染治理、完善流域综合治理等改革,重点推进环境污染责任保险、南县"稻虾共生"新型生态大农业发展模式助推农业供给侧结构性改革试点。在全市重点推广六大类清洁低碳技术,以重金属污染治理为重点推广污水处理和土壤修复技术、以种养一体化为重点推广生态养殖技术、以农林废弃物综合利用为重点推广资源循环利用技术、以风电和光伏发电为重点推广新能源发电技术、以清洁能源船舶技术为重点推广绿色交通技术、以装配式建筑为重点推广绿色建筑技术。推进两型示范创建"十百千万"工程。围绕绿色农业、绿色能源、绿色建筑、绿色消费、绿色交通、生态环保技术创新等领域,推进两型标志性工程建设,力争2018年完成投资15亿元。推进县级两型示范区建设,争取完成年度投资11.23亿元。力争至2020年,打造一批两型社会建设成果集中区,形成规模、形成示范,推动两型社会建设由"盆景"变"花园"。

B.20
把绿色作为永州发展最鲜明的底色

——永州市2017~2018年两型社会与生态文明建设报告

李 晖*

习近平总书记指出："建设生态文明是关系人民福祉、关乎民族未来的大计，是实现'中国梦'的重要内容。"过去一年，永州市在湖南省委省政府的正确领导下，坚持以习近平总书记关于生态文明建设的重要论述为指引，以创建国家生态文明建设示范市为统揽，以中央环保督察反馈问题整改为契机，以打好环境治理战役为抓手，以深化生态文明体制改革为突破，将生态文明建设融入经济建设、政治建设、文化建设、社会建设等各个方面，两型建设成效显著，生态优势巩固提升。绿色成为永州发展的鲜明底色和靓丽名片。

一 永州两型社会与生态文明建设迈上新台阶

2017年，永州市空气质量累计排名全省前三位，湘江出境水质保持Ⅱ类以上标准，水功能区水质达标率达100%，一般工业固体废物综合利用率达85%以上。成功创建"全国森林旅游示范市""全省环境质量改善明显市"。在生态建设、绿色发展的带动下，经济加快转型、赶超进位，2017年地区生产总值完成1728.46亿元、增长8.3%，增速居湖南省第7位；规模以上工业企业达到936家，百亿产业发展到5个；规模工业增加值412.31亿元、增长7.9%，增速居全省第3位；万元GDP能耗下降4%。

---

* 李晖，中共永州市委书记、市人大常委会主任。

（一）坚持高位推动，共治合力逐步形成

坚持把生态文明建设摆在更加重要的战略位置，切实落实党政领导干部环境保护责任，努力构建起"党政同责、一岗双责、依法履责、权责一致、齐抓共管"的环境保护工作机制。

一是顶层设计到位。为将"绿水青山就是金山银山"付诸实施，2017年，永州市委做出创建"全国生态文明建设示范市"和"国家园林城市"的工作部署，出台《永州市创建国家生态文明建设示范市实施方案》，提出打好"环境整治"战役，为推进生态文明建设制定了清晰的路线图、时间表、任务书。

二是组织领导到位。在往年成立生态文明建设工作领导小组的基础上，成立由市委书记任组长的争创国家生态文明建设示范市工作领导小组，下设生态经济建设、生态环境建设、生态生活建设等7个工作组。2017年，市委书记主持召开创建国家生态文明建设示范市动员大会，并先后召开3次市委常委会，对生态文明建设进行安排、部署。同时，成立由市政协主席任指挥长的"环境整治战役指挥部"，下设生态环境治理办公室和增绿、洁地、净水、治气4个专业组。各县区成立了生态文明建设相关工作领导小组，全市构建起了一级对一级、一级带一级的常态化责任体系。

三是压力传导到位。进一步完善生态文明建设考核和责任追究机制，将生态环境保护工作纳入绩效考核的重要内容，市政府与县区政府签订环境整治目标责任书。严格落实党政领导干部生态环境损害责任追究办法实施细则，严肃查处环保工作中的失职渎职行为。2017年，全市纪检监察部门对环境领域突出问题问责184人，给予党纪政纪处分15人、组织处理162人。

（二）坚持绿色引领，产业转型步伐加快

大力实施"产业强市"战略，以绿色化推进产业转型升级，促进产业发展与两型建设深度融合，推动发展模式变"绿"、产业结构变"轻"、经济质量变"优"。2017年，全市三次产业结构调整为19.3∶34.5∶46.2，第

一产业占比首次低于20%，第三产业占比提高2个百分点；规模工业企业利润超过37亿元，增长17.9%；非税收入占地方财政收入比重为35%，同比下降5个百分点。

一是绿色工业加快发展。加快淘汰落后产能，改造传统产业，淘汰75万吨"地条钢"落后产能，92家富锰渣冶炼企业通过中央环保督察整改验收。大力实施绿色制造工程，都成食品列入省政府两型企业创建计划，熙可食品获评全省第一批绿色工厂。大力引进培养战略性新兴产业，全市新认定高新技术企业30家，高新技术产业增加值增长25%，占全部规模工业的比重达到55%。

二是现代农业稳步推进。深入推进农业供给侧结构性改革，实施农产品加工业发展"十百千"工程，做好农村"一二三产业"融合文章。全市新增农产品加工企业81家、"三品一标"农产品130个、农业标准化基地（场）60个；新建5000亩以上农业标准化生产基地14个；新增1件国家地理标志证明商标和4件国家地理标志产品。

三是旅游服务业提质增效。把生态旅游作为生态文明建设的有效载体和重要抓手，围绕创建"国家全域旅游示范市"目标，着力打好"旅游升温"战役。成功创建国家3A级旅游景区6个，九嶷山舜帝陵入选国家级风景名胜区，全市"一心两核一带三板块"旅游联动格局加速形成。全市全年接待国内外游客3400万人次，同比增长18.5%；实现旅游总收入200亿元，同比增长22.7%。

（三）坚持严格管控，生态红线筑牢加固

坚持保护优先，充分发挥主体功能区作为国土空间开发保护基础制度的作用，实行最严格的环境保护制度，构建生态安全空间格局，筑牢生态安全屏障。

一是科学划定生态保护红线。成立全市生态保护红线划定和管理工作领导小组，通过反复论证修改、审查审核，编制了《永州市生态保护红线划定方案》，将重点生态功能区、生态敏感区、国家级和省级禁止开发区和其

他各类保护地划入生态保护红线，全市生态保护红线面积达4790.18平方公里，占土地面积的21.52%。

二是全面落实主体功能区战略。严格落实《永州市主体功能区规划(2014~2020年)》，大力推动经济社会发展、城乡土地利用、生态环境保护等"多规合一"。加强国土空间动态监测管理，大力开展国家级自然保护区的监管执法，排查整改环境问题57个。持续推进湘江流域禁止开采区和限制开采区设置及矿业权退出工作，设立禁止开采区10个、总面积1081平方公里，设立限制开采区19个、总面积1366.75平方公里，全年退出矿业权28个。

三是加强耕地和基本农田保护。坚守耕地红线，全面完成全市永久基本农田划定工作；加强耕地质量管理，稳步扩大高标准基本农田面积。出台《永州市社会投资耕地开发项目管理办法》《关于进一步规范全市耕地后备资源开发利用的实施意见》，对耕地开发进行全面规范；实施土地开发项目72个，建设规模2968.62公顷，新增耕地2604.05公顷；完成高标准农田建设12528公顷；在实现占补平衡的同时，增加耕地1万多公顷，耕地数量"用中有增"。

（四）坚持生态优先，环境品质显著提升

习近平总书记指出："良好的生态环境是最公平的公共产品，是最普惠的民生福祉。"永州市坚持以改善环境质量为核心，在群众身边建绿水青山，人居环境质量大幅提升，人民群众生态环境获得感不断增强。

一是推进生态新城建设。围绕创建国家园林城市，以山、水、文、城为主体元素，积极打造"潇湘绿城生态城市带"。部署创建国家园林城市建设项目108个，东山公园等38个项目竣工投用，张飞公园、珊湖公园等40个项目有序推进。中心城区35条道路全部进行绿化提质，虎岩、潇湘、滨江公园提质改造顺利推进。县城扩容提质和特色小镇建设成效明显，祁阳县、东安县芦洪市镇国家新型城镇化试点及回龙圩等国家、省级重点镇建设扎实推进，江华获批国家园林县城，宁远县湾井镇入选国家特色小镇。

二是推进美丽乡村建设。深入实施以"四清四化"为主的农村人居环

境整治，建设农村环境综合整治重点村476个，农村垃圾整治村600个，农村污水治理村900个，畜禽养殖废弃物资源化利用率达到75%。启动建设省市美丽乡村示范村62个，规划建设美丽乡村精品线路21条，市、县两级领导创办美丽乡村建设示范点183个，开工各类建设项目1800多个。宁远县"江南九嶷"、零陵区"永州之野"美丽乡村精品旅游线路、双牌灌区百里花果生态风光带初显魅力，省级美丽乡村示范村双牌桐子坳村成功创建为国家3A级景区、祁阳八尺村获批中国美丽休闲乡村称号。

三是推进国土绿化和湿地公园、森林公园建设。以湘江源头区域国家生态文明先行示范区和国家重点生态功能区建设为统筹，强力推进国土绿化工程和湿地公园、森林公园建设。突出抓好城边、路边、水边、村边、宅边"五边"造林，大力实施绿色社区、绿色机关、绿色学校、绿色企业、绿色医院和绿色家庭等"六个绿色"工程，全民义务植树尽责率达94.15%，全市人工造林29.92万亩。着力打造生态"肾地"，启动冷水滩湘江、新田县新田河、回龙圩高尚湖省级湿地公园创建；新增江永县永明河国家湿地试点公园、祁阳太白峰国家森林公园、祁阳大江和零陵何仙姑省级森林公园；道县月岩国家森林公园获评"中国森林养生基地"；阳明山、金洞获批省级森林康养试点。

（五）坚持铁腕治理，环境问题有效解决

坚持问题导向抓整改，突出重点抓督办，强化责任抓落实，铁腕执法抓治理，确保环保这条"高压线"不断电，环境问题切实整改到位。

一是全力配合中央环保督察。把全力配合中央环保督察作为重要政治任务和难得发展机遇，动真碰硬抓好问题整改，借势借力推动生态优先、绿色发展理念落地落实。永州市委市政府成立了由市委书记任组长的市环境保护督察工作领导小组。市委书记多次带队，深入各县区检查督导突出环境问题的整改落实，并领办湘江排污口整治工作。截至2017年底，中央环保督察交办的182件信访投诉件和9个方面的反馈意见、湖南省委省政府交办的12个整改问题全部办结。全市共责令整改企业199家，立案处罚83家，立案侦查10件，拘留29人。通过配合开展中央环保督察，解决了一批历史遗

留环境问题，长期以来困扰永州市经济社会发展和人民生活质量改善的养殖污染、黏土砖厂和采石场无序开采问题得到有效解决，消除了存在多年的环境污染隐患。永州市配合中央环保督察工作得到了中央督察组的充分肯定，并在环保部专题座谈会上做典型发言。

二是全力抓好污染防控。深入开展环境安全隐患排查治理，确定隐患重点风险等级单位3家，完成隐患整改治理108个。中心城区投入3亿元，完善永州大道、冷水滩区河东、永州经开区和零陵区河西的地下截污管网建设，依法取缔直排湘江的排污口20个。深入实施湘江保护和治理第二个"三年行动计划"，23个重点项目全部完成年度计划；县级以上集中式饮用水水源地长期保持在Ⅱ类水质以上，水质达标率达100%。开展纳污坑塘环境问题排查整治、长江经济带化工企业及园区全面摸底调查和砖瓦行业专项执法，完成黑臭水体治理13个，关闭或搬迁禁养区内畜禽规模养殖场93家，关停砖瓦企业164家。全面完成土壤污染源及污染地块的摸底调查并落实监管措施，土壤环境总体保持稳定。大力开展"水气同治"百日专项整治、大气污染特护期专项整治和黄标车集中淘汰行动，中心城区关停红砖厂35家，淘汰10蒸吨以下燃煤小锅炉92台计204.8蒸吨，8255辆黄标车全部淘汰。7个县区在全省率先禁止城区燃放烟花爆竹。

三是严厉打击环境违法行为。始终对环境违法行为保持高压态势。2017年全市共查处环境违法案件301件，罚款总额1659万元，创历史之最。其中，行政处罚262起，移交刑事处罚13起，行政拘留34起43人，刑事拘留13起36人，按日计罚1件，查封扣押20件，停产整治16件，实现四个配套办法案件全覆盖。

（六）坚持改革创新，体制机制不断健全

坚持把改革作为生态文明建设的根本动力，严格落实上级改革部署，结合永州实际，将生态文明体制改革推深做实。

一是实行"双河长制"，守护漫江碧透。率先在全省实行"双河长制"。在市、县、乡、村四级由党委（支部）书记担任第一河长、行政首长担任

河长的基础上，共招募241名"民间河长"。2017年，永州市被省政府评为"全面推进河长制工作成效突出市"，在全省河长制工作会议上做典型发言，经验做法在全省推广。

二是健全执法体系，威慑环境犯罪。在2015年成立市公安局驻市环保局联络室的基础上，2017年成立市人民检察院驻市环保局检察室，进一步强化环保与检察的联络联动，完善案件移送、联合调查、信息共享和奖惩机制，充分发挥部门职能的互补作用，依法惩治环境犯罪行为。

三是推行第三方治理，提升治理水平。探索建立"排污者付费、专业户治理"的治污新机制。第三方治理企业光大环保能源（永州）有限公司永州市生活垃圾焚烧发电特许经营项目，争取省预算内资金200万元。在冷水滩、祁阳等县区开展推行第三方治理试点，污染治理水平得到提升。

二　存在的突出问题不容忽视

过去一年，永州市两型社会和生态文明建设虽然取得了一定成绩，但仍然面临一些突出问题，亟须采取针对性措施，切实加以解决。

（一）产业转型升级相对滞后

永州作为传统农业大市，工业基础薄弱，经济发展中的结构性矛盾比较突出。传统工业转型升级步伐不快，以煤炭消费为主的冶金、建材业占比大，短时间内难以改变。环保产业及新兴产业所占比例不大，高新技术产业的引领带动作用不明显，现代服务业对经济发展的支撑能力偏弱。企业普遍规模较小、资金不足、生态观念不强，对新技术、新工艺和生态环保技术的投入不足，不少企业产品仍处于中低端应用，大多还处在产业链的低端，没有改变传统粗放式经营模式，资源利用效率偏低，节能减排压力较大。

（二）环境治理任务仍然艰巨

农村垃圾、污水、畜禽养殖、农业面源污染对水、土壤、大气的影响逐年加大，但乡村污水处理厂、污水管网建设、垃圾收集转运站等环保基础设施远不能满足实际需求。比如，"全国生态文明建设示范市"创建要求城镇污水处理率达到95%以上，而151个乡镇中，只有15个乡镇建成或正在建设污水处理厂，短期内达标难度很大。

（三）生态建设资金缺口较大

一方面，地方财力紧张。部分生态项目的地方财政配套较难，生态建设投入的历史欠账多，历史形成的违法采矿导致的植被恢复、废弃矿山、水土保持等治理任务艰巨。另一方面，生态补偿力度不大。国家、省补偿力度不够，跨市直接补偿的机制尚未建立，对生态文明建设的引导支持作用不明显。比如，生态公益林管理补偿标准太低，每年每亩仅补偿14.5元，大大低于种植经济树种的年均收益，严重影响了林农保护公益林的积极性。

（四）生态文明意识有待提高

生态文化建设尚处于起步阶段，宣传教育机制不健全，生态文明理念的普及程度不高，一定程度上存在"上热下冷、不推不动""配合不力、合力不强""任务不明、责任空档"等现象。一些部门和干部群众对生态文明建设的思路不清、目标不明，既未形成自觉行动，也缺乏统筹谋划，抓环境治理不像抓产业发展和城市建设那样全力以赴。部分企业片面追求利益最大化，在污染治理上不主动、不积极、不愿投入。少数地方和部门站在发展的角度考虑问题多，站在环境保护高压红线的角度考虑问题少，对企业治污减排主体责任追究不到位。

三 以"两山"理论引领永州绿色发展新征程

习近平总书记指出，"我们要建设的现代化是人与自然和谐共生的现代化，既要创造更多物质财富和精神财富以满足人民日益增长的美好生活需要，也要提供更多优质生态产品以满足人民日益增长的优美生态环境需要"。2018年，永州市将深入学习贯彻党的十九大精神和习近平新时代中国特色社会主义思想，按照"五位一体"总体布局和"四个全面"战略布局，牢固树立人与自然和谐共生的社会主义生态文明观，践行"绿水青山就是金山银山""两山"理论，围绕建设"创新开放新高地、品质活力新永州"，把两型社会和生态文明建设融入经济社会发展全过程，坚决打好污染防治攻坚战，建设"蓝天常驻、青山常绿、碧水常流"的美丽永州。

（一）贯彻绿色理念，厚植绿色优势

按照高质量发展要求，坚持绿色发展、循环发展、低碳发展，建立健全绿色低碳循环发展经济体系，从源头上推动经济实现绿色转型，促进新旧动能转换。

一是大力优化产业结构。深入实施"开放兴市产业强市"战略，加快发展高新技术产业、现代服务业和高效生态农业。聚焦重大项目，强化招商引资，积极对接"中国制造2025"、制造强省五年行动计划、全省20个新兴优势产业链，着力打造先进装备制造、电子信息、生物医药、新能源新材料、节能环保、大数据等新兴产业集群。推动农产品加工、水泥建材、矿产冶炼、轻纺制鞋等传统产业改造升级，打造一批智能制造示范企业、示范车间和绿色园区、绿色工厂、绿色产品。积极推动农业与工业融合，旅游与农业、教育、文化融合，服务业与制造业融合，积极发展数字农业、智慧旅游、数字文化创意、电子商务、绿色快递、智慧物流等新产业、新业态，提升产业质量和效益。

二是推进能源清洁高效利用。围绕构建清洁低碳、安全高效的能源体系，严格按照近零排放标准建设神华国华永州电厂，打造"生态环保、绿色示范电厂"。加快燃煤锅炉天然气改造及资源优越的水电项目建设。加快风电项目建设，逐步形成"永州南"和"永州北"两大风电集群基地。合理利用建设光伏电站的有利条件，提高太阳能利用率。加快实施"气化永州"工程，逐步覆盖到有条件的乡镇。加快推动江永、双牌、新田等绿色能源示范县建设。

三是全面推进节能减排。推进资源全面节约和循环利用,实施国家节水行动,降低能耗、物耗,实现生产系统和生活系统循环链接。在钢铁、化工、有色、建材等行业全面推行能效对标,持续开展万家企业节能低碳行动。鼓励推广应用新型能源汽车,加快充换电站、充电桩等配套基础设施建设。持续开展"车、船、路"万家企业低碳交通运输专项行动,优化运输车辆结构,降低运输能耗。实施工业、城镇生活、农业、移动污染源总量减排,主要污染物排放总量达到考核要求。探索发展碳汇林业,建立碳汇林业市场机制,推进间接减排。

(二)坚持建治并举,守护绿水青山

坚持全民共治、源头防治,以零容忍态度从重从快打击环境违法行为,守住生态底线。重点实施好"五大"工程。

一是实施生态保护工程。把山水林田湖草作为一个生命共同体,统一保护、统一修复、统筹治理。建立重点生态修复工程体系,重点推进天然林资源保护、绿色通道建设、退耕还林、退耕还湿及潇湘流域等重点防护林修复等重大生态工程。以江华涔天河、双牌日月湖、东安紫水、金洞猛江河和宁远九嶷河国家湿地公园为重点,推进永州"美丽湿地"建设,打造1~2个高标准、高品质的国家湿地公园。大力实施"青山工程",提高都庞岭、阳明山、舜皇山、九嶷山等国家级自然保护区管护能力,全面实行森林禁伐限伐,确保森林覆盖率稳定在65%以上。加快发展生态林业,完成人工造林27万亩。

二是实施碧水工程。加快水污染防治,实施流域环境综合治理。压实市县乡村四级河长责任,推进湘江保护与治理第二个"三年行动计划",突出抓好涔天河、双牌、东安高岩、新田金陵、宁远水市、江永源口等水库及宋家洲电站库区等的环境保护工作。加快城镇和工业园区污水处理厂建设,加强城市黑臭水体治理,实现县级以上集中式饮用水水源地水质达到Ⅱ类以上标准,3个国家考核断面达标率100%。

三是实施蓝天工程。持续实施大气污染防治行动,打赢蓝天保卫战。加快空气质量达标城市创建，强化建筑扬尘、餐饮油烟、燃煤锅炉、重点工业污染源等监管，确保中心城区空气质量优良率达到85%以上，全市大气质量综合指数在全省保三争二。

四是实施洁地工程。强化土壤污染管控和修复，加强农业面源污染防治。优先保护耕地土壤环境，逐步建立农产品产地土壤分级管理利用制度。加强土壤污染防治与修复，严格危险废物环境监管，污染地块安全利用率达到90%。

五是深入推进农村清洁工程。开展农村人居环境整治行动，实施"百村示范、千村创建、村村整治"，大力推进美丽乡村建设。全面实施以垃圾、污水、畜禽养殖污染治理为重点的农村环境综合整治工程。把生态文明建设示范村创建、美丽乡村建设和乡村旅游开发有机结合，探索具有永州特色的绿色立村、产业富民之路。

（三）推进改革创新，写好绿色答卷

习近平总书记指出，要把制度建设作为推进生态文明建设的重中之重，着力破解制约生态文明建设的体制机制障碍。永州市将把生态文明体制改革作为全面深化改革的重要内容，作为推进生态文明建设制度化、法治化的主要手段，加快建立系统完整的生态文明制度体系。

一是统筹推进生态文明体制改革。坚持对标中央和湖南省委，对标国家生态文明建设试验区标准，统筹推进生态文明体制改革。深入贯彻"共抓大保护、不搞大开发"理念，构建山水林田湖系统保护与综合治理制度体系；探索完善自然资源资产产权、环境信用体系建设和排污权交易、资源有偿使用、生态环境损害赔偿等方面制度，构建最严格的环保制度体系；坚持市场主导、政府引导，鼓励外来资金和社会资金以独资、合资、租赁、股份制等形式参与环境治理和环保基础设施建设；健全环境资源保护行政执法与刑事司法无缝衔接机制，运用法律手段规范治理生态环境；按照上级部署，积极稳妥推进环保垂直管理改革，推动解决地方环境保护管理体制存在的突出问题。

二是健全生态文明建设责任机制。健全市、县区、乡镇、村分级管理、

职责明确、分工协作的工作责任网络，形成全社会"上下联动、部门配合、齐抓共管、责任严明"的生态文明建设推进机制。结合实际建立完善绿色绩效考核办法，建立完善的差异化考核体系，突出经济发展质量、能源资源利用效率、生态建设、环境保护、生态创建等方面指标的权重，发挥生态考核的"指挥棒"作用。

三是完善公共生态文化服务体系。加强生态文化研究和作品创作，把人与自然的和谐融入艺术创作中，不断扩大公共生态文化产品供给。促进生态与经济、文化产业的融合，利用得天独厚的生态和人文优势，加强生态博物馆、生态科技长廊、生态旅游景区、生态农业基地、生态休闲农庄等建设，打造一批生态文化基地和示范点。

四是拓展生态文明建设监督体系。支持民间生态环保组织的发展，完善生态文明信息发布、风险评估、专家论证和群众评议等制度，畅通新闻媒体、专业机构、环保组织协会及公众对生态文明建设的参与途径。加快生态文明智慧监控体系建设，在智慧永州建设中统筹建设"环境在线监测系统、重点污染源在线监控系统、省市县三级环保管理信息化系统"三位一体的智慧监控体系，提高生态监测和应急能力。

（四）培育绿色文化，涵养绿色发展

坚持将绿色文化所包含的意识观念和价值取向，渗透贯穿于经济社会发展全过程，以绿色文化涵养绿色发展，使崇尚绿色、崇尚自然、崇尚环保成为社会主流价值、主流文化，更好地建设幸福美丽新永州。

一是宣传普及绿色文化。把生态文明教育作为素质教育的重要内容，纳入国民教育体系和干部教育培训体系，加强对各级领导干部、企业管理者、学生和城乡居民的生态文明知识培训与普及。认真开展世界环境日、世界水日、植树节和全国节能宣传周等主题宣传活动。利用市主流媒体和各种新媒体，加强生态文明宣传，树立全民的生态文明观、道德观、价值观。

二是汲取传统生态智慧。从永州的理学文化、舜文化、瑶文化等优秀传统文化中吸取智慧，将其间蕴含对青山绿水的依赖和守护，以及维护生态平

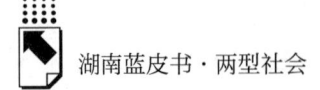

衡、永续利用自然资源的生态智慧，融入全体永州人民的血液之中，让每个人都成为绿色文化的传承、创新与践行者。丰富优秀传统文化创造性转化、创新性发展的渠道和载体，在传承中赋予其新的时代内涵和教化功能，更好地延续历史文脉，保护利用好历史名镇、传统村落、水田湿地等绿色文化资源，有效促进文化和经济社会融合。

三是推动全社会共同参与。充分发挥工会、共青团、妇联等群团组织在生态文明建设中的作用，积极引导、培养民间环保组织，鼓励壮大环保志愿者队伍，广泛开展"保护母亲河行动"等生态文明公益品牌活动，营造生态文明建设的良好社会氛围。推动企业经营者主动承担社会责任，顺应发展大势，把企业经营融入绿色文化发展之中，建设绿色企业文化，探索绿色商业模式，提高企业绿色形象和员工绿色素养。推动广大群众以实际行动自觉将绿色文化入脑入心，化为具体行动，把绿色文化体现在日常生活中，形成人人尽责、人人参与、人人共享的绿色生活方式，最大限度地保护好自然生态系统的原生性、完整性，促进永州经济社会可持续发展。

B.21
娄底市2017~2018年两型社会与生态文明建设报告

娄底市人民政府

2017年以来，娄底市深入贯彻落实五大发展理念，全面实施供给侧结构性改革，积极主动适应新常态，突出以项目建设为抓手，强化基础设施建设，全力打好"三大攻坚战"。全市呈现经济平稳增长、社会和谐稳定、民生持续改善、生态环境显著优化、两型社会建设稳步推进的良好态势。

一 2017年两型社会与生态文明建设主要成就

一年来，娄底市紧紧把握全面深化生态文明体制改革与纵深推进两型社会建设机遇，认真落实《中共湖南省委湖南省人民政府关于全面深化长株潭两型试验区改革加快推进生态文明建设的实施意见》精神，以建设富饶、美丽、健康、祥和新娄底为目标，大力实施"七个三年行动计划"，有力推进了娄底两型社会与生态文明建设向纵深发展。重点深化关键领域的体制机制改革，强力部署、明确责任，先后制定下发了《娄底市全面深化两型社会建设综合改革加快生态文明建设行动计划》《娄底市推进供给侧结构性改革补齐公共设施关键短板实施方案（2017~2020年）》《娄底市2017年"天蓝水净地绿"三年行动计划实施方案》，对各项工作的目标任务和责任单位进行了明确，取得了良好的成效。

（一）产业转型加快推进

产业结构持续调整优化。2017年，全市三次产业结构由上年同期的为14.7∶47.8∶37.5调整为14∶47.5∶38.5，全市高技术、高加工度工业增加值占全市规模工业的比重达到33%，同比提高1.6个百分点；六大高耗能产业占规模工业的比重由上年的41.5%下降到36.9%，下降4.6个百分点，万元GDP综合能耗下降5.7%。成功纳入全国产业转型升级示范区，出台了《关于加快建设国家产业转型升级示范区的若干意见》《新材料新能源基地建设实施方案》等专项政策，各项年度目标任务取得积极成效，得到了国家部委检查考核组的充分肯定。突出供给侧结构性改革为主线，强化顶层设计，严格落实"三去一降一补"重点任务，关闭煤矿23对、石膏矿山5家，累计淘汰落后产能988万吨；商品房去化周期从最初的23个月缩短至11个月左右；基础设施、民生、高技术产业等补短板投资分别增长22%、53%和32%。补齐新能源短板，建成装机8万千瓦地面光伏电站，实现大型地面光伏电站"零"的突破。园区承载平台不断夯实，娄底经开区和娄底高新区获批湖南省"双创示范基地"，娄底经开区跻身全国国家级经开区百强。国家级高新区创建活动全面铺开，启动了水府新城水洋生态新区开发，钢铁新城启动新一轮规划建设。

（二）两型重点工作扎实推进

建立了市级两型示范创建项目库，成功申报省级两型创建单位9个，两型示范项目1个，生态保护项目2个，两型发展项目1个。推进两型改革试点，建立市级两型改革和清洁低碳技术推广项目库，领导干部自然资源资产离任审计改革和编制自然资源资产负债表改革列入全国生态文明改革试点，已取得初步成效。娄底市循环经济综合标准化试点和娄底市水处理系统受污染滤料原位再生技术示范推广列入省级两型改革试点项目。娄底市自然资源资产审计模式探索列入湖南省生态文明改革创新案例。加强对两型项目的督导检查，确保两型专项资金专款专用，完成了省财政厅委托的第三方机构对娄底市2016年两型社会建设专项资金开展的绩效评价。

（三）主要环境指标明显改善

全面完成主要污染物总量减排工作。2017年，全市二氧化硫减排6500

吨，减排氮氧化物2200吨，化学需氧量减排2614.07吨，氨氮减排434.48吨，分别为省下达娄底市年度减排任务的101.38%、103.43%、119%和185%，均超额完成省政府下达的总量减排目标任务。空气质量明显改善。全年空气质量优良天数达到318天，累计优良率为87.1%，同比上升2.0个百分点；PM2.5累计均值为40μg/m³，同比下降6.97%；PM10累计均值为66μg/m³，同比下降7.04%；综合指数4.43，同比下降6.9%。水环境质量总体保持稳定。全市14个省控以上地表水断面水质均达到或优于Ⅲ类标准，3个"水十条"国家考核断面中资江坪口断面达到Ⅱ类水质，涟水西阳渡口、侧水街埠头断面为Ⅲ类水质。全市7个集中式饮用水源地水质达标率均为96.8%，确保了人民群众的饮水安全。全市县级及以上城镇生活污水处理率为92.5%；城市生活垃圾无害化处理率达到99.46%。

（四）生态文明建设稳步推进

突出生态环境建设，把优化生态环境作为两型社会建设的生命线。深入实施"天蓝水净地绿"三年行动计划，认真实施湘江流域污染防治"一号工程"，深入推进锡矿山生态环境治理。造林绿化亮点纷呈。全市完成人工造林15万亩，完成森林抚育24.63万亩，封山育林12.04万亩，退化林修复10万亩。义务植树完成1022.6万株，中央电视台新闻联播以"联村建绿还绿于民"对娄底市联村建绿工作进行了专门报道。娄底中心城区建成区绿地面积1752.96公顷，绿地率达到35.2%。森林覆盖率达到51.4%。湿地保护稳步推进。按照"四有四落实"的原则，实现了湿地保护工作的常态化管理。在涟源市杨市镇金盆村组织开展湘江流域退耕还林还湿试点工作，2017年完成试点501亩，净化了试点区及周边地区的生活污水，拦截了农业面源污染，主体水质从实施前的Ⅳ类提升到Ⅲ类水平。加大了对非法侵占湿地、破坏湿地以及非法采集湿地植物、采砂、网箱养鱼等违法行为的打击力度，起到了很好的警示教育作用。开展了2017年节能宣传周和低碳日活动，节能低碳理念深入人心。

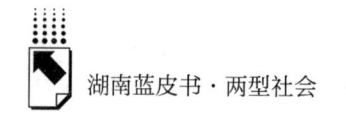

（五）积极探索低碳发展

结合省里四水治理"一号工程"和锡矿山地区生态修复的要求，娄底市积极探索零碳发展模式，按照"政府主导、市场运作"的原则，由市文旅投联合涟源市文旅投、湖南绿心公司共同成立了湖南首家零碳科技有限公司，推动零碳试点工作。已完成孙水河（杨市段）退耕还湿示范项目的规划设计，流转土地1700多亩，先期种植速生碳汇草185亩。完成了全市碳普查和碳规划，确定了调整产业结构、推动节能减排、积极发展新能源、倡导绿色城市与绿色生活、实施碳汇工程五条路径。

二 当前两型社会及生态文明建设存在的困难和问题

虽然娄底市2017年在两型社会及生态文明建设方面取得了一系列成果，但受政策、投入、体制机制以及发展阶段等的约，与长株潭和一些兄弟市州相比还存在一定差距，还存在诸多不足和困难问题。

一是改革推进难度仍然很大。在资源枯竭城市转型、主要污染物减排控制、循环经济产业发展、生态补偿机制建立等方面仍存在较大困难，土地管理体制改革、城乡统筹、现代服务业、行政管理改革创新等方面还需进一步加强。

二是资金支持力度仍然不足。娄底市作为经济欠发达地区，地方财力有限，各项工作投入需求巨大，虽然近年来在两型社会和生态文明建设方面投入逐年增加，但与相关工作的投入需求相比还存在较大差距。

三是生态环境治理欠账仍然较多。娄底是一个典型的资源型工业城市，资源开发利用历史悠久，长时间的资源开采给娄底市生态环境带来了较大破坏，虽然娄底市多年来一直加大生态环境综合治理力度，收到了一定成效，但历史欠账仍然较多。

四是社会参与程度仍然较低。两型社会和生态文明建设践行主体集中在政府机关、企业和园区，民众参与程度不高。这些问题在以后的工作中需要逐步解决。

三 2018年改革建设思路

下一阶段，娄底市将切实把党的十九大精神落实到两型社会和生态文明建设工作中去，认真落实湖南省委省政府《关于全面深化长株潭两型试验区改革加快推进生态文明建设的实施意见》，按照《中共娄底市委娄底市人民政府关于印发〈娄底市全面深化两型社会建设综合改革加快推进生态文明建设行动计划〉的通知》要求，坚持转型升级不动摇，改革创新不止步，力争在两型社会与生态文明建设中取得新的突破。

（一）加快推进产业转型示范区建设

加快建立健全与株洲、湘潭的定期会商和协调沟通机制，按照示范区建设方案的总体要求，进一步分解部门和县市工作任务，压实工作责任，推进政策项目化、具体化，全力推进株潭娄国家产业转型升级示范区建设。以涟源高新区为主体，辐射带动冷水江经开区、双峰经开区、新化经开区，努力打造国家级娄底高新区，推进"一区多园"发展。以国家级娄底经开区为主体，带动万宝新区、娄星工业集中区发展，对园区实行统一规划、统一安排、统一管理、统一招商、统一建设，全力推动园区经济发展。全力推进转型发展"七个三年行动计划"，确保全面完成各项目标任务。

（二）务实推进重点改革

充分利用"智慧娄底"大数据中心建设，依托"互联网+政务服务"，加快推进网上备案、联网审批，提升行政效能。探索"零审批"管理模式，推动先建后验、多评合一、PPP项目联审机制、项目稽查"双随机、一公开"等措施落地，积极推进企业投资项目承诺制试点，促进企业创业投资持续健康发展。深入推进产业准入、提升、退出和大气污染防治等重点改革，开展综合性生态补偿、绿色GDP评价、两型认证、执法体制等改革试点。出台自然资源生态空间统一确权登记实施方案，建立空间开发保护制度，推动多规合一，划定城镇发展、农业生产、生态保护三类空间开发管制界限。划定生态保护红线，推进节能减排和治污市场化改革，完善主要污染物排污权有偿使用和交易管理办法，开展项目节能交易试点和环境污染责任险试验、试点。实施资源有偿使用制度，推进自然资源及其产业价格改革，制定水资源费征收使用制度，制定并出台提高主要污染物排污费征收标准的意见和合同能源管理指导性意见。

（三）稳步推进生态文明建设

以推进"天蓝水净地绿三年行动计划"和"湘江保护治理第二个三年行动计划"为具体抓手，稳步推进生态文明建设。推动湘江保护和治理"一号重点工程"向纵深发展，加大锡矿山地区和涟钢周边环境综合治理，建设国家生态文明先行示范区。落实国务院"水十条"重点任务，从解决资江流域锑超标问题和开展煤矿废水治理为重点，加快水污染防治，以锡矿山地区为重点，全面推进土壤和重金属污染防治。加快推进燃煤火电机组超低排放改造，以城乡环卫一体化、餐厨废弃物处理利用、生活垃圾焚烧发电等领域为重点，促进环保产业发展。

（四）大力推广清洁低碳技术

一是推广新能源发电技术。推进光伏发电，重点在工业园区、物流园区等建筑屋顶建设规模化的分布式光伏发电项目；加快风电开发，到2020年，全市争取建成5~6个5万千瓦及以上的大型风电场。二是推广绿色建筑技术。认真落实《娄底市建筑节能管理办法》《娄底市关于进一步做好可再生能源建筑应用推广工作的通知》《娄底市绿色建筑行动实施方案》。三是推广绿色出行技术。2016年、2017年经营权陆续到期的306台柴油出租车将更换为清洁低碳的燃气两用车。"十三五"规划期内，娄底城区新增城市公交车、出租汽车运力将一律使用清洁低碳车型，到2020年，娄底市低碳节能、环保的新能源公交车辆将达到50%以上。四是推广可循环、再利用技术。以提高资源产出率为目标，建设一批资源综合利用项目、产业园区循环化改造项目、再生资源回收体系、"城市矿产"基地,推动资源循环利用产业做大做强。认真做好全省的餐厨废弃物资源化利用和无害化处理试点工作。五是大力推广防污减排技术。重金属污染治理方面,主要是按《冷水江市锡矿山转型发展建设传统矿区环境整治生态修复示范区实施方案》的要求,进一步优化和推广"电化学处理重金属废水技术"和"炼锑砷碱渣综合回收处理技术",加强对锡矿山工矿区环境综合整治。脱硫脱硝方面,着力推广钢铁企业烧结机脱硫、燃煤锅炉脱硫除尘、燃煤电厂脱硝等技术。

(五)突出抓好示范创建

以创新示范创建模式促两型。统筹使用省市两型社会建设引导资金,从三个层面创新推进两型示范创建。一是培育两型示范创建典型。全面推动两型技术产品、两型生产生活方式、两型服务设施、两型生态环境、两型文化等两型要素进社区、进园区、进厂区、进校区、进办公区,着力培育一批两型创建单位和两型示范单位。二是推进水府示范区的建设。着力抓好水府示范片区的项目策划与项目招商,扎实推动东部新区建设国家高技术产业基地、万宝新区建设高铁经济带。三是打造两型综合示范点。集中力量办大事、干实事,以娄星工业集中区、锡矿山转型发展示范区、桥头河现代农业综合示范园、双峰经开区不锈钢产业园、市经开区汽车零部件产业基地、万宝新区现代服务业聚集区和新化县上梅古镇为重点,开展两型社会建设综合试点。

B.22
湘西自治州2017~2018年两型社会与生态文明建设报告

湘西土家族苗族自治州人民政府研究室

2017年,在湖南省委省政府的坚强领导下,湘西州坚持以习近平新时代中国特色社会主义思想为指引,牢固树立新发展理念,全面落实湖南省委创新引领开放崛起战略,坚守"542"发展思路,坚持生态文明立州,围绕打造国内外知名生态文化公园目标,加快推动生产方式和生活方式绿色化,把推进两型社会与生态文明建设融入经济社会发展各方面和全过程,取得了明显成效。

一 2017年两型社会与生态文明建设情况

(一)突出创新引领,在推动高质量发展上有新提升

1. "三去一降一补"任务全面落实

2017年,全州煤炭企业由原来14家减少到1家,29家烟花爆竹企业全部退出;商品房待售面积下降56.5%;规模以上工业企业每百元主营业务收入中的成本低于全国平均水平;生态、民生、基础设施投资增速分别为56%、33.6%、18.5%,均超过固定资产投资增速。

2. 新型工业加快发展

工业结构不断调整,锰锌等传统产业整合提升,新材料产业持续扩大,以绿色食品、生物医药、电子设备等为主的新兴产业快速成长,全年新增高新技术企业20家,战略性新兴产业投资增长39.5%。平台建设不断加强,全年工业园区基础设施建设完成投资50亿元,新建成标准厂房100万

平方米，泸溪、花垣、保靖、凤凰工业集中区（高新区）污水处理厂开工建设；泸溪高新区获批湖南省高性能复合材料特色产业园，为全省批复的2个特色园区之一；汇锋高新能源有限公司获批省级企业技术中心，恒裕科技、金天科技获批省级工程研究中心；吉首大学获批湖南省"大众创业、万众创新"基地。

3. 现代农业提质发展

实施特色产业提质增效"845"行动计划，重点推进24个万亩精品园、229个千亩标准园、2303个百亩示范园、16个三大产业融合发展示范区建设。保靖县、古丈县成功获批国家有机产品认证示范创建区，新增"三品一标"认证产品32个，泸溪椪柑获2017年消费者最喜爱的中国农产品区域公用品牌称号，龙山百合获2017年中国（国际）农博会金奖，永顺松柏大米取得地标产品认证，十八洞猕猴桃等12个农产品获2017年中国中部（湖南）农博会金奖。农业规模化加快推进，新增和完善农民合作社1068个、家庭农场947个，新增土地流转面积20.5万亩，农民实用技术培训30万人次，实现农产品加工企业销售收入80亿元。

4. 现代服务业提速发展

全力推进全域旅游，加快推进凤凰古城、老司城、里耶古城、矮寨大桥四大旅游黄金板块等旅游景点、景区基础设施建设，参加了央视《魅力中国城》竞演，成功承办了全国地质公园建设助推脱贫攻坚现场会、中国湖南（第八届）旅游产业博览会、武陵山旅游发展高峰论坛等重大活动，积极申报湘西世界地质公园并在国内激烈竞争中胜出，成为中国向联合国教科文组织推荐的2处2019年世界地质公园之一，神秘湘西旅游品牌影响力显著提升。2017年全州共接待游客4452万人次、实现旅游收入325亿元，分别增长16.6%、22.6%。大力发展商贸物流业，城市核心商圈、边界口子镇、集镇农贸市场标准化建设等城市综合体、商贸物流园区项目进展顺利，全州建成1900个农村电商网点，州、县、乡、村四级农村电商网络和物流体系基本形成。泸溪县获批国家第三批支持农民工等人员返乡创业试点地区。

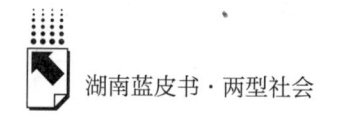

（二）突出保护利用，在推动绿色发展上有新成绩

1. 绿色生态不断加强

大力推进生态保护与示范区建设，以"绿色湘西"工程为抓手，继续实施退耕还林、长防林、世行贷款造林、石漠化综合治理等林业项目，加大交通干线、旅游公路、城市建成区绿化，高标准推进千里生态走廊建设和国家森林城市创建。2017年，永顺猛洞河湿地公园获批国家湿地公园（试点），青坪油桐种质资源库获批"国家林木种质资源库"，湘西州生态保护与建设示范区通过国家中期评估。全年植树造林14万亩，落实国家管护天然林保护面积298万亩，落实省级以上重点生态公益林保护面积700万亩，全州林地面积达到1332万亩（全省第3），活立木蓄积量达到4288万立方米（全省第5），森林覆盖率达70.24%（全省第3），湿地保护率达到72%以上，森林管护率达到100%，有维管束植物217科3807种，陆生野生脊椎动物83科389种，建成各类自然保护区49个，森林公园5个，地质公园6个，湿地公园18个。

2. 污染治理成效明显

持续推进大气、水体、土壤、固体废弃物等重点领域污染防治，制定出台《湘西自治州土壤污染防治工作方案》等文件，深入开展十大重点行业整治，完成全州重点区域土壤环境监测风险点的排查和布设、饮用水水源保护区划分。2017年，共淘汰燃煤小锅炉112台84蒸吨（省定目标15台25蒸吨）、黄标车和老旧车2831辆，空气质量全省最优，平均优良天数比例为91.7%，31个国控、省控地表水断面水质达标率为99.5%，地表饮用水水源地水质达标率100%。

3. 美丽湘西加快建设

城乡规划体系不断完善，编制完成《湘西州州域城镇体系规划（2016~2030年）》《湘西州土地利用总体规划调整完善（2017年修订版）》和208个美丽乡村村庄规划等，州府新城呈现新面貌，县市一批城市综合体、城区道路、背街小巷改造等项目相继竣工。打造特色民居3750栋，湘西州获评中国最美乡村旅游目的地，里耶镇成功入选"全国特色小镇"，浦市镇荣获湖南省"美丽少数民族特色村镇"，塔卧镇、十八洞村等25个镇村成功获批省级历史文化名镇名村。深入推进"两违"整治，违法用地违规建设得到有效遏制。全面推进河长制工作，明确州、县、乡、村四级河长2141名，实现全覆盖，认真清理河湖垃圾、网箱养鱼，水生态得到明显改善。加强生活污水垃圾处理设施建设，城镇生活污水处理率达89.5%，垃圾处理率达97.5%。

（三）突出从严监管，在强化风险防控上有新作为

1. 严格准入

加强项目环评事中事后监管，严格执行污染物排放有偿使用制度，新、改、扩建项目均落实主要污染物总量来源，严格审批。强化项目进行竣工环保验收，对不具备验收条件的7个项目进行督促整改，把好准入关。

2. 严防风险

严格危险废物转移审批和管理，制定出台《湘西自治州2017年危险废物规范化管理专项整改工作方案》，落实危险废物网上申报和转移联单制度，审批和备案省内危废转移阳极渣2721吨、酸浸渣35985吨、铅泥13156吨、铜镉渣3421吨、铁渣9561吨、废铅酸电池21.9吨；跨省转移铜渣379.4吨。

3. 严肃执法

制定出台《湘西州工业尾矿库环境风险隐患排查整治方案》，全面完成中央环保督察交办信访问题及省交办突出环境问题整改。建立环境联动执法机制，2017年立案查处156起环境问题，实施行政处罚91件。

（四）突出深化改革，在改善民生福祉上有新提高

1. 各项改革深入推进

深入推进集体林权制度和林权流转、林权抵押、森林保险等各项配套改革，确权率、发证率分别达到100%、99.3%，依法流转林地109.3万亩，

落实森林保险面积1014万亩。深入推进不动产统一登记工作，全年共颁发不动产登记证书2万多本，颁发不动产登记证明4万多份。深入推进农村土地确权登记颁证工作，圆满完成年度任务，新增农村土地流转20.5万亩。

2. 制度体系不断完善

不断健全完善生态文明制度，严格按照主体功能区定位，划定生态红线，湖南省人民政府审定湘西州生态红线面积为3787.72平方公里，占总面积的24.47%。不断完善资源有偿使用和生态补偿制度，深入推进土地、矿产资源有偿使用和碳排放、排污权交易，积极开展重点生态功能区的生态补偿试点。实行能耗强度和能源消费总量"双控"制度，完成省定目标任务。

3. 绿色发展深入人心

持续推进生态示范州建设，城乡环境得到根本性改观，面貌为之一新，爱护洁净、呵护绿色、保护生态、美化环境的意识成为自觉。深入实施生态补偿脱贫工程，2017年发放生态补偿金3.8亿元，惠及30.6万农户120万人；新增建档立卡贫困人口2347人转为护林员，带动10687名贫困人口脱贫。

虽然湘西州2017年两型社会与生态文明建设成绩显著，但仍面临一些问题和困难：生态环境比较脆弱，土地沙化、石漠化、水土流失问题较为突出，生态修复压力大；森林资源管理体制机制不活，严重制约自然资源的保护开发利用；绿色生态优势转化不够，生态资源开发利用率低、效益不高，生态服务功能价值化和森林资源资本化进程缓慢；群众生产生活、经济发展与资源保护的矛盾亟待从根本上解决。

二 2018年两型社会与生态文明建设思路

以习近平新时代中国特色社会主义思想为指导，全面贯彻党的十九大精神，牢固树立新发展理念，坚守"542"发展思路，坚持生态文明立州，围绕打造国内外知名生态文化公园目标，以"绿色湘西"工程建设为抓手，加快建设美丽开放幸福新湘西。

（一）强化生态保护，展现绿色风姿

1. 加强生态资源保护

始终坚持生态保护第一的原则，重点抓好自然保护区、风景名胜区、森林公园、地质公园、湿地公园等重要生态功能区的保护和监管，统筹推进420万亩退耕还林、285万亩天然林、698万亩生态公益林的管护，严厉打击侵占、破坏自然生态资源的违法犯罪行为，切实保护好良好的自然生态，确保森林覆盖率稳定在70.24%以上，湿地保护率稳定在70%以上。

2. 加强环境综合治理

突出抓好涉矿采选环境污染综合整治，加大对水、大气、土壤环境污染和安全隐患问题整改力度，严格执法，严肃追责，确保按时完成整改任务。持续推进全州城区宾馆及餐饮行业燃煤锅炉、油烟、汽车尾气、建筑扬尘、工矿企业废气等大气污染综合治理工作。严格落实河长制，加快水污染防治，全面清除违规网箱养鱼。实施流域环境综合治理，重点加大对酉水、沅水等河流及水库、湖塘环境的管控。加强土壤保护，推进危险废物场地和重金属超标土壤整治工作。加强农业面源污染防治，推进农业清洁生产。继续实施能源总量和强度"双控"，制定出台湘西州"十三五"节能减排综合方案、"十三五"能耗方案，做好能耗评估和重点企业碳排放报告与核查工作。2018年，确保全州空气环境质量优良天数比率达到省定目标，空气中细颗粒物（PM2.5）和颗粒物（PM10）浓度不高于省定目标；纳入国、省控断面的地表水考核断面水质优良（达到或优于Ⅲ类）比例达到省定目标，城市集中式饮用水水源水质达到或优于Ⅲ类比例达到省定目标，无劣Ⅴ类水体；完成省下达的节能减排目标任务。

3. 加强绿色生态理念宣传

积极引导群众培育绿色低碳、文明健康的生活方式，多渠道多形式宣传生态文化、生态道德，使生态文明成为社会主流价值观，推动全民在衣、食、住、行、游等方面加快向生态方式转型，形成人人、事事、时时崇尚生态文明的社会新风尚。

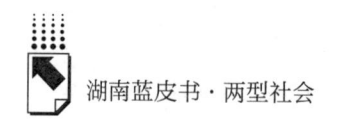

（二）强化生态建设，增进绿色福祉

1. 大力推进生态环境建设

抓好生态环境建设规划，启动湘西州森林植物园建设和百万亩优质林工程，重点抓好城镇周围、河流沿岸、道路沿线、景区周边的生态保护和造林绿化工作，搞好林种树种搭配，打造"常年有绿、四季有花"的森林景观。继续实施以绿色山川、绿色通道、绿色城镇、绿色村庄、绿色机关、绿色社区、绿色企业为主要内容的"绿色湘西"工程，突出抓好长江防护林、石漠化治理、森林质量精准提升、国家木材战略储备、石漠化治理、植树造林、城镇绿化美化等重点生态工程建设，完成重点工程营造林60万亩，"千里生态走廊"绿化400公里，水岸绿化160公里，成功创建"国家森林城市"。

2. 大力推进新型城镇建设

坚持走具有"民族特色、山区特点、时代特征"的新型城镇化发展道路，突出抓好8县市老城区改造和新区建设，完善地下综合管廊等功能性基础设施及教育、健康、养老、卫生等公共服务设施，促进城市扩容提质。继续抓好特色小镇、小城镇、30个中心集镇和省际边界县口子镇建设。推进"多规合一"，促进产城融合。深化户籍制度改革，大力推行居住证制度，提高户籍人口城镇化率。加强城市管理，有序推进城市综合执法。

3. 大力实施乡村振兴战略

按照产业兴旺、生态宜居、乡风文明、治理有效、生活富裕的总要求，建设美丽宜居乡村。深入开展农村人居环境整治行动，年内创建示范村300个，精品村100个。巩固提升城乡同建同治成果，推进基础设施连接成网，生态环保统一布局，公共资源均衡配置。实施"厕所革命"，新建城乡公共厕所400个。

（三）强化生态开发，发展绿色经济

1. 做强生态文化旅游业

充分发挥良好的自然生态和原生态文化优势，大力推进生态文化与旅游深度融合，以国家全域旅游示范区创建、湘西世界地质公园申报为抓手，做好旅游景点、景区、基础设施和配套服务设施建设，建设一批旅游康养、旅游地产项目，推动生态文化旅游产业发展全面提升，2018年力争将凤凰古城、矮寨奇观成功创建为国家5A级旅游景区，接待游客5000万人次以上，实现旅游收入380亿元。

2. 做特现代农业

充分发挥土壤富硒带、微生物发酵带、植物的亚麻酸带优势，重点围绕柑橘、茶叶、百合等特色产业，加快农村产业融合发展示范园、高标准农田和农产品精深加工示范基地建设，积极推进农业领域政府和社会资本合作试点项目，抓好农产品深加工，加强"三品一标"和农产品区域公用品牌建设，积极创建国家特色农产品优势区，让湘西农产品成为放心食品、安全食品。2018年新增国家地理标志产品2个，新增"三品一标"认证产品20个以上，新增专业合作社200个、家庭农场300个，培育销售过亿元农业产业化龙头企业10家。

3. 做优新型工业

坚持"生态环保""科技创新"工业发展取向，加快发展新兴产业，积极对接全省20个新兴优势产业链，围绕特色食品、新材料、电子信息、生物医药、旅游商品等新兴优势产业，开展产业链招商，积极引进"世界500强""中国500强""民企500强"。改造提升传统产业，鼓励企业科技创新和技术改造，加强节能减排和淘汰落后产能。大力推进工业集中区（经济开发区、高新区）建设，突出抓好标准厂房、园区污水集中处理设施、保障性住房、服务平台等基础设施及配套服务体系建设，新建标准厂房80万平方米以上。

（四）强化生态管理，建立绿色机制

1. 深入推进主体功能区建设

划定城镇、农业、生态空间以及生态保护红线、永久基本农田、城镇开发边界"三区三线"，构建生态功能保障基线、环境质量安全底线、自然资

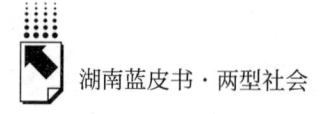

源利用上线三大红线,全方位、全地域、全过程开展生态环境保护建设,形成科学、适度、有序的国土空间布局。

2. 不断健全完善制度体系

全面清理与湘西出台的相关政策及生态文明建设不相适应的内容。探索处理好国有自然资源资产管理、自然生态监管和环境保护的关系,推进生态环境监管体制改革。完善污染治理市场化机制和污染物排放许可制,深入推进排污权交易,加强事中事后监管。认真贯彻落实资源环境承载评价预警若干意见,完善细化生态文明建设考核机制,构建政府主导、企业主体、社会组织和公众参与的环境治理体系,开展生态文明建设年度评价,从严防范环境污染和生态破坏。

3. 认真开展环境监管执法

加强环境监管执法,进一步加大工业园区、饮用水水源保护区等重点地区和化工、冶炼、城镇污水处理厂、垃圾处理场和危险废物处置单位等重点行业的监管力度,严惩环境违法行为。

园 区 篇

Park Reports

B.23
坚持生态优先绿色发展
加快打造全国两型社会建设引领区
——湖南湘江新区2017~2018年两型社会与生态文明建设报告

湖南湘江新区管理委员会

  2017年，湖南湘江新区坚持以人民为中心的发展思想，牢固树立新发展理念，从规划引领、重大工程、绿色产业、机制创新等方面着力，把生态、低碳、循环、高效的绿色发展理念贯穿于新区建设发展全过程，深入推进生态文明建设，大力改善新区人居生态环境，明显提升发展质量和效益，努力探索具有湘江新区特色的绿色发展新路子。

一 2017年生态文明建设情况

（一）坚持以科学规划引领绿色发展

  突出绿色发展规划引领，对标雄安新区规划理念，开展十大前瞻性规划研究，提升了新区空间战略规划，加快实现"多规合一"，推动生产力布局和城市空间布局更加科学合理。2017年，新区高标准完成一系列重点规划编制及提升，比如，开展新区美丽乡村规划、梅溪湖国家森林公园规划、绿道近期建设规划、港铁联运规划、新区综合交通规划纲要等规划编制和研究，以及湖南金融中心、岳麓山国家大学科技城、高铁长沙西站及周边、大王山旅游度假区南片区、沩东新城及周边等重点片区相关规划或规划研究工作。特别是通过空间战略规划提升，进一步明确建设发展容量，建设用地433平方公里、承载人口433万人；深化"'工'字形廊道"，构建"两横一纵一环"的生态安全格局，南北控制联系洞庭湖湿地保育区—莲花山、岳麓山生态板块的生态走廊以及严格保育谷山—关山、桃花岭—象鼻山—凤凰山东西两条生态廊道，预留控制环城林带，组团分散布局，形成多级廊道、指状发散的生态安全格局，其中禁建区面积351平方公里，限建区415平方公里，适建区433平方公里；切实保育湘江、沩水河、八曲河、谷山森林公园等"一江八河、十五园"，对8条主要支流河岸线划定10~30米的河流保育区，整治和提升现有水库10个，划定湿地公园、生境保护区等8处，培育区域候鸟栖息地，保育动植物群落生境。

（二）坚持以重大工程落实绿色发展

对历史形成的一些环境污染问题，下定决心、奋力攻坚，干了一批多年想干没有干成的大事，解决了多年想解决而没有解决的难题，展现出国家级新区的担当和作为。列入国家住建部黑臭水体整治监管平台的4处黑臭水体治理基本完成，其中肖河、雷锋河、龙王港（南园路—枫林路段）全面完成整治，后湖黑臭水体治理即将完成；加快3个污水处理厂建设，雷锋水质净化厂（一期）开工建设，洋湖再生水厂（二期）主体工程基本完成，岳麓污水处理厂建设已完成征拆工作。深化龙王港水环境综合治理，科学制定龙王港流域水环境治理整体实施方案，力争三年内将其打造成为"美丽河道"的标准示范，目前，已启动龙王港建成区排水管网勘测及提质改造方案编制项目，基本完成梅溪湖片区管网勘测工作，为深化龙王港治理奠定了坚实基础。强力推进原长沙铬盐厂污染治理、土壤修复工作,完成了相关污水处理站的整改和环保验收,出水稳定达到综合排放一级 B 标准,日处理规模 2000 吨/天;并完成重污染部分安全处置工程。同时,强化大气污染防治工作,开展违规围挡专项整治工作,共拆除重建围挡约 7600 平方米,整治维护 45000 平方米;按照"5 个 100%"要求,督促严格落实扬尘污染防治工作;严格气型污染审批,尤其强化了涉非甲烷总烃、VOCs 类气型污染物项目的审批,确保稳定达标排放。洋湖湿地公园入选国家水利风景区;新能源汽车"先导快线"已在长沙、湘潭、浏阳、益阳、株洲、宁乡等地设立网点 320 个,投放新能源汽车 2300 台;区域能源中心洋湖 A 站、滨江 B 站已正式供能,引领长沙进入集中供暖新时代。

(三)坚持以绿色产业支撑绿色发展

科学把握"提速"与"换挡"之间的关系,突出发展绿色产业,把生态优势转化为竞争优势和发展优势。聚焦新区增材制造、先进储能材料、移动互联网等九大产业链,盯紧先进储能材料、高端装备与人工智能、基因工程和生命技术、信息终端、3D 打印和工业机器人等五大高端制造业,以及移动互联网、现代金融、文化旅游等三大现代服务业,加快构建"5 + 3"产业发展格局,加快产业转型升级。生产技术水平不断提高。高加工度工业、高技术制造业增长较快,2017 年,新区高加工度工业实现产值 2406.66 亿元,同比增长 12.0%;高技术制造业产值 532.80 亿元,同比增长 14.7%。特别是智能制造引领转型升级,新增获批 4 个国家级智能制造综合标准化与新模式应用项目和 4 家国家级智能制造试点示范企业,中国(长沙)知识产权保护中心落户,长沙"工业云"平台正式上线,为 2000 多家企业提供智能化服务。新兴优势产业发展加快。2017 年,战略新兴产业实现产值 2824.61 亿元,同比增长 11.5%。比如,先进装备制造业完成产值 465.55 亿元,同比增长 12.3%;移动互联网产业加速引爆,新引进滴滴出行华中区总部、OFO 共享单车等移动互联网企业 1450 余家,累计总数达 4712 家,拓维信息、湖南竞网入围中国互联网企业 100 强,高规格举办

2017移动互联网岳麓峰会。高耗能产业占比降低。一方面，2017年新区化学原料和化学制品制造业、有色金属冶炼和压延加工业等高耗能行业完成产值1627.58亿元，占比为32.47%，比2016年降低0.44个百分点；另一方面，新能源与节能环保产业加速壮大，红太阳光电技改项目顺利推进，远大住工在全国有50余个PC工厂落地，省国际低碳技术交易中心技术交易、信息发布、技术展示三大平台试运营，节能环保产业园标准厂房实现封顶。

（四）坚持以制度创新保障绿色发展

积极推进生态补偿试点，明确补偿试点的原则、范围、周期、方式、资金来源等，特别是针对自然资产复杂性，采用综合性生态补偿，覆盖流域、湿地、山体、农田等多方面内容，补偿主体为行政村，增加可操作性。委托第三方评估单位开展日常巡查，2017年共拨付资金2602.25万元。推进智慧水务管理体系建设，编制完成《湖南湘江新区智慧水务系统建设方案》，涵盖城市管网建模、水监测预警、流域水资源调度、城市防洪排涝监测预警、移动客户端应用等内容，龙王港流域主要断面水质自动监测系统（龙王港流域水质监测平台）项目建设和试运行。深化梅溪湖国家绿色生态示范城试点，落实生态技术指标，在土地出让、规划设计条件中明确各项生态指标要求，并在方案、初步设计、施工图备案等审批过程中严格把关，确保48项生态技术指标予以落实，2017年完成10个项目的生态技术指标的明确。推进海绵城市建设，推进新区海绵城市建设中生态型透水铺装应用、海绵城市建设中植物景观设计与应用、海绵型建筑与小区（学校）设计导则、海绵城市建设技术导则、海绵型市政道路（地下综合管廊）与开放空间设计导则等课题研究，以梅溪湖国际新城二期为试点，探索具有新区特色的海绵城市建设模式。

（五）两型社会建设取得较好成效，四个方面进行了有效探索

一是构建两型标准。注重用绿色发展指标体系好标准，在开展两型社会城乡建设指标体系研究、编制实施10个方面共28项绿色建筑指标体系基

础上，不断完善在绿色能源、绿色建筑、绿色出行、绿色施工等方面的技术标准体系。二是运用市场思维。把生态修复与打造景观有机结合，梅溪湖、洋湖湿地公园等通过清淤清障、生态修复、景观提质等综合治理，打造成为新的生态旅游景点、城市名片，洋湖湿地公园入选国家水利风景区，不但彰显滨水特色，也带动旅游产业加快发展。三是设立引导基金。设立3000万元绿色建筑专项奖补资金，分星级按建筑面积确定奖补标准，新区实现绿色建筑成片发展，新区核心区新建建筑绿色建筑覆盖率达到100%。四是强化利益导向。以流域水环境和重点生态功能区保护为重点，按照"谁保护谁受益，谁损害谁赔偿"的原则，每年安排不少于3000万元生态补偿试点专项资金，对因保护生态环境及功能而影响经济发展的行政村，给予一定的经济补偿，并引入第三方评估和群众监督，充分调动保护者的积极性。

二 2018年生态文明建设思路

2018年，湘江新区将坚持以生态绿色为底色，打好污染防治攻坚战，深化生态文明体制改革，加快推动海绵城市、绿色示范城市、智慧城市建设，构建蓝绿交织、清新明亮、水城共融的生态城市，努力在绿色发展上示范引领。

（一）以蓝天保卫战为重点，加快实施环境治理工程

突出建设工地扬尘污染防控，创新扬尘污染防控监管手段，率先完成扬尘污染在线监控系统建设，充分利用无人机、"随手拍"等科技手段和平台，形成"齐抓共管、全民同治"的良好氛围，坚决打赢"蓝天保卫战"。系统治理水污染，全面落实《湖南湘江新区水生态文明建设三年行动计划（2016～2019年）》，以加快改善水环境质量为核心，实施精细化管理，全力推进"保好水，治差水"。开展系统性全流域综合治理，将黑臭水体治理与海绵城市、防洪排涝、生态水网建设相结合，采取控源截污、垃圾清理、清淤疏浚、生态修复等措施，系统推进环境综合整治，重点推进龙王港综合整

治，定期开展水质会商研判，确保水环境治理有明显成效。加强梅溪湖、西湖、后湖、洋湖等重要水体的水质保障，稳定达到功能区标准要求；加快推进岳麓、洋湖、雷锋三家污水处理设施与配套管网建设，确保按期竣工并投运。大力整治土壤污染，切实抓好重金属污染防治，重点实施原铬盐厂土壤污染、蜂巢颜料厂土壤污染等突出环境问题治理。

（二）以生态补偿为突破，深化生态文明体制改革

深化生态补偿试点工作，对新区范围内三益村等38个行政村进行生态补偿试点，以污水治理和垃圾分类收集处理为重点，通过构建合力利益机制，引导加强乡镇、村级等环境保护工作，构筑生态保护长效机制，有效保护新区范围内的自然生态资源。推行土地差别化供应政策，出台产业用地有偿使用制度改革方案，推进土地市场化配置改革，实施全生命周期土地供应管理制度，将项目建设、功能实现、运营管理、节能环保等要素纳入合同及过程管理，提高土地利用质量和效益。推动各功能区、产业园区开展新型供地方式项目建设试点。创新建立生态技术指标体系，以建立完善海绵城区、低碳城区、绿色城区、智慧城区四大指标体系为统揽，在低碳能源、绿色建筑、绿色出行、绿色施工、生态水利、两型生活等方面构建可操作且独具新区特色的技术标准体系，使新区生态文明建设总体目标与阶段目标数据化。

（三）以产业培育为抓手，引导绿色发展方式

缓解经济发展与资源环境的矛盾，治本之策在于推动生产、生活方式的绿色转型。加快推动产业升级，围绕建设岳麓山国家大学科技城、湖南金融中心等功能区，深入开展"智汇湘江 科创新区"科技成果转化系列路演活动，发挥新区在生态、产业、科教、人才等方面的优势，构建集"科技＋企业＋平台＋资金＋人才＋政策"于一体的区域创新体系，提高创新成果转化应用效率，发展壮大战略性新兴产业和现代服务业，持续推进节能减排，建立绿色循环低碳产业发展体系。同时，开展垃圾分类试点，推广应用有机生活垃圾微生物处理技术，推进落实垃圾源头减量化，提高居民生活环

境品质，优化城市环境，构筑一批绿色生态社区。同时，引导和培育绿色生活方式，建设一批公共停车场、城乡绿道、自行车专用道、共享单车及共享汽车停靠点、新能源汽车充电桩，完善区域慢行交通网络。

（四）以海绵城市建设为重点，提高生态环境品质

"海绵城市"是应对城市化进程加快，水资源短缺、水质恶化、城市洪涝灾害等问题，解决城市水和生态问题的有效手段。大力推广应用绿色市政技术，推进市政类项目工程全面实施海绵城市设计和建设，进一步探索贴合新区实际的海绵城市相关技术导则实施指导意见，明确建筑可再生材料、生态边坡、生态透水砖等绿色市政技术应用要求，将海绵城市建设落到实处。将梅溪湖二期打造成海绵城市建设示范区，不断优化建设开发模式，提升梅溪湖片区建设品质和精细化管理，加快完善道路基础设施建设，完善配套功能，持续提升梅溪湖国际新城价值。加快实施一批品质提升工程，抓好岳麓山、桃花岭、尖山、象鼻窝等山体生态修复，建成联江公园、桐溪水乡、银盆岭公园等一批精品景观工程，完成梅溪湖东湖泊工程蓄水。

B.24
湘潭天易示范区2017年两型社会建设情况及2018年思路

湘潭天易示范区管理委员会

一 2017年两型社会建设情况

2017年是"十三五"规划承上启下之年，也是天易示范区发展的关键之年，示范区在湘潭市委、市政府和湘潭县委、县政府的坚强领导下，砥砺奋进、真抓实干，围绕两型示范建设，较好地完成了各项目标任务。

（一）推进两型标准化试点区工作

云龙小学起草制定的《湖南省两型小学标准》（DB43/T1330－2017）于2017年11月16日正式由湖南省质量技术监督局发布，于2018年3月1日起正式实施，此标准基于云龙小学两型小学建设的成功经验，《湖南省两型小学标准》的出台为湖南省两型小学的标准化建设提供了科学依据，标志着湖南省两型学校建设步上新台阶。湘潭天易示范区管委会编制的《园区工业固废生态管理及评价标准》，得到了湖南省两型工委和湖南省质监局的充分肯定，该标准已由湖南省质监局召开了专家评审会，正在进一步修改完善。

（二）开展两型理念宣传、两型创建

2017年天易示范区将两型示范创建工作渠道扩展到社区、学校、企业、家庭等，开展了一系列工作，如召开两型创建培训会、现场经验交流会，开展"绿水青山就是金山银山——金霞山寻宝活动"，开展"低碳出行、绿色出行"横幅签名活动，组建小小志愿者队伍，发放两型知识手册，签订

"绿色"环保公约，举办迎六一"爱护环境、关心未来"两型DIY手工制作活动，与社区居民签订"门前三包责任书"，发放环保垃圾袋等。2017年，区内天易小学被评为市级两型学校，源远海泡石被评为市级清洁低碳项目，云龙小学的两型教育模式在全国推广。

（三）多措并举加强绿心保护

大力实施了绿心保护工程，严格执行两型性审查，2017年获批两型准入项目2个，分别为滨江风光带和污水泵站项目。继续实行绿心保护责任制，将绿心保护纳入示范区各部门、绿心区内各村（社区）年度目标责任考核。易俗河镇、村和示范区各部门形成合力，强化宣传和巡查，有效地遏制了绿心地区违法违规行为。2017年第一、二、三季度湖南省国土勘测院绿心卫片检查，涉及示范区绿心地区动土行为共5宗，均为已办理了湖南省级两型准入手续的基础设施建设项目，不属于违规破绿毁绿行为，全部销号。同时，2017年环保督察交办的涉及示范区需整改的地块13宗，均为2015年、2016年已整改的项目，本次只需进行补植补种，目前已经全部完成整改。1个工业项目鹏扬的退出也正在由湘潭县法院组织第三次网上拍卖，由湘潭县建设投资有限公司代表天易经开区参与竞拍，收回鹏扬公司处置资产的国有土地使用权及地上建（构）筑物及附着物。

金霞山保护进一步增强。一是加强日常巡查。每天除有聘请的四名固定专职巡查人员上山进行巡查外，还安排两名工作人员和义务监督员在白天、晚上对公园进行不间断的巡查，特别是在国家法定节假日、重点时段、寺庙活动日等加派人员进行巡查。具体内容包括森林防火、环境卫生、公共设施被损情况、树木病虫害情况、乱搭乱建乱葬乱磨情况、市民及游客不文明现象和他们反映的问题，对发现的问题及时处理等。2017年共巡查出破坏公共设施2起、制止在公园内吸烟行为100余人次、制止乱扔垃圾行为70余人次、制止乱砍滥伐行为1起、制止上坟烧香烧纸钱800余人次、发现树木病虫害100多处、发现并拆除捕鸟网一处。二是严厉查处破绿损绿行为。清明节期间，在日常巡查中发现贵竹安置区居民在扫墓时故意破坏树木，立即对其违法行为进行制止，并对参与人员进行批评教育，要求写下承诺书，对周边居民进行义务劝导并使其承诺不再对公园内树木进行破坏。三是严格殡葬管理。在对原有坟墓进行摸底的基础上加强巡查和宣传，严禁在公园内葬坟磨坟行为，同时对有权属林地在公园范围内的亡故村民实行异地安葬补助，杜绝了在公园内乱葬乱磨行为。四是绷紧森林防火弦。常年组织专业队伍对游步道及电瓶车道两旁10米范围内的杂草进行清除，确保道路两边无干柴草可燃物。在清明节等重点防火时期派专人蹲守坟墓集中区域，全面劝导和制止上坟燃放烟花鞭炮，最大限度防止引发森林火灾。五是防治白蚁危害。聘请专业技术人员对公园内有白蚁危害的225000平方米的树木进行防治，有效控制白蚁的侵害，使绿心范围内的树木常青常绿。

绿心地区两型综合示范带项目推进顺利，天易城市垃圾便捷分类模式由市环卫处推广到湘潭市全市的小区和学校。滨江风光带凤凰路至银杏路段主车道竣工通车（3.5公里），银杏路至玉兰路完成一层沥青施工（0.98公里）；凤凰路至金桂路完成景观绿化施工，金桂路至银杏路正在进行景观绿化施工。玉兰路至涓水一桥1.9公里，总投资41000万元，涓水桥至涟水桥9.206公里，总投资37000万元。截至2017年底，沿江风光带已完成主路3.5公里，玉兰北路主路正在建设，目前完成拓宽土方，排水完成95%，西侧破板完成20%公里。金霞山公园建设推进顺利，2017年对金霞山区内所有林地进行了征收，完成8公里游步道砼路面及两侧路灯建设，完成林相改造，完成背景音乐的管线预埋，消防隔离带完成清表2000米，完成一个公厕、一个亭子，新添置了景区垃圾桶130个，移动车载垃圾箱3个，公园休闲石凳30条、石桌椅10套，景区宣传牌30块，景区标志牌23块，金霞广场、麒麟路（贵竹路至金霞山路）已完成建设任务投入使用，金霞山路完成路基土方、水稳，正在进行沥青施工。

（四）推广清洁低碳技术

积极推进清洁低碳技术推广进园区，兴业太阳能公司在天易示范区投资4.9亿元建设70兆瓦分布式太阳能光伏发电项目，一期20兆瓦分布式光伏电站，年发电量 2000 万千瓦时。目前，示范区已有高耐合金 1058.4 千瓦、风动机械 470 千瓦、江南钢构 48 千瓦、泰达机械 805 千瓦、圣达机械 420 千瓦、宏信产业园一期 4280 千瓦完成建设，飞山奇科技公司、珠江啤酒、华夏锌钢、天人合已签协议，伍子醉、国发、柏屹产业园正在洽谈。

大力扶持源远海泡石公司的发展，其是湘潭乃至全省、全国唯一一家清洁低碳的现代化海泡石提纯活化改性生产线，填补我国海泡石资源综合利用工程化研究开发的空白，该公司根据全省全国对于清洁低碳生产的要求，利用公司自有的海泡石提纯活化改性技术，开发出节能环保的海泡石产品，从技术、工艺到设备等各个环节实现清洁低碳生产。目前已基本完成实验室研发工作，被评定为省级工程技术研究中心，为量产做基础准备工作。

利用"天易城市矿产"综合信息云平台，推进园区企业资源的最大化利用，现已形成线上投废、线下交易的"互联网+回收利用"的全新模式。

（五）一体化对接三市融城

围绕产业发展一体化，主动配套，差异发展。主动融入长株潭产业分工体系，承担区域产业分工，既勇为主角，又甘当配角，形成梯度发展、协作配套的产业布局，构建"3+X"产业体系，大力发展食品医药、智能装备制造、新材料三大主导产业。依托天易大道、G107 国道、湘莲大道框架，构筑"一轴一带四基地"的产业空间布局。珠江啤酒、北汽大世汽车座椅、博执医药等一批潜力大、前景优的项目纷纷落户园区，截至 2017 年规模企业总数达 119 家，产值过亿元的企业 89 家，其中过 10 亿元的有胖哥、小龙王、伍子醉、电线电缆 4 家。智能装备制造、食品医药、新材料三大主导产业累计完成规模产值 366.28 亿元，占园区规模工业总产值的 94.39%，规模工业增加值增速在湘潭市园区中稳居第一。

围绕基础设施一体化，积极对接，全面贯通。积极对接区域网络体系，通过建设天易大道、武广大道、湘莲大道、滨江风光带、长株潭外环高速公路等一系列交通设施工程，构建区域交通网络，加快融城步伐，东、南、西、北四向通道进一步畅通，建成城区面积达到了20平方公里，城市人口约20万人。武广大道于2017年上半年主车道建成通车后，从湘潭市区到株洲西站最快只需10分钟就能抵达。

二 2018年两型社会建设思路

（一）着力示范创建，塑造两型样板

一是推进示范创建提质扩面。按照"一行业一亮点，一社区一品牌"的创建要求，统筹推进各级各部门各行业的两型示范创建，继续提升云龙小学、天易小学、云龙社区、晓木糖社区、银塘村、杉萌村、斯瑞膜、高耐、韶力等省市示范点的内涵和品质，焕发典型的新活力，同时重点打造一批新的示范亮点，引导全区形成绿色、低碳、环保的生产生活方式。

二是倾力打造两型宣教示范基地。按照"两型理念推广平台、两型知识传播中心、两型宣传重点载体、两型参与示范窗口"的要求，着力打造一个宣讲展播中心、一个示范社区、一所示范创建学校、一条宣传展示长廊、一个特色鲜明的宣教阵地、一批内涵丰富的宣教作品、一支专兼结合的宣教队伍、一套运转有效的常态机制，打造两型综改成果的样板区。

（二）着力绿心保护，促进绿心区健康发展

一是积极对接省市，做好绿心总规调整工作。

二是争取经开区绿心地区建设项目更多地纳入省市统筹，争取国家、湖南省、湘潭市资金，积极为绿心区的软硬环境改善提供资金支持。

三是依据《长株潭绿心保护条例》、湘潭市人民政府2号令和示范区绿心项目准入制度，严格执行绿心地区项目准入。同时，督促落实示范区绿心联席会议制度、目标管理制度，协调相关职能部门强化绿心地区日常巡查和监管，加大对违规项目依法查处力度。

（三）着力两型标准化试点，积极创新突破

一是按照湖南省级两型标准化试点区的要求，完成一般工业固废生态管理两型标准的编制，由湖南省质监局发布，在全省推广。

二是开展湖南省级两型标准的宣传、培训和认证，按照《湖南省两型认证管理标准》的要求和流程，全面推动示范区内企业、村庄、学校、机关的两型认证。同时，适时向湖南省、湘潭市建议尽快出台配套扶持政策，为认证贯标工作长效常态营造好政策环境。

（四）着力清洁低碳技术推广，探索绿色发展新路径

推进清洁低碳技术进园区，建设分布式能源设施，集中连片推进太阳能、风能、生物质能、空气能等可再生能源利用技术，推进区内主干道进行节能型路灯亮化改造，鼓励企业和家庭建设太阳能光伏屋顶电站，推进绿色建筑、绿色出行。

B.25
湘潭昭山示范区2017~2018年两型社会与生态文明建设报告

湘潭昭山示范区管理委员会

一 2017年示范区改革建设情况

2017年，昭山示范区以迎接学习宣传贯彻党的十九大为主线，按照"五位一体"总体布局和"四个全面"战略布局的要求，坚持"在保护中开发，在开发中提升"的理念，立足全局和长远谋划昭山绿心保护和发展，突出项目建设、招商引资、基层党建三大重点，以完善绩效管理、产业发展、要素保障、队伍建设为抓手，经济运行总体呈现稳中向好、稳中趋优的态势，两型社会建设取得积极成效。

（一）突出绿色产业发展，经济实力不断壮大

按照生态绿心的定位，全力推进产业绿色化，加快发展文化旅游、生态休闲、健康养生等绿色产业。湖南健康产业园核心园区建设稳步推进，恒大养生谷、北大未名（昭山）生物医学创新示范园、惠景生殖与遗传专科医院等项目顺利落户并启动建设，湖南健康产业展示馆基本具备运营条件，实现了健康产业强势起步。成功获批国家级文化产业示范园区创建资格，昭山城市海景水上乐园、昭山古寺正式对外开放，途居昭山国际房车露营公园、中建昭山印象进展顺利，七星农业观光休闲园、湘潭市文产公司、三社美术馆等项目签约落户，湖南昭山文化创意港正式投入运营，健康产业园核心区、文化创意园纳入湖南省自创区范围，文化产业实现突破，全域旅游格局初步形成。

（二）狠抓基础设施建设，绿心功能继续夯实

为完善绿心功能，加快释放绿心生态效应，昭山示范区把基础设施建设作为绿心保护与发展的首要课题。2017年重点项目完成投资87.81亿元，为年度目标任务的116.77%。一批影响昭山长远发展的重大基础设施项目取得突破，京港澳高速昭山北互通开通运营，南塘及王家晒黑臭水体治理、湘江风光带昭山段、王家晒渠水系改造等项目有序推进。

（三）坚持两型示范引领，城乡面貌焕发新姿

始终将两型理念贯穿于经济社会发展的全过程、各环节。以创建全国文明城市为引领，扎实推动精美湘潭昭山行动计划，仰天湖公园建设基本完工，芙蓉大道全面完成高质量硬化、高标准绿化、高品质亮化，以崭新的面貌呈现在世人面前。狠抓区域环境质量，全面整改中央环保督察组反馈的问题，区内20蒸吨及以下燃煤小锅炉淘汰任务全面完成，原湖南省农药厂东厂区周边土壤污染治理基本完成，完成东南机电厂改制扫尾。持续深化农村环境卫生综合整治，玉屏村生活污水处理工程成功申报为湖南省省级绿心地区绿色化试点项目，昭山小流域综合治理项目获得金砖银行贷款。完成植树造林1000亩，建成3个美丽屋场，七星村美丽乡村示范片、乡村记忆馆、昭山晴岚书院正式对外开放，昭山景区成功创建湖南省省级两型示范景区，白鹤村被评为市两型示范村庄，七星路被评为"湖南最美公路"，昭山的颜值更高了、形象更佳了。

二 2018年示范区改革建设思路及重点

2018年是贯彻党的十九大精神的开局之年，是改革开放40周年，也是昭山示范区创建国家全域旅游示范区的验收之年。昭山示范区将以习近平新时代中国特色社会主义思想为指导，全面贯彻党的十九大和中央、湖南省委、湘潭市委经济工作会议精神，坚持把绿心保护作为最重要的政治使命，

坚持新发展理念，注重发展质量和效率，以推进供给侧结构性改革为主线，重点实施健康产业、文化产业、旅游产业，以国家级文化产业示范园区、国家全域旅游示范区创建和湖南健康产业园核心区建设为抓手，突出抓好产业集聚、城市建设、改革创新、民生保障、党的建设等工作，构建健康文创产业新格局，担当争位赶超发展新标杆。

（一）坚持质量第一、效益优先，扎实开展"产业项目建设年"活动

坚持把产业项目建设作为经济发展的关键抓手、有效途径，以项目论英雄，以结果定奖惩，全力以赴抓项目、强产业。一是加快产业项目建设。确保完成重点项目投资100亿元，坚持以健康产业、文化产业、全域旅游等绿色产业为主导，突出抓好产业集聚，按照"立项一批、开工一批、建成一批、投产一批、储备一批"的思路，重点推进恒大养生谷、北大未名（昭山）生物医学创新示范园、新途病理检验中心、湖南惠景生殖与遗传专科医院、三医创新中心、山市晴岚文化旅游等项目，启动樱皇七星生态休闲农业、湾塘文化旅游、玉屏民俗创客等项目建设，全面完成昭山华鑫中学建设，确保途居昭山国际房车露营地、昭山城市海景水上乐园（二期）对外开放营业。二是全力推进精准招商。坚持走产业招商之路，创新招商方式，突出招商选资，精准对接大型企业、上市公司、上级单位、协会商会，深度跟进东方科幻谷、复星地产、山水文化、昭山新华国际知创文化基地等项目，创新包装建设一批绿心保护项目，力争湖南健康医疗大数据中心、湖南省模式动物工程研究中心等公共服务平台落地，确保全年引进企业100个以上、规模企业15个以上，引进资金200亿元以上。三是着力做好项目服务。强化招商引资、项目建设全流程跟踪服务，扎实做好前期工作，加大征地拆迁力度，切实保障项目用地需求。进一步优化项目建设环境，开展扫黑除恶专项行动，强力打击强买强卖、强揽工程、强行阻工等违法行为，确保项目建设顺利推进。健全和完善重点项目协调服务和推进机制，构建好"亲""清"政商关系。

（二）坚持筑牢底线、补齐短板，全力打好污染防治攻坚战

抓实大气、水、土壤污染防治工作，加强绿心违规项目清理和督察，全面完成中央环保督察组交办的绿心地区违法违规项目，做好辖区内31家"散乱污"工业项目的淘汰退出工作，实现辖区内"散乱污"工业企业的全面退出。全面推进工业VOCs综合治理，完成"散乱污"涉气企业整治工作，进一步深化面源大气污染综合防治，抓好扬尘污染整治、秸秆禁烧、油烟整治等面源污染防治工作。加大生态保护力度，严把项目两型准入关，加快推进昭山农药厂遗留废渣及受污染土壤治理、昭山小流域治理、金江泵站扩建二期工程等项目。

（三）坚持突出特色、两型示范，大力实施乡村振兴

按照"产业兴旺、生态宜居、乡风文明、治理有效、生活富裕"的总要求，以美丽乡村建设为载体、以产业发展为途径，让农业强起来、农村美起来、农民富起来。一是探索实施农村土地制度改革。加快推进农村土地"三权分置"等改革，开展农村集体产权制度改革试点，探索资本、人才、技术等各类要素下乡的体制机制，不断激发农村发展活力。二是加快建设美丽乡村。推进玉屏、红旗等片区美丽乡村、美丽屋场建设，完善七星村美丽乡村示范片建设，高标准打造1~2个示范片区，启动昭山低碳小镇建设。培育发展创意农业、休闲农业、体验农业、特种养殖、民宿等产业，持续提升农村水电路气信等基础设施，深化农村人居环境整治行动。三是不断完善乡村治理。坚持系统治理、依法治理、综合治理、源头治理，不断健全完善自治、法治、德治相结合的乡村治理体系，确保广大农民安居乐业、农村社会安定有序。

（四）坚持规划引领、建管并重，全面彰显城市魅力

建立健全"规划、建设、管理相统筹，权利、责任、投入相一致"的城市管理机制和运行机制，以精细化管理提升城市品质。一是强化规划约

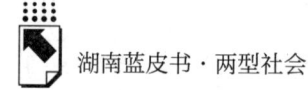

束,保障发展空间。强化规划引领,提升完善各类规划,科学布局城市功能。推进"多规合一",全面梳理并统筹实施好片区规划、土地利用规划、产城融合规划、产业布局规划,严格规划执行。二是加强基础设施建设,完善城市功能。全面完成湘江风光带、拣竹路、金山路、昭易五号路、昭易支路五建设,开展全域交通三年行动计划。实施"双修双改",加快推进酒店、金融、商业等公共配套设施建设。积极推进昭山路、昭云路与岳塘、长沙、株洲实现互联互通,确保沪昆高速昭山南互通开通运营。三是精细城市管理,提升市容颜值。持续巩固文明城市创建成果,充分发挥"智慧昭山"管理平台作用,加强主次干道沿线及城区重点区域的市容环境综合治理,强化建筑工地渣土管理,实现"全天候、全方位、全覆盖"日常监督管理。深入推进拆违控违,确保违法建设"零增长",拆除存量违法建设5000平方米以上。

B.26
株洲云龙示范区2017~2018年两型社会与生态文明建设报告

株洲云龙示范区管理委员会

一 2017年云龙示范区建设情况

2017年,在湖南省委省政府,株洲市委、市政府的坚强领导下,株洲经开区、云龙示范区紧扣"奋力创新业,五年夯新城"战略目标,扎实开展项目攻坚年、招商引资年、企业帮扶年"三个年"活动,全面打好项目建设"三大攻坚战",全力推进开发建设,较好完成了全年主要目标任务,经济社会保持稳中有进良好发展态势,两型社会与生态文明建设取得新进展。

(一)理顺体制机制,区域发展焕发新活力

着力破解制约云龙发展的要素瓶颈,加快理顺株洲经开区、云龙示范区运行的体制机制。一是抓组建挂牌。认真贯彻落实株洲市委常委会第25次会议明确的"在云龙示范区基础上组建株洲经开区"的精神。积极配合市委专题调研组,围绕经开区运行模式、管理体制等方面,深入开展调研,形成有质量的调研报告,为株洲市委、市政府决策提供重要参考。2017年8月15日,株洲市委书记毛腾飞、市长阳卫国专题研究云龙发展问题,着力理顺株洲经开区、云龙示范区的体制机制。10月12日,株洲经开区正式挂牌运行。二是抓机构设置。按照8月15日株洲市委书记专题办公会议精神,积极与株洲市编办就株洲经开区内设机构设置进行对接协调。组织赴湘潭九华、岳阳、长沙经开区等地学习考察,参照类似兄弟区的先进经验,结合云龙示范区的实际,提交了株洲经开区内设机构建议方案。三是抓思路谋划。

按照2017年8月15日市委书记办公会议提出的"实施三年攻坚行动，实现两大目标"的要求，积极谋划工作思路。主动对接中央、湖南省、株洲市有关部（局）委，顺利完成株洲经开区名录审查；立足经开区的发展需要，明确了以新型工业和现代服务业并重发展的定位，优化升级城市总体规划和产业规划，研究制定了《创建国家级经开区三年攻坚行动方案》。

（二）提速开发建设，项目攻坚取得新成效

坚持把项目作为总抓手，深入开展"项目攻坚年"活动，全力推动开发建设提速提效。一是一批项目开工竣工。湖南云龙大数据产业园、污水处理厂、云龙创业创新园、华强旅游小镇等19个项目实现新开工。云龙假日欢乐广场等14个项目竣工。首个招商引智项目——"多肽库研发和生产基地"正式组建，引进国家"千人计划"王珠银等归国博士3人。华强方特两园接待游客200万人次，同比增长63%；云龙水上乐园二期投入运营，累计接待游客25万人次，实现收入4300万元。二是一批项目加快推进。湖南中医药高等专科学校、奥悦冰雪世界等在建项目加快推进。龙母河生态新城启动征拆；湖南移动数据中心全面开工建设；轨道交通城5条主干道路基全面成型；盘龙湖6条围湖道路加快建设，2018年有望实现蓄水；长郡株洲云龙实验学校加快推进；42条在建路网，实现竣工37.6公里；与中国二十冶集团合作的60亿元盘龙湖及基础路网建设PPP项目落地实施。三是一批项目签约落户。深入开展"招商引资年"活动，主动对接长三角、珠三角地区产业转移，利用"港洽周""沪洽周""中国企业家年会"等活动进行招商，云龙国际进口商品旅游小镇、绿城理想小镇、安信建设、美好新材料基地等16个项目成功签约落户。总投资141亿元的华夏幸福云龙产业新城PPP项目签约落地，为株洲市首个采用竞争性磋商方式进行政府采购的新型城镇化PPP项目，将打造15平方公里的产业新城。

（三）强力破解瓶颈，要素保障得到新增强

持续打好征拆安置、治违拆违、环境整治"三大攻坚战"，强力破解项

目建设要素瓶颈，为项目建设保驾护航。一是抓征拆安置。开展征地拆迁"百日攻坚"行动，实行"日汇总、周调度、月考核"工作机制，强力推进征地拆迁，完成征拆交地6945亩。明照水泥厂、神龙砖厂等8个棘手的企业征拆工作全面完成，征拆遗留问题得到有效破解。新建安置房11.9万平方米，竣工9.7万平方米，完成14个征拆安置区项目分房，实现了安置区物业管理全覆盖。二是抓治违拆违。强化"镇巡区拆、部门联动、日报月考、重奖重罚"治违机制，开展拆违行动180次，办理违法建设案件148起，拆除违章建筑246处12.58万平方米。三是抓环境整治。坚决打击强行阻工、强揽工程等扰乱建设秩序的违法行为，着力查处幕后操纵阻工、违建和阻挠拆迁的人和事，依法查处阻碍破坏项目建设案件6起，刑事拘留5人，行政拘留16人，训诫457人。四是抓资金融通。积极对接银行等金融机构，融资到位资金107.5亿元；努力向上争取项目资金，共争取上级各类资金1.4亿元。

（四）精准定位施策，产业培育迈出新步伐

把做大做强产业作为头等大事，加大产业培育力度，增强发展硬实力。一是优化产业布局。委托中国城市规划设计研究院上海分院、中国（深圳）综合开发研究院、上海绿色工业和产业发展促进会等国内一流规划策划机构，分别对《云龙总规》《产业规划》《龙母河项目城市设计》等规划进行修编，优化升级。委托中科院云计算中心和湖南国际工程咨询中心、湖南社科院经济研究所分别策划包装了湖南云龙大数据产业园、长株潭金融产业城等重大项目。着力构建"一带三片八组团"产业发展格局，即龙母河生态景观和公共服务带，北部文旅商贸、中部智造创新、南部高职研发等三大片区，智能制造、商贸物流、大数据产业、金融服务、总部经济、文旅度假、健康养生、职教科研等八大组团，产业定位更加精准，布局更加明晰。二是加大政策扶持。出台加快总部经济发展等一系列政策制度。引进湖南通信服务公司落户并实现税收3017万元，完成外地企业注册分支机构15家。吸引了诸多全国知名企业来云龙投资洽谈，高桥大市场公司拟投资建设长株潭商

贸采购中心；祥源凤凰公司拟投资建设云龙文化旅游产业园；深圳云传智联技术公司拟建设中国"传感科技谷"；泰康人寿拟打造株洲云龙高端康养社区；海尔集团、游漾互娱、好运电竞等公司拟投资建设互联网项目。三是全力帮扶企业。深入开展"企业帮扶年"活动，重点协调解决了湘火炬火花塞周边转供电等问题，得到了《株洲日报》的宣传点赞。市长热线派单"企业帮扶"类问题113个，办结113个，办结率100%。设立1亿元的产业发展引导扶持基金，引导鼓励企业发展实体经济。筹资1500万元搭建中小企业公共服务平台，引导零创空间等成长性好的中小微企业做大做强。零创空间已经入驻无人机研发、3D打印等企业53家，创业团队6个，成功创建为省级众创空间。

（五）切实改善人居环境，人民群众共享新成果

把70%以上财政支出投入民生领域，努力让群众共享云龙改革发展成果。严格落实"河长制"，实施龙母河综合治理工程，加强湘江保护和治理，取缔白石港禁养区内的违法经营活牛交易市场。抓实"十大文明行动"，开展城市管理专项整治，巩固提升创建成果，为株洲市顺利通过"创文"复检、"国卫"复审做出积极贡献。开展"平安云龙"创建活动，加快数字化城管平台建设，推进城乡网格化社会治理。强化企业生产、建筑施工、道路、校车、食品、消防、旅游场所等领域安全监管，未发生重特大安全事故。

二 2018年云龙示范区建设思路

全面贯彻落实党的十九大精神，高举习近平新时代中国特色社会主义思想伟大旗帜，按照湖南省委、株洲市委的总体部署，紧紧围绕建成全国两型社会示范区、创建国家级经开区"两大目标"，以"争先进位，挺进前列"为主题，以"产业项目建设年"为抓手，持续打好项目建设"三大攻坚战"，集中精力培产业、补短板、深改革、提效能，突出"三城五园"建

设，打造发展新引擎，展示云龙新形象，争当"一谷三区"建设排头兵，为建成全国两型社会示范区、创建为国家级经开区而努力奋斗。

（一）突出产业培育，提升经济实力

加大产业培育力度，做大做强一批龙头企业，力争通过三年努力，基本构建以大数据为引擎、智能制造和电子信息为基石、现代服务业为支撑的现代产业体系。加大建设力度，打造"三城五园"产业集群，"三城"，即华夏幸福云龙产业新城、龙母河生态新城、轨道交通城；"五园"，即职教科技园、湖南云龙大数据产业园、文旅创意园、金融产业园、商贸物流园。开展产业项目竞赛年活动，制定重点产业项目建设推进实施方案，完善项目协调机制、保障机制、推进机制、调度机制，加快项目建设，确保一批产业项目见效果出形象。加大策划力度，实施"21511"招商行动，组建一支专业招商团队，深入北上广、珠三角等发达地区，紧盯500强企业，主攻科技含量高、产业关联度高、投入产出高的重大产业项目，力争2018年包装策划项目20个以上，引进亿元以上项目10个以上，10亿元以上项目5个以上，30亿元项目1个以上，招商引资100亿元以上。加大帮扶力度，推动实体经济做大做强，深入研究国家、省、市产业政策，分行业制定产业扶持政策，积极争取省、市产业扶持资金，设立产业发展基金1亿元，发挥产业发展基金杠杆作用，加快实体经济发展，落实《鼓励和扶持企业上市（挂牌）的若干政策》，支持兴隆新材、云田花木等成长性好的企业上市。

（二）突出功能配套，提升城市形象

坚持产城融合发展不动摇，加快完善功能配套，提升城市发展承载力，努力建设宜居宜业的魅力新区。完善路网管廊配套。重点推进"一廊四网"建设，"一廊"，即按照管线集约化建设理念，投资3亿元建设15公里综合管廊；"四网"，即着力完善主次路网、给排水网、强弱电网、燃气管网。主次路网方面，投资20.8亿元，建设25条30.5公里道路，加快构建"五纵十横"主次路网。加快公共服务配套，重点抓好"一湖一院一馆四校"

建设，"一湖"即盘龙湖，力争实现年内蓄水，打造云龙靓丽的城市风景线；"一院"即云龙医院，加快推进建设，努力早日建设成为全市第二大的三甲医院，提升医疗服务水平；"一馆"即株洲市图书馆，加快启动建设，建好智慧广场，完善公共文化服务体系；"四校"，即长郡株洲云龙实验学校加快推进，云田中学二期、盘龙学校开工建设，大丰学校启动前期工作。抓紧商业休闲配套，启动云龙商业中心建设，加快盘龙湖片区商业开发，围绕重点片区、建成项目、安置小区，加快酒店、超市、金融等商业配套，营造便利的生活环境，加速云龙人气聚集。

（三）突出三大攻坚，提升要素保障

持续打好征拆安置、治违拆违、环境整治"三大攻坚战"，深化资金融通，不断强化要素保障。精准发力抓征拆安置，科学安排征拆计划，实现征地拆迁与建设项目、土地报批、资金安排"四位一体"，确保2018年征拆精准交地6000亩以上，加快安置房建设，用两年时间统筹解决生活安置遗留问题。雷霆之势抓治违拆违，开展铁腕整治行动，重拳出击，集中力量打一场歼灭战，强力拆除一批情节严重、影响恶劣的"钉子户"，建立重大案件快速处置机制，完善部门联动机制，推动控违治违拆违工作常态化，保持治违拆违高压态势。重拳出击抓环境整治，以扫黑除恶专项斗争为契机，重拳整治和净化施工环境，严厉打击强买强卖、阻工扰工、强揽工程等违法行为，严厉打击乱检查、乱收费、"索拿卡要"等违法行为，着力营造良好的投资与经营环境。想方设法抓资金融通，认真落实上级关于防范化解重大金融风险的决策部署，摸清政府性债务底数，强化风险防范措施，筑牢金融风险防火墙，支持云发集团、经投集团、龙母河公司按市场经济规律开展经营活动，增强平台公司运营和盈利能力，力争全域2018年融资到位资金80亿元以上。

（四）突出改革创新，提升发展活力

实施创新驱动战略，深化改革创新，加快释放改革红利，增强发展活

力。探索"一站式"行政审批机制，按照全市"最多跑一次"改革部署，深入推进行政审批制度改革，努力创新"前台综合受理、后台分类审批、综合窗口出件"的政务服务新模式，探索建立行政审批"政务云"平台，推进行政审批事项网上办理，着力打造省心省时省事的政务服务环境。实施"百名精英"人才引进计划，出台引进培育"双创人才"政策措施，用3年时间，分批次引进高层次人才100人，着力解决项目策划、资本运作、金融管理、产业建设等方面的急需紧缺人才；积极推行服务外包，坚持按需引进专业化服务机构，推动从"以钱养人"向"以钱养事"转变。打造"双创"孵化平台，围绕大数据、智能制造等重点产业，加快国家级研究院所、重点实验室、院士工作站等研发平台建设；设立"双创"引导基金，加大"双创"奖励扶持力度，加快创客空间、零创空间、微软创新中心等创新孵化基地建设，培育更多"创客""微客"和微小型企业。

（五）突出共建共享，提升民生福祉

深入贯彻落实乡村振兴战略，多解民生之忧、多谋民生之利、多增民生福祉，增强群众获得感、幸福感和安全感。完成危旧土坯房改造，加快棚户区改造。启动修缮建设言子祠等历史文化景点，加快镇街文化站、社区文体活动中心建设。规范绿心区域内村民建房，推进美丽乡村建设，打造云田、柏岭两个美丽村社示范点，加快云田特色小镇建设。夯实河长制工作，加快龙母河水系综合治理工程建设，推进太平桥血防工程综合治理和响塘避灾农业示范项目。落实安全生产责任制，开展安全隐患整治行动，杜绝重特大环境事故发生。

B.27
湖南南山国家公园体制试点情况及2018年改革思路

城步苗族自治县人民政府办公室

一 2017年试点工作情况

2017年以来，湖南南山国家公园体制试点工作坚持以党的十八届三中全会关于"建立国家公园体制"和党的十九大提出的"建立以国家公园为主体的自然保护地体系""实施重要生态系统保护和修护工程，优化生态安全屏障体系，构建生态廊道和生物多样性保护网络，提升生态系统质量和稳定性"根本方略为指针，勇于创新，积极进取，试点建设有序推进，成效显著。

（一）科学构建试点工作机制，充分激发创建活力

1. 三级联动，形成合力

深入领会党中央、国务院关于建立国家公园体制试点深刻内涵，认真落实国家发改委《关于南山国家公园体制试点区试点实施方案的复函》总体要求，积极统筹省、市、县三级力量，分工合作、分级负责、齐心协力、齐抓共管，形成党委统揽、政府主导、民众参与的强大合力，全速推进公园建设。湖南省委省政府高度重视，将南山国家公园体制试点作为湖南省加强生态文明建设重要抓手，列入议事日程。湖南省委书记杜家毫做出重要批示，许达哲省长、陈向群常务副省长先后多次到城步调研指导，湖南省建立国家公园体制试点领导小组率先垂范，靠前指挥，湖南省发改委等省直部门派驻领导和精干人员全程参与和指导。邵阳市委书记龚文密、市人民政府

市长刘市青等主要领导多次亲赴现场办公,研究解决具体实际问题,并多次组织召开市委常委会、市政府常务会专题研究,周密部署。城步县委、县政府上下齐心,全力以赴,主动承担公园建设主体责任,扎实推进试点各项工作。

2. 明确目标,落实责任

强化目标管理,明确2017年14个方面67项重点工作,突出"国家公园多规合一、自然资源确权登记、公园开发强度边界划分及管理、生态补偿、公益林保护、旅游管理、生态保护、管理机构和公园立法"等九大体制机制创新任务,并结合南山国家公园试点工作实际,按照既定工作路径和时间节点,分门别类,将目标任务以格式化、清单化形式,全面分解细化到各责任单位、责任人,采取倒计时方式,定期督察,精心调度,严格监督。湖南省、邵阳市直各单位率先行动,全力参与,精心策划,有效推动了各项工作的落实。

3. 强化宣传,统一认识

南山公园覆盖范围广,辖区约为城步县总面积的1/4,涉及7个乡镇、3个林场1个牧场、49个行政村和居委会,人口2.4万人,土地山林等自然资源权属类别较多,群众关切面广、关切度高。因此,宣传教育、思想引导至为关键,一年来,通过广播、电视、报刊等新闻媒体和城步手机报、苗乡城步微信群等现代公众平台大力宣传,以及试点区内基层政府和村居干部串家入户地亲身宣讲,重点加强了公园试点区内广大群众政策思想教育引导,公园建设已深入民心,得到了城步县广大民众的高度认可和自觉参与。

(二)致力于试点管理机构建设,强化创建组织保障

1. 致力于组建公园管理机构

按照"归属清晰、权责分明、监管有效"的原则,2017年6月,《关于湖南南山国家公园体制试点机构设置方案的批复》(湖南省编委会湘编复字〔2017〕5号)批准设立湖南南山国家公园管理局,整合归并城步苗族自治县南山风景名胜区、两江峡谷森林公园、金童山自然保护区、白云湖湿地公园

共四个国家级保护地管理机构管理职能，内设综合处、规划发展处、生态保护处、自然资源管理处4个副处级机构，下设南山牧场风景名胜区管理处、白云湖湿地公园管理处、金童山自然保护区管理处、两江峡谷森林公园管理处、综合执法支队5个事业单位，实现了"一个保护地一块牌子、一个管理机构"统一管理模式。2017年10月13日，湖南省政府正式批准授牌，标志着保护地资源整合全面实现，保护地重叠、行政分割、管理破碎化现象得到基本解决，多头交叉管理向统一高效管理转变目标基本实现，试点工作取得重大突破，创建基础进一步夯实。湖南省直部门派驻任职领导和邵阳市委、市政府任职的班子成员及各机构主要负责人先后到任到岗，管理局班子整体功能和布局架构全面完善，公园试点组织保障得到进一步巩固提升。

2. 致力于机构内部整章建制

着眼公园管理机构制度化、规范化建设，制定了《湖南南山国家公园局制度汇编》，涵盖考勤、财务、公务用车使用管理，"三重一大"事项集体决策等14个方面共28个制度，实现了公园管理机构有章可循，有规可依。

3. 致力于完善人才保障机制

积极实施公园人才保障机制建设，明确科普教育、野生动物救助、珍稀植物救治、项目管理等高素质专业管理人员和生态、野生动植物、规划、游憩等领域的高素质科学技术人才发展需求，坚持"请进来、送出去"方针，编制并启动了2017年公开招聘专业技术人员方案，向湖南省、邵阳市人社和编办等部门申报了2018年公开招聘专业技术人员计划。

4. 启动考选工作人员计划

根据湘编复字〔2017〕5号《关于湖南南山国家公园体制试点机构设置方案的批复》精神，并经南山国家公园管理局党委研究报邵阳市人社局同意，决定按照"公开、平等、竞争、择优"的原则，采取考试和考察相结合的办法，从南山牧场现有在编在岗人员中考试选调17名工作人员，进入南山国家公园管理局下属南山牧场风景名胜区管理处工作。

5. 完善预算编制及项目计划

会商邵阳市、城步县财政部门，编制完成了管理局2018年财政预算。

由邵阳市发改委、南山国家公园管理局共同议定了南山国家公园试点一揽子项目规划方案。

（三）强化试点基础工作攻关，切实提升创建实力

1. 着力推进规范体系建设

一是着力加强总规编制。坚持规划先行，高起点规划，高标准设计，严格按照国家公园体制试点要求，并结合公园实际，委托中南林业科技大学规划设计院和湖南省规划设计院进行勘察、设计和编制总体规划，先后多次召开论证会，反复现场勘察，积极向国家级专家征求意见，专门召开了总规与专项规划的专家对接会，规划内容主要涵盖资源类型与价值评价、总体要求、功能分区、生态系统保护与修复、体制机制保障等方面。目前，已经县、市两级评审，报湖南省住建厅，正组织省级评审。

二是着力启动专项规划编制。坚持以"总体统领、远近结合、全面与专项相融合"为主线，同步启动了畜牧业发展规划、文物保护规划、自然资源确权引导规划和生态环境保护规划等专项子规划。

三是着力推进公园管理立法。邵阳市委、市人大、市政府和管理局高度重视立法工作，市委常委会、市政府常务会进行了专题研究，主要领导亲自调研立法工作，于2017年4月7日组织召开了《湖南南山国家公园条例（草案）》立法推进会，全面启动立法调研、立法论证和起草工作，并派考察组赴三江源国家公园考察取经，组织30余次座谈会、论证会，征求意见建议300余条。2017年8月4日经邵阳市人民政府常务会议审议并通过，形成法规草案，湖南省法制办已将该条例列入2018年立法计划。2017年8月23日，湖南省人大常委会副主任王柯敏实地调研，省、市、县三级同步推进国家公园立法工作局面形成。

2. 着力推进资源确权登记

一是深化自然资源确权登记。积极协调国土、农业、林业、水利以及有关乡镇组建联合调查组，切实摸清山水林田湖草等自然资源的种类、数量和权属性质，并绘制了"全民所有自然资源分布图"、"集体所有自然资源分

布图"、"国有土地利用现状图"和"位置示意图"。截至目前,试点区域内的自然资源调查登记工作基本完成,正在推进确权攻关。2017年8月16日,在城步召开了全省自然资源统一确权登记试点工作调度会,进一步加快推进了试点区自然资源确权登记工作。在全国十个国家公园体制试点区中,南山国家公园自然资源确权登记工作进展是最快的。

二是深化文物资源调查。收集整理了试点区内各级文物保护单位名录及简介等基础资料,确定了文物保护单位、保护范围和建设控制地带,编制完成了《南山国家公园文物保护利用专项规划》,待专家审核后递交湖南省建立国家公园领导小组审议。同时,启动了部分文物保护单位修缮方案编制。

三是深化农村承包土地调查。完成了农村承包地确权登记,提交了土地流转调研报告,起草编制了试点区内草地生态修复及奶业发展专项规划,研究制定了试点区退养牧民补偿和畜牧业、奶业特许经营政策。

四是深化环境状况调查。全面完成了试点区内水电、矿山等摸底调查,起草编制了生态环境保护专项规划,完成了生态红线划定,初步确定生态红线面积为619.14平方公里,约占公园总面积的95.2%。

五是深化水利调查。组织湖南省有关水利专家,先后开展了4个批次的实地调研勘察,摸清了试点区水利布局、现状,并提出了具体的水利工作方案。

3. 着力推进生态保护建设

一是强化联防建设。强化了生态保护跨区域协同合作,与广西龙胜、资源和湖南新宁、绥宁、通道等周边县市初步建立了南山国家公园生态环境保护管理联席会议制度,以着重研究解决公园生态环境保护管理中的重大问题,协调处置重大事件和严重违法案件,加强行政执法协作和案件协查,形成了信息互通、资源共享、互利共赢的共建共管格局。同时,在山洪灾害监测预警、区域洪水防御体系建设、水资源保护与优化和水土保持生态环境专项工作上落实了责任单位和责任人,促进了专项工作的稳步推进。强化了生态保护立体防控体系建设,实现了山上有保护站、重点路段有监控、林中有巡护的三维立体资源管理体系,下一步,将开展空中巡查,从而实现四维立体联防目标。

二是强化建设管控。制定了《湖南南山国家公园生态保护监督管理办法》，扎实推进有关生态保护性设施建设，紧急叫停了已经核准的南山三期和十万古田2个风电项目，并停止批建试点区内所有水电开发项目。重点查处了试点区范围内各村、组、社区乱垦、乱砍、滥伐等违法行为。同时，针对试点区内违建情况，进行了全面摸底、审核，成立由城步县人民政府牵头的控违拆违工作领导小组，对违建实施全面停建、整顿，非法用地现象得到有效遏制，主动管控成效明显。

三是强化基础设施建设。管理局下属金童山国家级自然保护区管理处、两江峡谷国家森林公园管理处和白云湖国家湿地公园管理处利用国家林业局现有投入渠道开展了一系列管理能力建设和保护与恢复工程建设，包括十万古田保护站和奇山寨保护站建设、十万古田生态步道建设、白云湖水禽栖息地恢复工程、水生植物多样性恢复工程等，进一步加强了试点区的生态保护和管控力度。

四是强化日常监管巡查。制定了南山国家公园生态环境保护行政执法巡查通报制度，积极开展日常巡查，及时排查违法隐患，实施生态环境全天候无间隙监管，生态环境保护执法有效。

五是强化生态公益林保护。积极推进公益林扩面提标探索，逐步将试点区整体纳入公益林补偿范围，并提高补偿标准，前期已开展了生态补偿摸底调研。

（四）全面深化创建工作导向，致力于试点机制创新

1. 坚持统一规范，推进自然资源确权登记机制创新

强化调查评价标准体系创新。编制了《自然资源统一确权登记技术指南》，对自然资源确权登记技术要点、难点、方法、要求等作了具体规定，统一标准规范，做到统一自然资源调查底图、统一土地利用分类标准、统一调查技术标准、统一调查坐标体系、统一遥感影像图。以1∶2000高清影像图为基础，积极探索"内业判图指界+实地核实调查"确权新思路，大大提高了调查确权的精度和效率。强化国土空间规划创新，通过空间连片、统

一管理，实现碎片化区域有效整合，并与土地利用总体规划、城乡发展规划、区域规划相衔接，科学编制国土空间规划，构建定位清晰、功能互补、统一协调的空间规划体系，划定生产、生活、生态空间开发管制界限，构建国土集聚开发、分类保护、综合整治三位一体新格局。

2. 推进科学发展，推进开发强度边界划分及管理创新

制订了《湖南南山国家公园体制试点区开发强度边界划分方案》《湖南南山国家公园体制试点区管理机制体系创新方案》，实施功能分区，将南山国家公园划分为严格保护区、生态保育区、生态体验区和绿色发展区，划定生产、生活、生态空间开发管制界限，构建了土地集聚开发、分类保护、综合整治三位一体新格局。

3. 坚持共建共享，推进生态补偿机制创新

积极探索公益林补偿机制，编制了《湖南南山国家公园体制试点区生态补偿机制实施意见》，2018年2月23日，湖南省政府常务会议原则通过了《关于建立湖南南山国家公园体制试点区生态补偿机制的实施意见》。同时，拟对试点区内生态公益林实行"扩面"和"提标"，将所有林业用地全部划为公益林，逐步提高生态公益林补偿标准，并探索推进政府"赎买""租赁"集体公益林途径。

4. 坚持分类保护，推进环境保护责任体制创新

编制了《湖南南山国家公园生态环境保护专项规划》《湖南南山国家公园水利专项规划》，完成了《湖南南山国家公园体制试点区生态环境保护建议方案》《湖南南山国家公园体制试点区生态环境保护管理办法》初稿。开展资源管护机制创新，按照不同功能分区、森林用途和保护目的，推进分级管理，整合现有公益林护林员、森林防火巡山员和林业有害生物测报员，实施"三员合一"，构建国家公园森林资源管护员的统一管护模式，形成"山有人管、林有人护、火有人防、责有人担"的生态管理保护新体制。

5. 坚持统筹兼顾，推进规划体系创新

着力统筹专项规划，优化试点区域功能空间，明确试点建设管理路径，强化全域规划理念，积极协调国土、交通、城建等部门及当地政府，有效衔

接经济社会发展、土地利用、城乡建设等相关规划,宏观统筹,整体纳入公园总体规划成果,实施多规合一,形成"一张蓝图画到底、一个规划管到底"的管理模式,努力消除各类规划相互冲突、自成体系的混乱局面,并在此基础上,制订相关专项规划和年度实施计划,提出了"生态文明示范区、人与自然和谐可持续发展示范区、少数民族文化传承和发展示范区、带动少数民族地区经济社会发展示范区"四大建设目标。

6. 坚持绿色发展,推进经营机制创新

坚持"政府主导、管经分离、多方参与"的特许经营机制,依照开发强度分区管控要求严格控制特许经营项目的布局位置和规模,签订经营合同和责任合同,将旅游服务、牧业、民俗文化等领域纳入特许经营范畴。起草编制了试点区草地生态修复及奶业发展的专项规划,研究制定了试点区退养牧民补偿和畜牧业、奶业的特许经营政策。制定了《湖南南山国家公园体制试点区旅游管理机制工作方案》《旅游管理机制创新课题研究》《国家公园旅游游憩区建设和管理规范标准》,并在门票预约机制、游客量控制和行为引导机制、解说教育推广机制等方面进行了积极探索。

7. 坚持依法办事,推进执法体制创新

着眼公园资源环境综合执法,结合实际,主动对接发改委、国土、规划、环保、林业、交通、农业、旅游、水利、文物等部门研讨南山国家公园的行政执法工作,对与公园体制试点区有关的所有行政管理权力进行逐条分析,编制了《湖南南山国家公园管理局行政管理权力清单(征求意见稿)》,初步梳理出各项行政管理权力共计307项,已启动申报工作。

二 2018年试点工作思路和重点

(一)总体思路

坚持实施"一、二、三、四、五"工程,即以成功创建首批国家公园为主线,整合政府与社会两方面力量,夯实基础工作、基础机制、基础设施

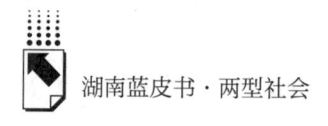

等三大基础，通过系统保护、智慧管理、法制保障、绿色发展四轮驱动，大力开展最严保护、生态修复、设施完善、共建共享、宣传教育五大工程。

（二）主要任务

1. 大力开展最严保护工程

（1）完成最严格的生态保护措施。合理划分保护区域，实行网格化管理，加强巡查工作。对违背国家公园保护管理要求，造成生态系统和资源环境严重破坏的要记录在案，依法依规严肃问责、终身追责。实行"七个一律"：即对公园内所有矿山开采权一律停止拍卖；对公园内所有小水电站建设一律停止审批；对公园内的新用地、新项目，一律严格按照《湖南南山国家公园总体规划》审批；对试点区违章建筑一律依法拆除；对试点区不符合《湖南南山国家公园总体规划》要求的民居一律予以搬迁；对试点区尚未启动实施的风电项目一律叫停；对试点区发现的破坏生态的违法行为一律依法打击，重点打击非法猎捕、杀害候鸟等野生动物的行为。打击非法采伐、毁坏、收购、运输、加工、出售国家重点保护植物违法犯罪的专项行动。打击团伙盗伐、滥伐林木，非法运输木材违法犯罪；打击毁林开垦、毁林采石采矿等违法使用林地行为。确保生态保护不出任何问题。

（2）以规划为龙头，强化生态保护。按照党的十九大精神和《建立国家公园体制总体方案》的要求，科学、高水平地编制好《湖南南山国家公园总体规划》，并在2018年第一季度通过省级评审，并报省人民政府审批实施。完成相关专项规范。开展国家公园土地利用规划、生态环境保护规划、公园周边区域经济社会发展规划等专项规划的编制，形成完善的规划体系，加快规划项目落地、政策落实，统筹规划实施。

（3）以法律为保障，加强生态保护。修改完善《湖南南山国家公园条例（草案）》（以下简称《条例》），争取尽快出台，为湖南南山国家公园管理提供法律保障。并根据《条例》，制定出切实可行的规章制度，使南山国家公园管理走上规范化、制度化、法律化的轨道。

（4）明确职责，加大综合执法力度。根据《建立国家公园体制总体方案》、省编办《关于湖南南山国家公园体制试点机构设置方案的批复》（湘编复〔2017〕5号）及《湖南南山国家公园条例（草案）》，编制《湖南南山国家公园管理局行政权力清单》。

（5）制定产业指导目录，明确鼓励、限制、退出的产业类别，完成关停小水电站3座的试点任务。

（6）加强监测与管理。充分利用包括遥感、无人机等技术手段及时发现和严格查处相关违法违规行为。设置科研监测点，结合科研监测点设置管护点，开展环境和物种的监测与统计工作，完善生物多样性监测体系。进一步开展生物多样性监测体系建设，规范监测工作和完善监测网络体系，加强野生动物疫病监测防控，提高监测效率。加强监管，及时发现和处理环境污染事件。

（7）编制湖南南山国家公园标准体系，规范国家公园的各类建设。

（8）划清全民所有和集体所有之间的边界，划清不同集体所有者的边界，实现"归属清晰、权责明确"。搞清试点区的自然资源家底，全面完成试点区自然资源的调查登记、确权工作。

（9）搞好本底调查，做好试点区珍稀动植物调查、监测工作。

2. 大力开展生态修复工程

（1）重点做好十里平坦等风电场生态修复和边南公路沿线生态修复，全面开展南山牧场草山综合治理。

（2）推进生态移民搬迁。根据试点实施方案，南山国家公园范围内搬迁居民点40个，约1722人，其中591人外迁至国家公园范围外的本乡镇及县城。1131人内迁至国家公园范围内的本乡镇或本村组。2018年完成严格保护区的生态移民工作。

（3）落实生态补偿。为实现国家所有、确保全民所有的自然资源资产占主体地位、使管理上具有可行性，采取将试点区林地全部纳入国家级生态公益林保护范围，并按长沙绿心区标准，将公益林补助标准提高致每亩30元。同时，采取统一租赁，分年付款的方式，力争将集体林地的经营使用权全部收回至南山国家公园管理局统一管理。

3. 大力强化设施完善工程

（1）做好公园配套基础设施建设工程。改扩建白山头（汀坪）至十万古田生态公路；修建十万古田片区、白云湖片区的大门、生态停车坪等相关设施，以及北大门（边溪）综合服务区建设。

（2）抓好项目前期和申报工作，完成项目库建设。

（3）完成湖南南山国家公园内的界碑、界桩和标牌标识，确保边界清晰，指示分明。

（4）建设智慧国家公园。建设好湖南南山国家公园信息管理平台，提升信息化管理水平，利用云计算、大数据等科技手段管理，开展公园监控、展示系统、门户网站建设，在全国"一张图"大数据平台的基础上构建立体资源管理体系，使公园管理更科学有效。

4. 大力开展共享共建工程

（1）聘请国内外规划、动植物保护等方面知名专家担任湖南南山国家公园管理局的专家顾问，搞好智库建设。

（2）大胆探索特许经营制度，引进战略投资者，积极引进社会资本参与国家公园建设，着力在南山牧场景区打造生态旅游特色小镇，在公园入口处打造2个特色小镇，为公众提供亲近自然、体验自然、了解自然以及作为国民福利的游憩机会。

（3）与深圳华大基因开展合作，建立湖南南山国家公园动植物基因研究中心，引进国内外知名的基金会参与国家公园的创建。

（4）设立国家公园创建展陈室，建设珍稀植物展示园，开展对公众的生态文明成果展示和教育，鼓励公众参与，调动全民积极性，激发自然保护意识，增强民族自豪感。

5. 大力开展宣传教育工程

（1）建立南山国家公园的官网，设立湖南南山国家公园的园徽、Logo。组织央视、湖南卫视、湖南经视等媒体拍摄一部高水平的代表国家形象的湖南南山国家公园宣传片，在国际国内有影响的媒体传播，提高湖南南山国家公园的知名度。

（2）强化队伍素质建设。认真学习贯彻党的十九大精神，自觉以习近平新时代中国特色社会主义思想为指导，加大专业技术人员继续教育力度，强化培训教育，定期举办培训班；组织学习中央、湖南省、邵阳市政策和相关会议精神；积极参加上级组织的各类教育培训和专题讲座。与国内外各类优秀的保护地及科研机构在保护、开发、管理、利用等方面建立良好的交流机制；将公园管理人才引进纳入全省引才计划，同时加强与国内外高校及科研机构合作，培养国家公园后续人才；引进熟悉国家公园管理的高级人才进行技术指导工作；建立合理的内部人才发展通道；创造良好的工作环境。

（3）加强舆论宣传引导。建立宣传教育中心，利用各类媒体资源，定期宣传南山国家公园的资源特色、核心价值和社会公益属性，宣传国家公园相关法律法规、政策标准，宣传国家公园的保护、建设和管理动态。提高南山国家公园的社会影响力，提高公众的保护意识，提高访客和居民的责任意识和认同感，发挥国家公园的公益属性和综合效益。

B.28
湘潭县云龙小学创建两型示范学校的经验与启示

——"教材串联、三方联动"的"4+4"两型示范学校创建模式

湘潭县云龙小学

"资源节约""环境保护"的理念是学生良好品德和社会责任感树立的基础。两型理念的传递，生活习惯的养成，关键在教育，其中一个重要的阵地在学校。近年来，湘潭县云龙小学坚持"两型意识从娃娃抓起"，通过"教育一个孩子，带动一个家庭，影响整个社会"的思路，强化"教科室—科研课题、教务科—两型课堂、学生科—实践活动、后勤处—硬件设施"这四大创建责任主体与四大教育教学内容载体的对应关系，将两型元素贯穿于教学研究中，编写入课堂教材里，融入实践活动中，体现在学校环境中，渗透于学校教育的全过程，形成了"教材串联、三方联动"的"4+4"两型示范学校创建模式。自2008年学校创建工作开展以来，湘潭县云龙小学先后被评为湘潭市首批"两型示范学校"、湘潭市"两型示范学校"先进单位、湖南省"两型示范创建单位（学校）"、湖南省两型示范基地。

一 探索两型示范学校创建模式

湘潭县云龙小学以培养孩子两型意识，促进孩子全面综合发展为主线，将"两型示范学校"创建贯穿于教学科研、课堂课本、实践活动、校园环境等各个环节，每个环节又落实了责任主体，两型课题教研由教科室负责，两型课堂搭建由教务科负责，两型活动开展由学生科负责，两型设施建设由后勤处负责，并制定了相应的规章制度，从而基本形成了"科研有课题、

教育有课本、实践有活动、硬件相配套"系列完整的两型学校创建体系。主要创建结构和管理流程如图1所示。

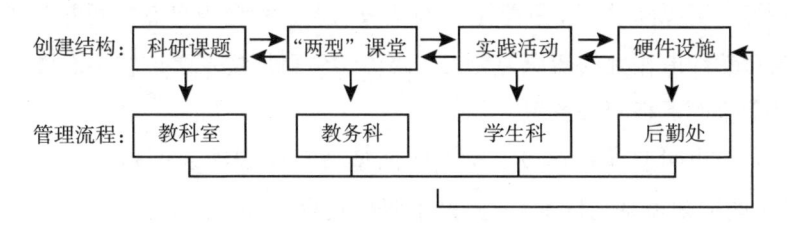

创建结构：科研课题 ⇄ "两型"课堂 ⇄ 实践活动 ⇄ 硬件设施

管理流程：教科室　　教务科　　学生科　　后勤处

图1　两型学校创建结构和管理流程

（一）教学研究突出两型主题

一方面，深入研究两型科研课题。教育是培养人尤其是培养未来公民的一项重要事业，培养学生两型意识是两型社会建设的需要，更是学生全面实施素质教育的重要内容。基于此，学校提出"两型社会建设人人参与，两型意识培养从娃娃抓起"的思路，将"小学生资源、环境教育研究"作为一项科研课题进行研究，并评为省级优秀课题。另外，明确科研的两型引领作用。两型教育的内涵是以人与自然的关系为着力点，通过唤起学生的两型意识，使之掌握和发展解决人与自然关系问题的知识和技能，从而促进人的全面发展。课题开展了四项策略研究，一是挖掘教材资源，整合两型教育，开展两型课堂探究；二是深入开展多项活动，增强学生两型道德意识；三是挖掘地方资源，研发校本课程，培养未来公民意识；四是扩大教育范围，发挥两型教育的辐射作用。

（二）课堂教材凸显两型特色

一是开发两型教材。为形成教育体系，学校于2009年自主研发了一套较为科学系统的小学生两型教育系列读本，2011年，学校根据开课反馈意见，全面修订再版《小学生两型知识系列读本》。再版读本分为《亲亲大自然》《大自然的悄悄话》《走进大自然》《爱护大自然》《我爱地球母亲》《绿色自然"两型"家园》六本。

二是不断完善两型教材内容。两型读本内容循序渐进，贴近生活，寓教于乐，形式多样，引导学生欣赏和关爱大自然，关注家庭、社区、国家和全球的环境、资源问题，帮助学生正确认识个人、社会与自然之间的关系，获得人与自然和谐相处的知识与能力，培养学生对环境友善的情感态度与价值观，从而全面提高两型意识。

三是突出两型课程建设。学校将两型教育课程纳入课程建设中，使用《小学生两型知识系列读本》，开设了两型教育课程。同时，学校还在语文、数学、科学、品德与生活（社会）等课程中结合学科特点有机渗透两型知识，挖掘学科教材内容，全方位实施两型教育。

（三）教育活动融入两型元素

为深入开展两型学校创建工作，学校从常规活动、实践活动等方面组织开展了一系列教育活动。

一是常规活动显特色。连续开展了手抄报比赛、主题班会、宣传签名、雷锋日义扫、变废为宝科技小制作、环保章评选等活动；结合《小学生两型知识系列读本》知识，开展两型知识竞赛、"我为两型社会贡献金点子"征文比赛等。

二是实践活动有成效。结合学生实际和两型教育需要，组织学生开展了勘察湘江水质，走访污水处理中心，深入农村、社区调查，撰写调查报告等两型综合实践活动。其中，郑美玲等同学的《从"垃圾围村"到"村容整洁"——河口镇三联村农村生活垃圾处理的现状与思考》作品被评为"湖南省中小学综合实践活动成果二等奖"。

三是宣传活动有影响。重点将学生的两型获奖作品在《湘潭晚报》《湘潭日报》等媒体刊出，校报《云帆》、校刊《花开的声音》、校园电视台开设了"我与两型""两型伴我行"等专栏，学校宣传栏先后展出了六期两型知识，广泛深入宣传，为两型教育营造了良好氛围。

（四）硬件设施彰显两型品牌

按照"两型学校"环境友好标准体系，致力于打造园林式两型学校。

一是绿化、美化校园。学校先后投入100多万元，对校园文化广场和校园各处进行绿化，栽种树木，培植草皮，设立标识标牌，开辟学生种植专区，学校可绿化区绿化率达到100%。各班有垃圾分类处理、专用废纸回收箱，公共场所设双排分类垃圾桶，校园专设了可回收垃圾池。

二是进行资源节约化改造。学校投入50多万元全面实施"煤改气"工程，将学生公寓热水系统全部改为空气能热水器；对公共场所的开关、龙头进行改造，使用声光控开关和感应式水龙头，全面使用节能灯。通过这些措施，大大降低了"三废"排放量，每年节约用水两万多吨，节约用电近三万度。

二 成效

（一）形成了浓厚的两型创建氛围

一是两型宣传手段趋于丰富。学校综合运用了宣传标语、宣传橱窗、校园刊物、校园网站、校园广播、知识读本、QQ论坛等多种宣传手段宣传两型。

二是学生两型意识日趋强烈。全校学生养成了良好的两型习惯，垃圾分类投放、杜绝长流水、杜绝长明灯、制作两型科技作品、撰写两型调研报告等已成为学生的自觉行动。

三是教师两型理念趋向深刻。教师通过科研、课堂教学、实践活动带动等形式，进一步将两型意识深化、渗透到日常教学和生活中。

四是家长的两型行为更为主动。家长在学生的两型提示、影响下，日常及时关水关灯、垃圾分类存放、使用环保购物袋等行为渐渐日常化。加大了改水、改电力度。

（二）形成了系列两型创建载体

一是学校环境明显改善。充分利用教学楼楼层，增加了挂式、立体绿化面积，不断拓展绿色空间，各色各类植物搭配种植，"层层"绿意，花团锦簇，赏心悦目，学校可绿化区绿化率达到100%。

二是资源节约意识全面贯彻。倡导"杜绝浪费、节约资源"的理念，组织对用水、用电情况进行每日检查，检查结果列入对相关人员的综合评价考核中。校园局域网实现了班班通、室室通，基本实现无纸化办公，年均节约纸张一万多张。

三是两型教材逐渐形成体系。在湖南省两型办工委、省教育厅、省教科院的领导专家的指导下，学校自主研发的《小学生两型知识系列读本》教材，根据各个学段学生的年龄特征，从图文并茂、寓教于乐、学生受益等方面经过三次修订，形成《亲亲校园》《两型家庭》《奇妙生物》《珍贵资源》《和谐家园》《绿色湖南》等六册。

（三）扩大了学校两型创建影响

一是小手的牵动作用在增强。从"两型社会建设人人参与，两型意识培养从娃娃抓起"的思路入手，通过教育、实践等活动，不断将两型教育辐射至家庭、社区、社会，逐步达到了"教育一个学生，带动一个家庭，影响整个社会"的目的。尤其是学校自主研发的教材，将逐步在长株潭三市各小学推行使用。

二是媒体的聚焦引力在放大。近年来，国务院新闻办、《湖南日报》《湘潭晚报》《湘潭日报》《湖南科技新报》，湖南教育电视台、湘潭新闻频道、湘潭影视频道等多家媒体均对学校的两型教育予以专题报道。学校有几十篇小学生习作在国家级、市级、县级"我为两型社会做贡献""两型童谣创编"等习作竞赛中获奖，获奖作品在《湘潭晚报》《湘潭日报》《小学生习作》等报纸杂志多次刊出。

三是领导的关怀鼓励在推动。学校两型创建工作得到了国家、湖南省、湘潭市领导的高度关注。《小学生两型知识系列读本》受到时任湖南省委书记的夸奖，湖南省委常委领导多次到学校考察指导，指示云龙小学开发的《小学生两型知识系列读本》将在全省推广发行，湖南省、湘潭市两型办有关领导也多次到学校考察指导。

（四）出台了省级《两型小学》创建标准

基于两型小学建设的成功经验，由湘潭县云龙小学起草的《两型小学》湖南省地方标准，于2017年11月由湖南省质量技术监督局正式发布，于2018年开始实施。这是全国第一个两型小学标准，为湖南的两型小学的标准化建设提供了科学依据，标志着湖南两型学校建设迈上新台阶。

三 启示

（一）两型社会建设应更加突出学校的撬动作用

抓娃娃群体的两型意识培养，有利于从小培养一代人的两型意识和行为，同时能潜移默化地影响父母、祖父母辈等的两型知识再社会化。抓学校两型教育的连接作用，有利于两型意识和行为实现"学生—家庭""学校—社区""教育—社会"的三级联动，促使两型形成"教育一个孩子，带动一个家庭，影响整个社会"的辐射带动局面。

（二）两型理念推广应更加注重两型教材的教育作用

两型教材生动形象、寓教于乐、内容丰富，有利于两型理念宣传的直观性、持久性。事实证明，学校率先在全省乃至全国编写的第一套适合小学各年级学习阅读的《小学生两型知识系列读本》，在湘潭县发挥了很好的教育作用，并进一步系统性的修订完善，在全省推广使用。两型教材的推广使用，使两型意识形态和生态文明理念灌输，进入了权威、大众时代。

（三）两型教育应更加注重素质拓展的实践作用

学生通过两型教材等学到的书本知识，必须通过多样的社会实践才能深

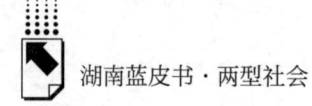

刻领会和践行。从学校开展的两型实践课程或活动来看，通过从节约一滴水、一度电的小事引导，到两型科技作品、两型社会调查等，都获得了良好的教育成效和社会反响。由两型意识转化为践行两型，是教育和宣传的根本目的。

专题篇
Special Topics

B.29
关于进一步完善城市生活垃圾分类处置收费制度的若干建议[*]

陈晓红 周志方[**]

摘　要： 目前试行的城市生活垃圾分类处置收费制度仍面临诸多障碍，如制度体系不健全，配套政策尚缺失；收费标准不科学，收费方式弊端大；征收主体不明确，收费途径较单一；环保教育不到位，居民参与度不高。故建议"分步骤、分层次、有目标"的完善：一是完善体系建设，提升环保意识；二是优化标准方式，明确征收主体，扶持产业链；三是创新收费机制，完善奖惩体系。

---

[*] 本文是教育部重大哲社攻关项目"绿色发展制度体系研究"及湖南省社科联智库项目"湖南省垃圾分类收费制度构建研究"阶段性成果。
[**] 陈晓红，中国工程院院士，湖南商学院校长，中南大学商学院名誉院长，教授，博士生导师；周志方，中南大学商学院，副教授。

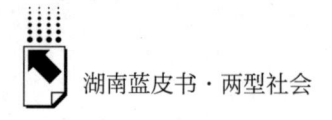

关键词： 城市垃圾　垃圾收费制度　制度建设

一　我国垃圾分类处置收费制度现状

随着我国城市化进程的加快，城市生活垃圾激增，"垃圾围城"困境凸显，垃圾处理形势日益严峻。然而我国的垃圾分类处置收费制度起步较晚，于2002年明确指出要实行城市生活垃圾收费、促进垃圾产业化发展，2007年建设部发布了《城市生活垃圾管理办法》，2008年颁布的《循环经济促进法》首次明确提出"垃圾处置收费制度"这一概念。2011年4月，国务院批准了住建部等16个部门的《关于进一步加强城市生活垃圾处理工作意见》，要求按照"谁产生谁付费"的原则，推行城市生活垃圾处理收费制度。我们的目标是到2020年底，基本建立垃圾分类相关法律法规和标准体系，形成可复制、可推广的生活垃圾分类模式，在实施生活垃圾强制分类的城市，生活垃圾回收利用率达到35%以上。

自2017年3月国家发改委、住房和城乡建设部发布实施《生活垃圾分类制度实施方案》以来，先行试点的46个城市均已启动垃圾分类工作。厦门、杭州等12个城市均已制定相关的垃圾分类地方法规或政府规章，有24个城市已出台垃圾分类工作方案。住建部2018年1月印发《关于加快推进部分重点城市生活垃圾分类工作的通知》进一步明确了生活垃圾分类实施的路线图及时间表。目前各个垃圾分类试点城市均取得了一定进展与经验，但是公众参与积极性不高、垃圾分类处理体系建设滞后、垃圾收费管理混乱等问题凸显。其中，垃圾排放费及处理费不合理影响了公众参与垃圾分类的热情；收费总额不足以抵偿城市生活垃圾的处置费用，也增大了政府的财政压力。因此，加快完善城市生活垃圾分类处置收费制度，是建设城市垃圾分类处理体系、发展城市绿色生态系统的关键举措。

二 我国城市生活垃圾分类处置收费制度存在的问题

(一)制度体系不健全,配套政策尚缺失

当今中国,在城市垃圾收费制度方面的研究和发达国家相比起步较晚,缺乏成体系的垃圾分类处置制度。一方面,现存的垃圾分类处置制度可操作性较低,无法在全国范围内实行;由于分类制度体系的不完整性,导致垃圾收费制度实施工作在一些试点城市停滞不前,居民垃圾分类工作的实施困难重重。另一方面,城市生活垃圾分类制度缺乏相应的配套措施,现行的法律法规只对垃圾处置的计价模式制定了相关的标准,在垃圾处置的循环利用方面缺乏科学有效的技术和理论支撑,使得我国的城市垃圾处置一直停留在纸上谈兵的状态,垃圾减量化和资源循环化的期待无法实现。

(二)收费标准不科学,收费方式弊端大

因我国城市垃圾处置征收额并未按照垃圾收集、运输、处理的全过程成本计量,仅采取按户定额征收的模式,造成实收垃圾处置费难以弥补垃圾处理成本的现象。按目前的物价水平和垃圾处置标准,收取的费用不足处理费用的1/3,环卫资金缺口巨大,现行收费制度存在较大的滞后性。另外,居民缴纳垃圾处置费用,一方面为垃圾处理提供资金支持;另一方面也让居民参与到垃圾处置这一过程中来,提高居民的环保意识,减少垃圾的产生。但在定额征收的模式下,排多排少一个样,每户居民缴纳相同金额的垃圾处理费,这一制度对于平时注重减少垃圾排放量、对垃圾进行分类的居民,容易造成心理的失衡,从而产生恶意多排垃圾的行为。据调查,我国2/3的大中城市已经被垃圾包围,预计到2020年城市垃圾产量将达到3.24亿吨。可见现行收费标准不仅对垃圾减量化的作用微乎其微,而且严重影响了垃圾处置收费制度的公平性。

（三）征收主体不明确，收费途径较单一

在征收主体上，垃圾费用的征收主体不明确，没有统一的部门来进行征收。如广州市的垃圾收费主体是环卫专业服务单位或者小区物业管理公司，成都市的垃圾收费主体是区市容环境管理部门。在征收途径上，相较国外设立专门的缴费卡和转账系统进行垃圾处理费的收取，我国垃圾处置费的征收方式较为单一，主要采取由环卫部门或物业公司直接上门收取的方式。征收主体的多样性和收费途径的单一性造成管理混乱，垃圾处置费收缴率低，多头管理和乱收费现象频现。据统计，我国大部分省份垃圾处理费收缴率低于50%，在收缴率高达94%的深圳市，2016年所收缴的垃圾处置费也仅为52亿元，远远不足以弥补垃圾处置所产生的成本。故亟须通过规范统一垃圾费用征收主体，保证垃圾费用按时按量缴纳。

（四）环保教育不到位，居民参与度不高

在垃圾处置问题上，居民作为污染者也是受害者。但各级政府对环境保护的宣传力度不够，垃圾分类处置的相关知识普及度不足，导致我国居民的环境保护意识较弱，居民没有树立起垃圾分类处置的意识，对于生活垃圾收费制度所产生的有利影响认识不足，不能主动配合政府部门推进垃圾收费制度的相关工作。这给城市生活垃圾分类处置收费制度的实施和完善带来了重重困难和挑战。表1是西安市城市居民生活垃圾分类意识调查数据。

表1　垃圾分类存在的主要问题所占比例

单位：%

选项	西安市（蓬湖区）	西安市（高新区）
政府宣传力度不够	36.89	42.73
居民垃圾分类意识薄弱	52.43	67.27
居民有环保意识，但是缺乏分类相关知识	52.43	42.73
设施不完善，想分类也没有办法	65.05	36.36
没有系统的规章制度保障	21.36	34.55
技术落后，有效分类也不能有效分类处理	23.30	24.55

资料来源：《西安市居民生活垃圾分类意识调查》。

三　城市生活垃圾分类处置收费制度的国外经验

美国、英国、日本等发达国家在垃圾分类处置收费制度的研究上起步较早、实践经验丰富，建立了较为成熟的城市生活垃圾处置收费制度。

在计价模式上，绝大多数的发达国家都采取了计量收费制，在垃圾减量化和资源化方面取得了良好效果。据德国的一项调查显示，相对于定额收费，计量收费可使垃圾减少18.2%~34.4%。例如，西雅图规定，每个家庭每月的垃圾量如果低于4桶只要缴纳13.25美元，此外每多产生1桶垃圾则需增收9美元。在实施这一规定后，西雅图的垃圾量已经减少了25%以上。

在收费主体上，新加坡等国家则将垃圾处置费用依附于水、电等公用事业，委托特定的公司代收。这种采用特定公司收取垃圾处置费，而不依靠政府部门收取的收费模式，打破了传统的行政事业性收费模式。

在收费途径上，英国政府为居民设立了专用的垃圾缴费卡，德国、日本则通过银行转账系统对垃圾处置费用进行缴纳，有效地保证了垃圾处置费的收缴率。

在奖惩措施上，日本等国也做出了明确的规定，在日本，给每个家庭一定范围的排放数量，对于未超过的居民将会给予奖励，一旦超过则会面临罚款。而其他发达国家对逾期未缴费的单位或个人也不同程度地采取停水、停电、罚款、公示等惩罚措施，保证了垃圾收费制度的有效实施。

上述成熟的国外治理经验对我国城市生活垃圾分类处置收费制度的完善提供了宝贵的借鉴。

四　关于进一步完善城市生活垃圾分类处置收费制度的三点建议

我国城市生活垃圾分类处置收费问题涉及制度、理论、具体实施等各个方面，难以统一解决。各工作主体结合国外先进经验，可率先在46个试点城市中选择若干生态城市或重点城市先行推进，具体可从商务区、中心城区等开始试行，从而达到"分步骤、分层次、有目标"推动城市生活垃圾分类处置收费制度规范化、体系化建设之目的。

（一）近期：完善垃圾分类体系建设，培养公众环保意识

1. 建立健全垃圾分类系统

垃圾收费制度建立的根本是垃圾分类处理。要做好垃圾分类工作，建议首先制定并完善垃圾分类系统，修订切实可行的垃圾分类方法、具体分类标准，以及确定垃圾分类回收的统计和评价指标。其次需要配备不同的运输车辆，或者在环卫运输车辆的颜色上进行区分，就不同垃圾进行分类运输，可以避免再次混同垃圾，降低最后的处理量。最后要注意对环卫人员做好工作技能教育，这样才能避免垃圾分类以后再次被混装。

2. 完善相关配套政策体系

建议完善相应的配套政策，以支持收费制度的顺利推广。首先，升级现有垃圾分类配套基础设施，依据地方实情及财政特征，鼓励和发展先进的垃圾处理工艺和流程，可采用PPP模式加大民营资金投入，引进先进实用的垃圾处理技术。其次，建议国家发改委及住房和城乡建设部尽快编制《中国城市生活垃圾分类收集行动计划与操作指引》，制定垃圾回收利用相关制度，对垃圾处理提供科学的理论和支持。最后，对于主管部门而言，垃圾收费政策的目标不仅是对家庭生活垃圾的清除处理，还需包含减少垃圾制造与废物回收利用等多个方面，以保证政策的连贯性。

3. 加强垃圾分类宣传贯彻，培养环保意识

首先，应针对不同社区安排分发有关垃圾分类处置及收费的宣传册等说明文件，让居民知晓垃圾分类处理收费制度的存在及意义。其次，组织社区讲座和宣传培训，对垃圾分类与环境保护的重要性进行宣传贯彻，让居民在掌握垃圾分类方法的同时养成环保意识。最后，将垃圾分类宣传教育纳入素质教育体系，以学校为突破口，培养学生的环保意识，通过学生带动家长乃

至整个社会，使每一个家庭都能养成垃圾分类处理的习惯，以推进标准化垃圾分类管理。

（二）中期：优化相关收费措施，提高实施效率

1. 改善收费标准，转变收费方式

第一，结合污水排量与垃圾排量的一定程度关联性，利用"排污水量折算系数法"对垃圾排量进行间接计量。第二，在实行从量计征的地区内，使用科学方法确认单位垃圾容器的体积和收费价率，确保垃圾减量与资源回收的效益最大化。第三，实行收费方式差异化。一方面，对于市民环保意识较强、非法倾倒现象较少、收缴模式相对稳定的城市可实行从量计征；另一方面，对不同状况的城市先采用定额计征，帮助市民强化垃圾收费的意识，提高征收率，再转向从量计征。

2. 明确征收主体，拓宽收费途径

一是征收方式。对于行政性收费，不同城市需要依照各自状况，确立专门的垃圾收费部门，确定其相应的职能范围。比如实施收费行为和主体不相容制度，即由缴费单位或个人在限定期内到指定部门缴纳。如此不仅能避免收费主体和收费结果的利益关联，而且能提高收费效率。对于经营性收费，城建部门应加强对垃圾处置部门的监督和管理。二是征收途径。北上广深等重点城市或生态城市主要运用附征于水、电、煤气费的手段，经济相对落后的地区可委托政府相关行政部门或其他单位单独征收。

3. 扶持垃圾分类处理产业链，加快产业化发展

积极扶持垃圾分类处理再生企业，鼓励并帮助其进入垃圾分类行业，参与垃圾运送与处置的整个过程。垃圾处理企业对分类完成的垃圾进行归置、运送、处理，垃圾分类处置的市场化运作借由此种渠道完成。通过这种模式，参与的企业能够得到如下收益：一是企业回收垃圾可以实现循环利用，变废为宝；二是政府给予的扶持奖励可以补贴企业运营经费；三是政府对垃圾减量进行评估后，将向居民收取的垃圾处理费按照一定比例返还给企业。

（三）远期：创新垃圾收费机制，完善奖惩管理体系

1. 完善阶梯式收费机制

一是参考水、电阶梯收费机制，改革"一刀切"的垃圾处理费收取机制，按照垃圾实际丢弃量和分类处置量实施阶梯或分段收费制度。二是对城市生活垃圾末端处置企业实施动态税费征收机制，额外征收资金专项、定向补偿垃圾分类处置前端、中端环节。

2. 建立并完善追责奖惩机制

第一，各地方政府和主管部门进一步明确责任主体。对于收费主体：协调或指定相关部门统一管理垃圾处理费，对于违法违规擅自动用该项费用的单位或个人追究其法律责任。对于居民：加大对随意倾倒垃圾行为、不缴纳垃圾处理费的处罚力度，以杜绝其随意倾倒垃圾及逃避缴费的行为。第二，建立信息共享的公共平台，将垃圾处理费的收取和使用周知于民众，促进公众对垃圾缴费制度的必要性认知，深化收费意识。第三，制定"积分兑换""税费减免"等奖励机制，让公众积极参与到垃圾缴费的日常管理和监督事务中。第四，建立垃圾分类处理补助机制，对垃圾分类处理工作完成度较高的基层单位给予专项经费，并引导单位对经费进行合理使用。

B.30
长株潭两型社会建设改革试验经验总结评估报告[*]

唐宇文 彭蔓玲 刘琪[**]

摘　要： 本文总结评估了长株潭两型社会试验区改革试验经验，结果显示：长株潭两型社会建设改革试验成果丰硕、成效显著，形成了一大批可推广可复制的改革经验模式，成功探索了两型社会建设的"长株潭模式"，创造了自主创新的"长株潭现象"，打造了区域经济自主一体化的"长株潭样本"。建议下一步从两方面着力，一是国家层面系统总结提炼有效管用的经验模式，完善推广机制，加大复制推广力度；二是湖南省进一步加大改革力度，探索更多的有效经验模式。

关键词： 长株潭　两型社会　改革试验　经验　评估

受国家发改委经济体制综合改革司的委托，2016年11月～2017年9月，湖南省人民政府发展研究中心对长株潭两型社会建设综合配套改革试验区的改革试验经验进行了总结评估，情况如下。

---

[*] 本文是中国特色社会主义理论体系研究中心重大项目、马克思主义理论研究与建设工程重大项目（项目编号：2015YZD19）阶段性成果。
[**] 唐宇文，湖南省政府发展研究中心副主任、研究员；彭蔓玲，湖南省政府发展研究中心宏观处处长、副研究员；刘琪，湖南省政府发展研究中心宏观处副处长、讲师。

一 总体结论

（一）评估概况

2007年12月，长株潭城市群获批国家两型社会建设综合配套改革试验区，目前，试验区已完成第一阶段和第二阶段的改革建设，进入第三阶段。为准确评估前两个阶段试验区改革试验的推进情况和试点经验，评估组综合采用调阅资料、自评、重点访谈、实地调研等方法进行评估。首先，评估组请长沙、株洲、湘潭三市进行自评，提供自评报告，并到长沙、株洲进行实地调研，组织召开座谈会，重点了解改革试验的经验及改革中存在的问题，收集第一手资料；其次，到省两型委进行重点访谈，就改革试验中的问题和如何进一步深化改革进行深入交流探讨；最后，数易其稿，形成报告。

（二）总体评价

长株潭两型社会试验区获批以来，湖南紧紧围绕"三个率先"的总要求和"四个定位"的目标，大胆先行先试，纵深推进试验区各项改革，不断创新推进机制，大力实施重点工程，着力培育两型文化，第一、第二阶段的目标任务总体实现：资源节约、环境友好、产业优化、科技创新和土地管理等体制改革取得显著成效，基本形成了比较完善的两型社会建设制度保障体系和新型工业化、新型城镇化、农业现代化、信息化促进机制。产业不断优化，发展质量稳步提升，生态环境逐步改善，初步形成了节约资源和保护环境的产业结构、增长方式和消费模式。成功探索了两型社会建设的"长株潭模式"，形成了一大批可推广可复制的改革经验模式，创造了自主创新的"长株潭现象"，打造了区域经济自主一体化的"长株潭样本"。改革试验有力推动了湖南两型发展，为全国两型社会和生态文明建设探索了经验，发挥了"侦察兵""先遣队"作用。改革试验成果丰硕、成效显著。

但同时也存在改革的一些瓶颈需要打通，一些漏项、盲点需要加力，一些新领域的改革需积极作为，改革面临边缘化、疲劳化，推进难度加大等问题和困难。

评估组建议，下一步深化长株潭两型社会建设改革试验应从两方面着力。一方面，国家从宏观层面进一步加强对试验区改革试验工作的领导和指导；系统总结提炼已经形成的有效管用的经验模式，完善推广机制，加大向全国复制推广的力度；加大资源统筹力度，相关的改革试点试验更多向试验区布局集中；加大对试验区的政策资金等支持力度。另一方面，湖南省进一步扩大改革范围，增加改革内容，加大改革力度，突破改革难点，探索更多的有效经验模式。

二 长株潭试验区改革试验的主要成效

（一）形成了有利于资源节约、环境友好的新机制

资源节约、生态环境保护、科技创新、产业结构优化升级、节约集约用地、城市群一体化发展等体制机制创新不断深化。资源性产品价格改革范围不断扩大，产业准入、提升、退出机制逐步完善，联合产权（排污权）交易平台建成运行，PM2.5监测防治全省推开，排污权交易迅速拓展，农村环境治理形成多种模式，生态补偿局部试行，绿色建筑迅速推广，绿色出行渐成风尚，绿色GDP评价不断完善。有利于两型社会建设的体制机制基本形成，有利于科学发展的体制保障进一步完善，多项改革走在全国前列。

（二）有力推动了经济社会转型升级跨越发展

一是经济规模不断扩大。2015年，长株潭地区生产总值实现12548.34亿元，增长9.8%，比全省平均增幅高1.2个百分点；长株潭地区生产总值占全省的比重由2007年的37.8%上升到2015年的43.2%。长株潭两型试验区改革试验促进了全省的发展，2011~2015年，全省GDP年均增速

10.5%，比全国高2.7个百分点；2015年，全省经济总量、工业增加值和地方财政一般预算收入分别是2010年的1.83倍、1.77倍和2.35倍，经济总量占中部六省的比重由2010年的18.6%提高到19.7%，经济总量、工业增加值稳居全国十强。

二是经济增长质量不断提高。2015年，长株潭地区三次产业结构由2007年的9.2∶46.6∶44.2调整为5.3∶53.8∶40.9；全省三次产业结构由2010年的14.5∶45.8∶39.7调整为2015年的11.5∶44.6∶43.9，一产、二产比重分别下降3.0个、1.2个百分点，三产比重提高4.2个百分点。2015年，长株潭地区城镇化率达到67.74%，其中，长沙由2007年的60.2%上升到74.38%，株洲由47.4%上升到62.10%，湘潭由46.55%上升到58.28%。2015年，全省城镇居民人均可支配收入、农民人均纯收入分别是2010年的1.74倍、1.96倍，增幅均高于全国平均水平，城乡居民收入差距由2010年的2.95∶1缩小为2015年的2.62∶1。

三是两型产业体系逐步完善。2015年，全省七大战略性新兴产业增加值占GDP的比重达到11.5%，比2010年提高2.5个百分点；高新技术产业增加值占GDP的比重达到21.1%，比2010年提高8.9个百分点；高加工度工业和高技术产业增加值占规模以上工业的比重分别为37.2%和10.5%，分别比2010年提高5.2个和5.9个百分点；六大高耗能行业增加值占全部规模工业增加值的比重为30.3%，比2007年下降11.4个百分点。2016年全省环保产业总产值达到1947亿元，增长20.6%，2017年预计达到2100亿元，规模居中部第一、全国前十。

（三）有力推动了生产生活方式转变

一是清洁生产扎实推进。广泛开展"百家企业清洁生产工程"，600多家企业开展自愿性清洁生产审核，实施1900余项中/高费方案，大幅削减污染物的产生。2015年，全省化学需氧量、氨氮、二氧化硫、氮氧化物排放量分别为120.77万吨、15.12万吨、59.57万吨、49.69万吨，比2010年分别下降9.97%、10.85%、16.07%、17.77%。加大畜禽养殖污染治理，推广沼气化推动畜禽污染资源化利用等技术，实施年出栏1000头以上生猪规模养殖场的粪污治理工程。2015年，湖南生猪粪污无害化处理率达73%、资源化利用率达67%。湖南96个县市区划定了禁养区、限养区、适养区，湘江干流500米范围内2273家规模畜禽养殖场已全部退出。

二是绿色消费开创新局面。随着两型社会建设的深入推进，绿色发展理念已经融入湖南人民生活的各方面，从环保建筑到绿色交通，从两型产品到人居生活，绿色化的生活消费方式实现了全覆盖，形成了政府引导、企业参与、全民支持的良好局面。2015年全省新增及更换新能源公交车2910辆，占总量3876辆的75%，是中央考核目标25%的3倍。全省设区城市新建建筑施工阶段节能强制性标准执行率达98%以上，县（市）城区施工阶段执行率达95%以上，城镇新建建筑节能强制性标准执行率设计阶段达100%。政府采购目录中两型产品的比例达到10%，"十二五"期间政府两型采购超过4800亿元。

（四）有力推动了生态环境持续改善

一是水环境质量持续向好。2015年，湖南实际监测的地表水断面中，达到Ⅲ类以上标准的占87.2%，98个江河省控断面中，达到或优于Ⅲ类水质标准的达到95个，占96.9%；湘江干流18个省控断面水质连续三年达到或优于Ⅲ类标准，其中镉、铅、六价铬、汞和砷的平均浓度分别较2012年下降54.6%、52.8%、36.8%、15.1%和4.4%。

二是大气质量恶化势头得以遏制。2015年，按照《环境空气质量标准》（GB3095-2012）进行评价，湖南14个市州城市环境空气质量达标率达到77.8%（其中，长株潭三市为73.9%，比2014年提高9.7），二氧化硫、二氧化氮年均浓度分别为24毫克/立方米、27毫克/立方米，比2010年分别下降42.9%和3.6%。

三是环境质量稳步提高。2015年，湖南森林覆盖率达到59.57%，比2012年提高2.23个百分点，远高于全国21.66%和全世界31.8%的平均水平；2016年湿地保护面积达到75.59万公顷，湿地保护率74.13%，居全国第一。2015年，湖南城市公园绿地面积达到14930公顷，较2010年增加3961公顷，人均公园绿地面积由2010年的8.9平方米增至2015年的9.99平方米，长沙、益阳、株洲、郴州、永州5个城市成功创建国家森林城市。

（五）有力推动了污染治理

一是污水垃圾处理设施建设大力推进。"十二五"期间，全省建设222个污水垃圾处理重点项目，新增污水收集管网8139公里，新增污水、垃圾日处理能力122万吨/日、2.86万吨/日。2015年，湖南设市城市污水处理率达到92.5%、生活垃圾无害化处理率达到99.4%，分别较2012年提高6.7个、3.7个百分点；县以上城镇共建成污水处理厂144座、生活垃圾无害化处理场110座，县以上城镇污水处理率达到92.3%、生活垃圾无害化处理率达到99.2%。

二是重金属污染治理初见成效。在长株潭重点区域开展170万亩重金属污染耕地的治理和种植结构调整试点，大力推进郴州苏仙区金属矿区与湘潭锰矿区矿山地质环境示范工程。长株潭地区重金属污染耕地修复及农作物种植结构调整试点取得明显效果，早稻达标（米镉≤0.2毫克/千克）的比例，达标生产区提高53.1%、管控专产区提高44.8%、替代种植区提高20.3%，可使早稻米镉含量平均降低30%左右。

三 主要做法和经验

（一）突出改革引领，形成两型社会建设的"长株潭模式"

湖南充分利用长株潭两型社会建设的先行先试机遇，将体制机制改革创新作为推进两型社会试点的主要抓手，多项改革走在全国前列，并逐步向全省推广，形成了以点带面、重点突破的改革创新局面。

1. 创新资源节约体制机制

第一，全面推进资源性产品价格改革。在全省试行居民用阶梯电价，在长株潭三市推行居民生活用阶梯气价，在长沙、常德、怀化启动居民用阶梯水价试点，在长沙推行非居民用水超定额累进加价政策，成为全国唯一全面推行居民水、电、气阶梯价格改革的省份；出台农村集中供水价格管理办法，实行分类水价，促进农村节水；实施高能耗、高污染行业差别电价和惩罚性电价政策。

第二，积极探索土地节约集约利用模式。探索土地信托、托管、股田制等土地流转新模式，长沙、株洲等地成立农村土地流转交易中心，率先全国编制节约集约用地专项规划，开展建设用地节约集约利用考核，建立土地利用动态监测体系，形成立体空间综合开发、高层标准厂房、农民高层公寓式安置、公共资源共享、新农村土地综合整治、城市道路6种节地模式。

第三，严格水资源管理。出台最严格的水资源管理制度实施方案和考核办法，明确水资源开发利用控制、用水效率控制、水功能区限制纳污三条红线，建立水资源监控体系、管理责任和考核制度。第四，开展铅锌矿石和石墨资源税从价计征改革试点，为煤炭资源税改革以及全国资源税全面实行从价计征改革探索积累了经验。

2. 创新产业转型升级体制机制

把推动产业优化升级作为两型试验的重要内容，加速推进新型工业化，探索建立两型产业发展为导向的资源配置和产业转型升级机制。

第一，推进两型产业准入机制改革。严格执行产业项目用地、节能、环保、安全等准入标准，出台长株潭三市共同的产业环境准入政策，制定11大类产品的能耗限额，凡新上项目必须达到"两符三有"要求，禁止国家明令禁止的"十五小""新五小"项目和列入国家淘汰产品目录的项目进入，确保新上产业项目不放松环保要求、承接产业转移不降低环保门槛、扩大产业规模不增加排放总量。

第二，推进两型产业提升机制改革。制定差异化产业政策和重点行业"十二五"发展专项规划，建立工业重点用能企业在线监测管理、工业清洁生产审批、合同能源管理、资源综合利用产品认证等制度，开发企业用能监测系统，搭建全国首个综合性节能减排监管平台，推动企业技术改造升级。

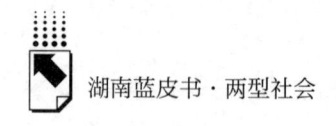

建立和完善战略性新兴产业企业申报认定、考核统计工作体系和配套支持政策，促进战略性新兴产业发展。

第三，推进落后产能退出机制改革。集中运用政策引导、倒逼机制、合理补偿等手段，加快淘汰落后产能，对采用国家明令淘汰工艺、设备、产能的企业，以及地处饮用水源保护区的排污企业等，不予工商年检注册，不予发放生产许可证、排污许可证，不予贷款。

第四，发挥政府在两型产业发展中的重要作用，在全国率先成立高规格的战略性新兴产业专家委员会，出台政府绿色采购办法，加强对两型产业技术研发的财政支持以及两型产业人才的引进培养力度，为两型产业的市场主体提供服务。

3. 创新资源节约、环境保护市场化运作机制

第一，健全自然资源有偿使用制度和生态补偿机制。制定《湘江流域生态补偿（水质水量奖罚）暂行办法》，率先在湘江流域试行"上游对下游超标排放或环境责任事故赔偿、下游对上游水质优于目标值补偿"双向担责，对流域内3475万亩生态公益林实施生态补偿。

第二，深化排污权交易试点。出台主要污染物排污权有偿使用和交易管理办法及相关配套政策，排污权交易范围由2011年长株潭三市九大重点治污行业，拓展到湘江流域8市的所有工业企业以及全省范围内的火电、钢铁企业。成立10个排污权交易机构，对9110家企业核定了初始排污权，初步形成"谁污染谁付费、谁减排谁受益"的多级市场体系；探索开展排污权"点对点"交易模式，率先建立排污权指标市县两级分别、储备共同使用机制。

第三，启动合同能源管理试点。在全省行政和事业单位、团体组织以及财政资金建设的道路、隧道等范围逐步推广实施合同能源管理，促进公共机构节能。

第四，探索环境污染第三方治理模式。开展环境服务业公共服务平台建设、环境污染治理设施第三方运营、合同环境服务、综合环境服务模式、PPP模式等试点，形成"湘潭竹埠港重金属污染整治"等一批成功经验模

式，推动资源环境设施建设和运营市场化、专业化和社会化。

第五，在全国率先创建"零碳县"。编制《长沙县"零碳县"发展规划》，开展"零碳"发展模式试点，构建碳源碳汇普查机制，探索建立碳排放信息平台和碳交易平台。

4.探索污染治理的有效模式

围绕"天蓝、地绿、水净"，以治水、治气、治土为主攻方向，以重点地区、重点项目、重点工程为突破口，先后启动实施湘江流域重金属污染治理、氮氧化物减排、重点湖库水环境保护、长株潭大气污染联防联控、湘江长江综合枢纽库区清污、农村环境综合整治等十大环保工程，打好三大污染防治攻坚战。

一是以湘江流域为重点的水污染防治攻坚战。出台《湘江流域水污染综合整治实施方案》《湘江流域重金属污染治理实施方案》，创新重点流域和地区污染整治模式，把湘江流域保护和治理作为"一号重点工程"，大力开展湘江两岸工业污染场地、遗留废渣、企业环保设施改造、城镇污水截流和规模畜禽养殖退出等重点污染治理。成立以省长为主任的湘江保护协调委员会和湘江重金属污染治理委员会，湘江流域8市市长向省长递交湘江污染治理责任状，实行环保重大事故"一票否决制"、重大环保项目"一支笔审批"，"一区一策"推进株洲清水塘、湘潭竹埠港、郴州三十六湾、衡阳水口山、娄底锡矿山五大重点区域综合整治，积极探索"部门联动"的新模式，构建重点污染地区属地政府负责、省直一个对口部门牵头、多部门配合督导支持的多方协同机制，形成湘江污染整治多部门配合、沿江8市同防同治的良好格局。

二是以长株潭为重点的大气污染防治攻坚战。制定《大气污染防治条例》，修订《湖南省机动车排气污染防治办法》，实施大气污染联防联控工程，协调推进火电、水泥、钢铁、石化、有色等重点行业脱硫脱硝、氮氧化物、工业粉尘和汽车尾气排放等治理，开展城市建筑和道路扬尘治理以及燃煤锅炉和餐饮油烟整治，2013年初在长株潭三市先行开展PM2.5监测试点，搭建全国首个"数字环保"系统，建立大气分析和预报预警平台。

三是农村环境综合整治全省域覆盖攻坚战。作为全国唯一的农村环境综合整治全省域覆盖试点省，湖南全面启动以县市区为主体的农村环境连片综合整治，确定以饮用水水源地保护为重点，保障农村饮水安全；以生活垃圾和污水处理为重点，推进农村生活污染源治理；以养殖环境整治为重点，强化农业污染源控制三大重点任务，实施"三清"（清垃圾、清路障、清淤泥）、"四改"（改水、改厨、改厕、改圈）、"四旁"（绿化美化村旁、宅旁、路旁、水旁）、"六到农家"（水、电、路、气、房和环境改善）工程，推动365个重点示范村实现生产生态化、废物资源化、生活净化、庭院美化，形成"以县为主、市级补贴、镇村分担、农民自治"的运行机制，构建"农户—村组保洁员—乡村环保合作社"的环保自治体系，探索了一批可推广的两型模式，如农村环境推进城乡同治，株洲攸县形成"分区包干、分散处理、分级投入、分期考核"的"四分法"。

5. 创新投融资体制机制

组建试验区投融资平台，积极探索无形资产抵押、税融合作、产业链融资等金融服务创新，并设立中小企业融资中心；探索两型社会建设融资的新机制，编制全国第一个区域性融资规划——《长株潭城市群两型社会建设系统性融资规划（2010~2020年）》；运用两型产业投资基金、创业投资基金、发展风险投资基金等方式促进两型产业发展。开设全国首家环保支行。探索发行湘江流域重金属治理债券。建立集企业产权、物权、债权、非公众公司股权于一体的省股权登记管理中心并开展交易。绿色保险试点工作由长株潭拓展到全省各市州，搭建了"统一条款、统一费率、统一保障范围、统一赔偿标准、统一操作方案"五统一运行机制。

6. 创新考核评价和责任追究体系

通过建立健全各项监管机制，为全面推进两型社会建设提供了强有力的制度保障。

一是建立健全标准体系。把构建绿色发展制度体系作为国家使命，确立"用标准固化两型改革成果，用标准化推进两型建设"的思路，围绕两型经济发展、两型城乡建设、两型公共服务三个关键领域，构建16个两型标准、23个节能减排标准和43项两型地方标准，率先全国形成了两型社会建设标准体系框架。

二是创新考核评价体系。开展两型绩效考核，全省市州党委政府绩效评估指标总分中，有关资源节约、环境友好的指标分值最高的占17.9%，最低的占10.7%；对24个省直单位设置了与资源节约、环境友好密切相关的考核评估二级指标47项，分值最高的占到40%，最低的占4.3%。探索建立两型社会综合评价统计制度和绿色GDP核算体系，包括资源节约、环境友好和经济社会3个方面，以及单位GDP用地、单位GDP能耗、清洁能源使用率、空气质量良好天数达标率等39项二级指标，"资源节约"和"环境友好"在新型工业化、新型城镇化两大考评体系中占的比例均在30%以上。在韶山开展绿色GDP评价试点。对79个限制开发县市区取消人均GDP考核。

三是完善法规体系。以法治湖南建设为突破口，率先全国开展地方立法保障两型社会建设，及时将局部试验成果法制化，先后在水能开发利用、清洁生产、建筑节能、长株潭城市群、湘江保护、绿心保护、林产品质量安全、用能和排污计量监督管理等方面陆续出台一系列地方性法律法规，出台了全国首个江河流域保护和保障绿色产品的地方法规，率先全国立法保护城市"绿心"。

四是强化责任体系。建立生态环境损害责任终身追究制，出台全国第一个地方环境保护责任规定《湖南省环境保护工作责任规定（试行）》和《湖南省重大环境问题（事件）责任追究办法（暂行）》，率先对湘江流域各级政府"一把手"实行环境损害终身追责。建立领导干部资源环境离任审计制度。以严问责、严执法、严赔偿为重点，推动各项制度落实。

（二）突出科技支撑，创造自主创新的"长株潭现象"

充分利用科技创新优势，围绕两型产业发展、资源能源节约和生态环境保护，以企业为主体，以市场为导向，以重大项目为抓手，以产业技术创新

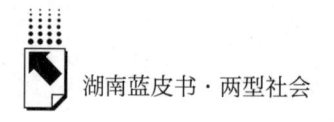

联盟为重点，依靠科技创新推动两型社会建设改革。

一是创新成果转化机制。推进"知识资本化、成果股份化"，率先在全国实行"两个70%"政策。

二是创新科技项目立项、管理和奖励评价机制，以科技成果转化和产业化为价值导向，突出标志性科技成果转化为产业化，强化项目导向，降低项目申报门槛，建立科技重大专项"四评三审"立项制度和"两条线"监管模式，在全国首创对科技重大专项实行公开招标制度。

三是深化科技管理体制改革。实行"一院一策、一所一策"，南车株洲电机、中联重科、海利化工、隆平高科、中冶长天、博云新材等39家科研院所先后进行改企转制，推动了科研开发与产业化良性互动。

四是建立企业为主体、产学研结合的协同创新体系。培育建设两型社会协同创新中心，探索区域协同、产业协同、上下协同等多种协同创新模式，着力破解经济与科技"两张皮"问题。

五是开展科技与金融结合试点。在长株潭国家高新区开展企业股权和分红激励试点。

六是找准重点推广创新技术、攻关关键技术。结合国家专项和湖南实际，筛选重点推广技术，率先全国集中大规模组织推广十大先进适用、具有示范带动作用的清洁低碳技术。并在全国首创政府两型采购政策，培育清洁低碳技术产品市场，已发布四批两型产品目录，覆盖171家企业、793个产品，两型产品在政府采购中的份额不断加大，株洲市成为全国首个全电动化公交车城市，长沙市采购新能源公务用车近700台，试验区新建建筑节能强制性标准执行率达到100%。

（三）突出协同推进，打造区域经济自主一体化的"长株潭样本"

长株潭城市群摒弃传统"摊大饼"式的城市发展路径，积极探索现代化、集约式、生态型城市群发展的新模式，成功跻身全国十大城市群。

一是积极构建城市群生态发展的组团式空间布局。将长株潭三市之间522平方公里的区域规划为"生态绿心"区，明确其中89%的面积划为禁止和限制开发区,并出台相应管理措施,探索建设"绿心"式生态城市群。

二是探索区域一体化建设新模式。实施十大标志性工程和试验区八大工程,推动交通同网、能源同体、信息同享、生态同建、环境同治"新五同"建设,探索突破行政区划界线、分工合作机制,加快区域一体化进程。

三是探索城市群管理新模式。突出"智慧城市群"建设,以全国"三网融合"试点为契机,以信息一体化建设为牵引,加快搭建起城建、环卫、交通等城市群资源共享平台和公共资源市场交易平台,长株潭三市成功实现固定电话同号升位,逐步实现公交一体运营、异地取款、移动电子商务、购房同城待遇等综合管理和服务。

四是推进城乡统筹机制创新。三市基本养老保险从制度上实现对城乡居民的全覆盖,开展新型农村社会养老保险试点和被征地农民社会保障工作,基本医疗保险提前两年实现城乡居民全覆盖;深化户籍制度改革,探索城乡统一户籍管理制度改革试点。

四 主要亮点和成果

(一)创造了一大批走在全国前列的改革制度成果和实践成果

长株潭试验区在建立健全自然资源资产产权制度、国土空间开发保护制度、空间规划体系、资源总量管理和全面节约制度、资源有偿使用制度、生态补偿制度、环境治理体系、环境治理和生态保护市场体系、生态文明绩效评价考核和责任追究制度,以及培育生态文化等方面,形成了一批在全国率先的改革制度成果和实践成果(见表1)。

表1 长株潭试验区率先全国的改革制度成果和实践成果

分类	成果内容
一、顶层设计	1. 在全国率先出台《湖南省生态文明体制改革实施方案(2014~2020年)》,为全国首个省级同类实施方案。

续表

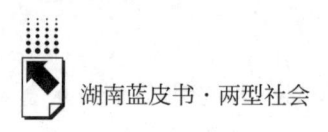

分类	成果内容
二、健全自然资源资产产权制度	2. 在浏阳市、澧县、芷江县三个县级启动不动产统一登记试点,编制完成不动产统一登记业务流程设计方案,研发不动产登记信息系统,建设省市两级数据中心。2015年在全省推开不动产统一登记。 3. 出台全国首个省级国有林场改革实施方案,率先完成国有林场改革。 4. 成立中部林业产权交易服务中心,开展林权交易;建立健全全省林权交易服务体系,开展林权抵押贷款等业务。
三、建立国土空间开发保护制度	5. 编制实施《长株潭城市群生态绿心地区总体规划》,为国内首个以村为规划单元的主体功能区规划,并实行红线控制。 6. 开展以东江库区为重点的综合性生态红线划定试点,制定湖南省生态红线制度建设改革试点实施方案和总体实施计划,基本建立生态红线划定数据库,形成生态保护红线管控制度初步框架。
四、建立空间规划体系	7. 编制了"多规合一"改革方案及发展总体规划框架思路,推进临湘"多规合一"试点。
五、完善资源总量管理和全面节约制度	8. 率先集中大规模组织推广十大清洁低碳技术,将传统的分散型、宣传引导型技术推广模式,转变为组织化、务实型模式。 9. 创新节约集约用地制度,形成6种城乡节地模式,黎托片区成为国土资源部批复的全国唯一节约集约用地试点片区,在全国率先编制节约集约用地专项规划。 10. 推进农业水价综合改革试点,形成了"先费后水、节奖超罚"的农业水价改革模式。 11. 率先制定实施绿色建筑评价标准,制定《湖南省绿色建筑评价技术细则》,明确大型公共建筑等全面执行绿色建筑标准。 12. 率先开展绿色建筑审查制度改革,以长沙市为试点,出台了《绿色建筑审查管理办法》和《绿色建筑审查技术要点》,开创了绿色建筑标识评价和审查双轨制改革的先河,得到住建部的充分肯定 13. 开发企业用能监测系统,搭建全国首个综合性节能减排监管平台和数字环保系统。 14. 长沙率先全国在宾馆酒店禁止免费提供"七小件"。
六、健全资源有偿使用制度和生态补偿制度	15. 率先全面设计、协同推进资源性产品价格改革,成为全国率先全面推行民用阶梯水电气价格改革的省份。 16. 全面实施工业脱硫、除尘电价政策,率先推行脱硝电价政策,全省统调燃煤机组脱硫设施建设和改造率达100%,高出全国平均水平16个百分点。 17. 出台《铅锌矿石和石墨资源税从价计征改革试点》,探索征管方法,为资源税改革及全面实行从价计征改革积累经验。 18. 出台《湖南省湘江流域生态补偿(水质水量奖罚)暂行办法》,对湘江流域跨市、县断面进行水质、水量目标考核奖罚。 19. 率先开展长株潭耕地重金属污染治理试点。

续表

分类	成果内容
七、建立健全环境治理体系	20. 创新湘江流域综合治理,《湘江流域重金属污染治理实施方案》为全国第一个获国务院批准的重金属污染治理试点方案,迄今为止唯一由国家批准的不跨省的流域治理方案。 21. 创新长株潭"绿心"保护模式。将长株潭三市之间522平方公里的区域规划为"生态绿心"区,明确其中89%的面积划为禁止和限制开发区;建立绿心地区监控系统,每季度监测土地使用变化情况。 22. 组建长株潭三市环境执法大队。 23. 把城市清扫权等实行市场化运作,形成行政引导、市场运作、大数据支撑的两型城市综合治理机制。 24. 将餐厨废弃物等垃圾处理打包,通过采用PPP模式,与专业环保科技公司签订特许经营协议,由企业承担废弃物的收集、运输、处理设施设备的建设和运营。 25. 在全国率先实施以县(市、区)为基本单元整县推进农村环境综合整治,2015年成为环保部、财政部确定的全国首个农村环境综合整治全省域覆盖试点省。 26. 攸县的"分区包干、分散处理、分级投入、分期考核""四分法",长沙县的"户分类、村收集、乡中转、县处理"垃圾分类处理模式等,被誉为"农村生活方式的一次深刻变革"。 27. 创新集镇生活污水设施建设、运营和管理模式,长沙县引进BOT、BT、OM等模式建设乡镇污水处理厂,破解乡镇污水处理技术上的难题和资金瓶颈。 28. 建立环境行为信用评价,对存在环境问题的企业进行环境行为信用评价,信用评价等级与企业申请上市或再融资、环保专项资金或其他资金补助、清洁生产示范项目、绿色信贷等直接挂钩。 29. 建立环境保护年度工作情况白皮书制度,向社会报告湘江水质及治理工作。 30. 完善公众参与机制,组建"守望母亲河"湘江流域民间观察和行动网络,在湘江流域建立11个志愿者工作站;发起江豚保护等行动;民间发布年度环境评价报告。
八、健全环境治理和生态保护市场体系	31. 编制全国第一个区域性融资规划《长株潭城市群两型社会建设系统性融资规划(2010~2020年)》。 32. 推行政府两型采购制度,将经济体制改革、科技体制改革、生态文明体制改革融为一体。 33. 推进第三方治理试点,发布实施环境污染第三方治理推介项目,引导和鼓励社会资本采取PPP、环境合同服务等方式参与环境治理。株洲市清水塘和湘潭市竹埠港地区纳入国家环境污染第三方治理试点。 34. 第一批排污权交易试点省,有偿使用和交易范围扩大到湘江流域八市所有工业企业和全省火电、钢铁企业,全省排污权初始分配基本完成,对8876家企业分配核定初始排污权。 35. 开设全国首家环保支行。2013年,原长沙银行万家丽路支行正式更名为长沙银行环保支行,成为全国首家以"环保"命名的银行。 36. 环保部首批环境污染责任保险试点省份之一,出具国内首张环境污染责任险保单,妥善处理了全国首例环境污染责任保险理赔。 37. 发行第一支流域治理债券——湘江污染治理债券。

续表

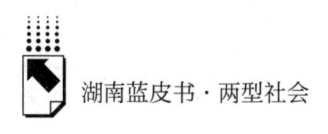

分类	成果内容
九、完善生态文明绩效评价考核和责任追究制度	（一）探索建立两型标准体系 38. 率先建设两型标准体系，出台60多项标准、规范、指南，用标准指导实践。 39. 率先全国开展两型标准认证，出台《湖南省两型认证管理暂行办法》，第一批7家景区被评选为两型旅游景区。 （二）首创绿色导向的两型综合评价体系 40. 发布年度两型综合评价报告。2014~2016年连续三年发布年度两型综合评价报告，为科学评价两型化进程提供了模式和经验。 41. 探索绿色GDP评价。在韶山开展绿色GDP评价试点，取得了阶段性成果。 （三）完善法律法规 42. 先后制定和实施了全国第一部系统规范行政程序的省级政府规章《湖南省行政程序规定》、全国第一部系统规范行政裁量权的省级政府规章《湖南省规范行政裁量权办法》、全国第一部关于"服务型政府建设"的省级政府规章《湖南省政府服务规定》。 43. 出台实施全国首部江河流域保护的综合性地方法规《湖南省湘江保护条例》。 44. 出台全国首个跨区域生态保护法规《湖南省长株潭城市群生态绿心地区保护条例》。 45. 在全国率先建立责权明晰、科学完备的省级环境保护责任体系，印发《湖南省环境保护责任规定（试行）》《湖南省重大环境问题（事件）责任追究办法（试行）》。 46. 出台《环境风险企业分类管理办法》，在全国首次对环境风险企业进行分级监管，被环保部列入创新工作示范教材进行推广。
十、培育生态文化	47. 编制全国首个《中小学两型教育指导纲要》。 48. 编印《小学生两型知识系列读本》，免费向全省小学生发放。 49. 系统开展中小学两型教育，"教育一个孩子、带动一个家庭、影响一片社区"的经验得到中央领导同志肯定。

（二）形成了一批可复制、可推广的典型经验

典型经验主要有：

1. 政府两型采购制度

针对绿色采购机制不健全，未充分发挥政策绿色化导向，导致两型采购范围偏窄、比重偏低等问题，制定出台两型产品政府采购认定管理办法、认定标准、采购目录等操作办法，规范两型产品的申报、认定标准、组织评审、目录的发布及产品的优先采购措施。两型产品认定遵循"三原则"，即企业自愿免费申请、第三方独立审查、过程及结果公开。两型产品采购实施"三优先"，即对列入采购目录的两型产品，财政部门优先安排采购预算；对达到公开招标数额标准的采购项目经批准，可优先选用竞争性谈判等非公

开招标方式采购两型产品;评审时优惠,采用最低价格评标法时,两型产品可享受5%~10%的价格扣除,采用综合评分法时,价格、技术以及商务评分项分别可享受4%~8%分值的加分优惠。坚持"两不歧视",即不歧视中小企业产品、不歧视外地产品。

2. 农村环境治理机制

针对农村环境治理缺乏长效机制,治理成本高、处理效果差、易反复等问题,充分发挥政府、村民、市场三方面作用。坚持政府主导,建立市、县、乡三级财政补助制度。市级层面根据"一镇一站、一村一池、一户一桶"建设要求,给予乡镇适当建设资金补助,给予村级每年运行资金补助,县级财政按照1:1的比例给予相应资金配套。科学规划畜禽养殖,制定畜禽养殖管理办法,划分禁养区、限养区、适养区。发挥村民自治作用,在镇设环保合作总社,各村设环保分社,作为生活垃圾"分类减量"工作治理责任主体,推进农村垃圾分类减量,有效减少垃圾中转、最终处理量。建立"农民环保学校",开展环保知识、技术的自我教育、主动学习。推行屋场(小区)管理,对屋场(小区)环境卫生实行自我管理。推行市场化运营,县市建立农村环境建设投资有限公司,将各类资金整合,统一管理、专项使用于农村环境综合整治。推广合同环境服务,鼓励以乡镇为单位与畜禽污染治理公司签订全域畜禽污染整治合同。推行农村垃圾处理市场付费制度,根据农户垃圾的产生量和自行分类处置量确定收费价格,其缴费作为私营保洁公司或个体保洁员的收入。建立市场化的垃圾回收运行机制,在县乡推行私人组建垃圾回收合作社。

3. 城市环境综合治理机制

针对城市管理体制不顺、管理效率不高,环境污染等"城市病"蔓延加重,治理难以见效等问题,充分发挥政府、市场、社会的城市治理合力,形成行政引导、市场运作、大数据支撑的城市环境综合治理机制。创新政府管理机制。构建大城管格局,成立城市管理委员会,统一决策和协调。执法重心从市级下移到区,构建"两级政府、三级管理、四级网络"的管理格局。发展数字城管,建立覆盖全市的数字城市管理系统,实现数据化网格化精细化管理。创新市场运行机制。鼓励和引导社会资金参与城市建设、经营和管理。面向市场公开招标，由政府向市场购买服务，引入专业化公司运营。规范市场准入退出，通过有效竞争形成高效市场。强化社会监督，聘请各界市民代表担任考评委员或考评监督员，采取"电视问政"、设置有奖举报信息平台、聘用社会监督员等方式，全程监督城市管理工作。

4. 两型社会标准体系建设

以标准的编制、实施、认证为抓手，解决"什么是两型社会""建设一个什么样的两型社会""怎样建设两型社会"等问题，努力形成现代化的生态文明治理体系。围绕推进新型工业化，制定两型产业、企业、园区、生态养殖等经济活动两型标准，引导企业在设计、生产、销售等环节全面体现资源节约、环境友好，形成绿色生产方式；围绕推进新型城镇化，制定两型县、镇、村庄、绿色建筑、交通等城乡建设两型标准，明确不同层级行政区域在资源、环境方面应达到的水平，引导各类项目在规划、设计、建设、运行中充分体现两型要求；围绕推进社会生态文明，制定两型机关、学校、医院、社区、家庭、旅游景区等公共服务两型标准，强调使用节能节水器具、垃圾减量、无纸化办公等两型元素。推进标准实施，以两型标准为依托，建立两型产业准入、退出、提升机制，实行科技、标准、产业同步行动，支持清洁低碳技术研发推广，开展两型系列示范创建活动。认证两型标准，出台认证管理办法，严格工作规程，加强认证质量控制，引进第三方认证机构，广泛开展标准认证，增强两型的影响力和公信力。

5. 两型（示范）创建机制

针对两型社会建设公众参与机制不健全，两型理念推广不深入等问题，建立"省里抓示范、市县（省直部门）抓创建"的工作推进机制，统筹推进省级两型示范，支持鼓励市县（省直部门）因地制宜地开展自主创建，涵盖全社会生产、生活、消费的各个环节。建设省级两型综合示范片区，将两型元素、两型成果在一定区域内系统集成，推动两型示范从"盆景"向"花园"转变。坚持从娃娃抓起，建立两型教育制度，编制《中小学两型教育指导纲要》《小学生两型知识系列读本》，开展"小手"牵"大手"、"小家"带"大家"等活动,通过"教育一个孩子、带动一个家庭、影响一个社区",促进公众参与两型社会建设。示范创建推动两型技术产品、两型生产生活方式、两型服务设施、优美生态环境、两型文化等进入各单位、各领域,使两型在生产生活中"看得见、讲得出、用得上"。

五 存在的主要问题和困难

(一)试验区推进机制呈弱化趋势

省统筹、市为主、市场化的推进机制设计科学,但是如何落地,一直在探索。前几年,湖南省委常委会每年专题研究两次试验区工作,每年两办发文布置重点工作,每年召开推进大会,省主要领导出席并讲话;重点工作省委常委、试验区工委书记、管委会主任亲自协调、推进。但是,推进工作没有在机制层面固化,形成固定的制度,在没有省委常委担任工委书记、管委会主任的情况下,推进起来难度很大。

(二)试验区和全面深化改革的关系有待进一步准确把握

一方面,试验区应在国家的统一部署下,大胆先行先试,为生态文明改革探路;另一方面,国务院批准的试验区改革方案包括十大领域改革,既有与生态文明改革直接相关的资源节约、生态环境保护改革,也有产业优化、科技创新、投融资、对外开放、财税、城乡统筹、行政管理等体制机制创新。因此,如果不能正确把握好试验区和全面深化改革的关系,国家交给湖南"三个率先"的目标任务就无法完成。

(三)改革的力度需进一步加大

一是一些改革的瓶颈需要打通。如,垃圾分类处理、农村环保自治、畜禽养殖治理等国家安排的改革任务,点上取得了成果,但还没有形成面上能够复制、能够推广的经验,还需要打通如何有效安排第三方治理、自愿治理与强制性治理等关键点。生态补偿主要依靠财政资金补偿，需建立多元化的补偿机制。两型认证认可度不高，需得到更大范围内的采信等。二是一些改革的漏项、盲点需要加力，根据2015年梳理的总体改革方案完成情况，110项任务，完成得比较好的22项，已经启动、进展较好的77项，尚未取得积极进展的改革11项，主要有分质供水、建立城市群利益协调和补偿机制等，对于这11项改革需要分情况，尽快启动，加快推进。三是改革面临许多新情况新课题。试验区改革方案是十年前编制的，在目前"四个全面"推进的背景下，面临许多新情况新课题，比如绿色发展、长江经济带和长江中游城市群建设、国家中心城市建设、国家级生态文明改革试验等，试验区必须积极作为，做出试验区应有的贡献。

（四）改革的系统性、协调性有待进一步增强

两型社会改革建设涉及面广，需要兼顾的目标多，土地、财税、价格、金融、行政管理等各项改革相互配合、协同推进的难度大，有些部门规章与改革创新有冲突的地方，制约了改革突破的深度。有些改革需要国家层面统一启动，自上而下开展，比如自然资源资产管理体制、生产者责任延伸制度、省级空间规划体系、省以下环保机构监测监察执法垂直管理制度、用能权有偿使用和交易制度等。有些改革省、市之间也还没建立合理的分权机制，如水电气等资源性产品的定价权、绿色建筑评价的标识权等，市一级地方政府缺少必要的先行先试的权限。同时，跨区域、流域管理体制不健全，使得解决跨区域环境问题、资源保护、协同发展等难度很大，在湘江流域综合治理、洞庭湖生态经济区建设、绿心保护、长株潭城际交通网络建设等方面表现得尤为突出。

六 政策建议

（一）加快总结推广长株潭两型试验区的成功经验和模式

建议按照"边探索、边总结、边推广"的思路，依托国家经济体制改

革工作部际联席会议，搭建包括长株潭两型社会综合配套改革试验区在内的试验区经验推广平台，定期组织经验交流会议，对试验区试行有效、示范带动性强的重大改革举措和成功经验做法，根据成熟程度及时进行分类总结，根据全国各省市区生态文明建设的不同特点，采用多种方式有针对性地推广试验区的成功经验和模式，使亮点经验推广更具针对性，更好地发挥其示范带动作用。

（二）支持湖南申报建设国家生态文明试验区

试验区在两型社会改革建设方面已经成功探索了一大批经验模式，理应在全面深化改革特别是生态文明改革中发挥更大的作用。2016年，福建、江西和贵州三省被纳入全国首批统一规范的国家生态文明试验区，湖南并未被纳入。事实上，湖南省特有的地质地貌形成了一个有利于独立自主进行国家生态文明试验区建设的自然地理环境，而长株潭两型社会改革建设十年的探索为建设国家生态文明试验区奠定了良好的理论和实践基础，2016年底召开的中国共产党湖南省第十一次党代会也明确提出"生态强省"的目标。由此看出，湖南有基础、有条件，也十分有必要成为国家生态文明试验区。希望国家层面统筹考虑湖南实际情况，尽快将湖南纳入国家生态文明试验区"笼子"，放大试验区的改革试验效果。

（三）加大对长株潭两型试验区的政策和资金支持力度

下阶段，长株潭试验区将根据新形势新要求，着力破解改革的瓶颈的同时，努力在绿色发展、长江经济带和长江中游城市群建设、国家中心城市建设、国家级生改试验区等一些新的领域积极作为。改革建设涉及面广、任务重、难度大，建议国家对于试验区的重大改革任务在政策和中央财政资金支持方面给予重点保障。如支持开展低碳发展、循环经济、生态补偿、环保费改税、合同环境服务、公共机构节能改造等试点，并给予充分授权；指导和支持建设完善环境资源交易平台、农村土地交易平台、金融服务创新平台、

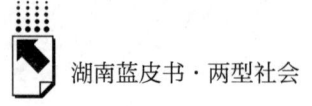

知识产权交易平台等并扩大辐射面，完善两型社会建设所需的要素市场体系。

（四）进一步深化长株潭两型社会建设改革试验

在部署落实原有两型社会改革试验任务的基础上，按照国家生态文明建设的最新要求，结合湖南实际，加强协调和资源整合，在试验区优先布局生态文明体制改革领域试点，在资源节约集约利用、生态环境保护和治理、产业结构优化升级、城市群协同发展等方面推动改革建设进一步深入。深入推行"河（湖）长制"，开展按流域设置环境监管和行政执法机构试点。积极探索绿心地区保护发展机制，适时修订完善《绿心总体规划》《绿心保护条例》。探索建立覆盖所有固定污染源的企业排放许可制。建立健全激励引导约束机制，引导绿色投资、绿色生产、绿色消费。更好地发挥政府、市场、社会三方的作用，形成改革合力。

B.31
促进宏观微观协同
提高湖南绿色发展质量*

刘解龙 张敏纯 等**

摘　要： 我国在实施可持续发展战略、建设生态文明和促进绿色发展的进程中，基本上都遵循了由上而下的路径与模式。党的十九大开启了我国经济由高速增长转向高质量发展的新时代，也开启了生态文明建设绿色发展的新征程，现阶段推进绿色发展的重点领域与主要任务，应当更好地促进宏观与微观的有机结合，在继续完善宏观层面的改革发展的规划与制度的同时，加大向微观层面的转变力度，重视"毛细血管"畅通问题，筑牢压实绿色发展的微观基础，在湖南省推进绿色发展生态强省建设过程中，实现宏观体系的优化与厚植绿色发展的微观基础相结合，形成"省际—省内—基层"发展体系，实现绿色发展与高质量发展的协同统一与相互促进。

关键词： 绿色发展　宏观体系　微观基础　高质量发展

党的十八大是我国全面深化改革与文明发展的新起点，十八大以来的五

---

* 本文是湖南省绿色经济研究基地2018年度资助项目。
** 课题主持人：刘解龙，湖南省绿色经济研究基地首席专家，长沙理工大学二级教授。成员：张敏纯，长沙理工大学副教授、博士；熊鹰，长沙理工大学教授、博士；唐常春，长沙理工大学教授、博士；罗苏、董婷、彭明霞、冯筱曼、马莉，长沙理工大学研究生。执笔：张敏纯。

年,是我国生态文明建设、绿色发展方式和生活方式进步最快、成效最大的五年,但离我们所追求的生态文明和绿色发展目标还有相当差距,发展进程也充满各种困难,仍然需要从各个方面进行实践探索与理论分析。十九大明确提出了一系列新论断与新方略。就经济发展来说,明确了我国经济已由高速增长阶段转向高质量发展阶段,正处在转变发展方式、优化经济结构、转换增长动力的攻关期;就生态文明建设来说,明确提出了我们要建设的现代化是人与自然和谐共生的现代化,既要创造更多物质财富和精神财富以满足人民日益增长的美好生活需要,也要提供更多优质生态产品以满足人民日益增长的优美生态环境需要,高质量发展阶段与新的现代化追求,将生态文明建设绿色发展提到了更高程度。

这样的新时代的到来,对于湖南实现绿色发展建设生态强省的战略实施是十分有利的。立足于高质量发展的时代背景与总体要求,促进宏观体系结构优化与微观基础强化,是湖南绿色发展进程中实现高质量发展、建设生态强省的重要环节。在我国,一个省的发展往往因其面广人多责任大而具有相应的宏观职能,因而需要从宏观角度重视问题和推进工作。湖南的绿色发展也应当从这样的角度思考问题和改革创新,促进宏观体系的结构优化与功能强化,更好地形成向基层深入的系统性力量。所以,在湖南省推进绿色发展生态强省建设过程中,须努力促进宏观体系的优化与厚植绿色发展的微观基础相结合,形成"省际—省内—基层"的发展体系,实现绿色发展与高质量发展的协同统一与相互促进。

一 在省际绿色发展竞争中优化宏观关系

长期以来,省际竞争被认为是促进中国经济发展的重要模式。国家明确提出建设生态文明促进绿色发展的主张以后,以生态文明绿色发展为主题的发展模式很快成为省际竞争的重要内容。2012年,安徽省委省政府出台了《生态强省建设实施纲要》,提出安徽省生态强省10年目标:全省生态竞争力比2010年翻一番,城乡居民喝更干净的水、呼吸更清洁的空气、吃更安全的食品、享受更良好的环境。2013年，海南省委省政府出台《关于加快建设海洋强省的决定》，坚持陆海统筹、综合开发，坚持海洋经济转型升级，紧紧抓住三沙建设的契机，创新体制机制，完善海洋基础设施，提高海洋资源开发能力，发展壮大海洋经济，保护海洋生态环境，加快建设海洋强省。2013年，云南省委省政府制定《关于争当全国生态文明建设排头兵的决定》，作为西南生态安全屏障和生物多样性宝库，云南省承担着维护区域、国家乃至国际生态安全的战略任务，要完成国家赋予云南保护生态的光荣使命，必须争当全国生态文明建设的排头兵，大力推进"美丽云南"建设，为建设"美丽中国"做出贡献。2016年，青海省委十二届十三次全会提出建设"生态大省"和"生态强省"的战略思路，是对"青海最大的责任在生态，最大的潜力在生态，最大的价值也在生态"的深刻领会和主动作为，是青海在生态文明"五位一体"战略推进中最新的实践成果和战略升华。2017年4月，贵州省第十二次党代会把大生态上升为全省的战略部署，与大扶贫、大数据并列为全省三大战略行动。2016年，贵州专门发布实施大生态工程包、绿色经济工程包项目332个、总投资2534亿元，全年与大生态相关的产业投资超1100亿元，增长50%以上，全省生态利用型、循环高效型、低碳清洁型、节能环保型的绿色经济"四型"产业已占地区生产总值的33%。

尤为重要的是，2017年6月26日，中央全面深化改革领导小组第三十六次会议审议并通过了《国家生态文明试验区（江西）实施方案》《国家生态文明试验区（贵州）实施方案》；会议审议了《国家生态文明试验区（福建）推进建设情况报告》，国家级的省域生态文明试验区建设进一步推进。由此可见，既是机遇也是挑战的格局是，作为湖南的毗邻省份，江西与贵州的生态强省建设时间早、步伐快、成效显、影响大，整体升级为国家战略。这一格局，一方面，为湖南省的生态强省建设创造了区域性、整体性的空间条件，可以相互学习借鉴，可以获得一定的"外溢"带动与支持，更好地形成大区域性的生态建设优势。另一方面，省际竞争也会由此而出现新的竞争领域与竞争内容，谁的建设成效如何，很容易进行对比，形成积极的省际区域竞争动力。在我国改革发展中，省际区域竞争所产生的发展力量一直是十分强劲与明显的，这种格局与态势未来也难以改变，所以，湖南的生态强省建设与绿色发展，至少将在与东西两邻的竞争中推进。

值得重视的是，像省级层次这样的绿色发展竞争，不仅竞争的内容与过去的省际竞争不同，而且也与其他领域的省际竞争不同。众所周知，绿色发展或生态文明建设有一个重要特点是受制于大自然，即生态功能的形成与作用具有自然意义的区域整体性与广泛性，也即小面积的生态或碎片化的生态是难以发挥相应的生态功能的，甚至生态功能也是难以持续的。因此，从绿色发展的生态环境本身自然属性来看，无论是江西还是贵州，都在客观上希望将自己的生态文明试验区的社会影响力和自然影响力加速提升与扩大。而湖南本身具有良好的生态资源，这种生态资源是培育与提升绿色发展能力的自然基础，潜力巨大。因此，尽管湖南的绿色发展生态强省建设是不像江西与贵州那样整体成为国家级战略，但作为国家两型社会试验区已经长达十年，各方面都形成了相当的基础与态势，与这两个国家级战略区域的对接具有了良好的条件。可以说，在不久的将来，江西、贵州的生态文明试验区建设就会与湖南出现越来越多的省际合作，越来越广泛的协同发展，形成三省一体的深度融合格局。所以，湖南绿色发展在宏观结构体系优化上，需要将与这两个国家级的生态文明试验省的各个方面协同对接起来，努力形成三省一体的宏观结构与体系力量。

二 依托洞庭湖对接长江经济带培育和提升绿色发展能力

推进"一带一路"建设、促进京津冀协同发展、建设长江经济带，是我国区域发展的重大战略，已经成为开放背景下重新构造中国经济版图、发展方式、发展空间的重要内容。长江经济带纵贯东西，不搞大开发，实施大保护，实施重大生态工程，恢复与提升长江经济带的生态保障力与绿色发展力，是影响全面、影响未来的战略工程，全面对接和深度融入长江经济带，就是更好地获得生态经济发展的带动力量。

洞庭湖在整体湖南的发展格局中地位重要，影响重大，洞庭湖是影响湖南创新发展开放崛起的关键区域。在洞庭湖对长江的影响，对湖北的影响方面，远不及对湖南的影响。对湖南的这些影响具有基础性、全面性、战略性与复杂性。一是实施开放崛起战略的前沿地带。创新发展，开放崛起，是湖南现阶段的总战略，是对接长江经济带和国家"一带一路"，实施开放崛起战略的前沿区域，是将绿色发展生态强省建设与开放发展协同对接的主要区域。二是实施绿色发展生态强省建设战略的关键区域。洞庭湖是我国更是湖南实施流域生态保护与环境治理工程的重点区域，成为既有特色又有重要性的水生态主体功能区域。三是促进区域协同发展战略的关键区域。大湘北的发展要围绕洞庭湖而规划和推进，洞庭湖成为大湘北的关键点。四是实施和推进"河长制"的核心区域和关键区域。由此可见，洞庭湖对湖南的绿色发展和生态强省建设具有独特的影响，要以此为节点，对接长江经济带发展，让长江经济带的绿色发展力量更好地带动洞庭湖的大湖生态经济区和大湖生态文明发展，进而带动湖南绿色发展与生态强省建设融入长江经济带的宽广世界。

洞庭湖生态经济区承担着国家探索大湖生态文明建设的重任，但洞庭湖的生态环境问题由来已久，学术界、政府部门、民主党派、社会组织和实业界等都高度关注，成立有专门的政府组织机构，产生过许多对策性研究文章与调查研究报告，政府出台了众多的政策制度，国家和地方也制定了一些专门的法律制度。然而，治理并无明显起色。2017年7月31日，中央第六环境保护督察组向湖南省委省政府反馈了环保督察情况。督察指出，湖南省发展与保护的矛盾依然突出，一些领域和区域环境问题频发，形势依然严峻。其中两个方面是洞庭湖问题，即一是湖南省水利厅组织编制的《湖南省湘资沅澧干流及洞庭湖河道采砂规划（2012~2016年）》，未依法将自然保护区缓冲区和实验区纳入禁采区，并于2012~2015年陆续组织审批岳阳市、常德市5个洞庭湖区砂石开采权出让方案，大大超出规划许可范围。二是洞庭湖区生态环境问题严峻，形势不容乐观，使得洞庭湖生态环境治理成为湖南打赢蓝天保卫战的重中之重。为聚焦难点，精准发力，2017年11月1

日，湖南省委省政府召开省市县乡村五级干部电视电话会议，动员、部署、落实洞庭湖生态环境专项整治工作；湖南省发改委、省水利厅、省环保厅等9个省直职能部门制定专项整治措施，祭出"撒手锏"，强力推进洞庭湖生态环境治理。2018年2月8日湖南省召开电视电话会议，专题部署湘江和洞庭湖治理工作，明确任务，压实责任，务求实效。一是要巩固洞庭湖水环境综合治理五大专项行动成果，扎实推进洞庭湖生态环境整治三年行动计划，确保到2020年实现Ⅲ类水质标准；二是要推进湿地生态修复，严格执行休渔期禁捕，切实加强湿地和渔业资源保护；三是要进一步厘清事权和责任，坚定不移治理非法采砂；四是要压紧压实各级各部门责任，充分调动村、镇、县、市以及广大人民群众的积极性，凝聚起共同治理的强大合力。可以料想，洞庭湖赢得湖区生态环境整体好转，还洞庭湖碧波万顷、一湖清水的美丽容颜，不仅自身生态环境大幅改善，明显提高大湖区发展的生态保障力和绿色竞争力，而且可以更好地成为湖南实现开放崛起和绿色发展协同推进的连通区与带动区，进一步开阔湖南开放发展与绿色发展加速迈向高质量阶段的空间。

三 在"一带一路"开放环境中促进绿色发展

"一带一路"是我国更好推进对外开放，推进人类命运共同体建设的伟大创举，对于我国与世界的发展所产生的影响日益扩大。湖南的绿色发展与生态强省建设要贯彻好"开放崛起，创新发展"的战略思路，必须将开放进一步扩展延伸深化。随着"一带一路"建设的影响力日益扩大，我国倡导的生态文明建设与绿色发展的理念与内容，都在"一带一路"的实施中得到广泛传播和有效实践。2015年，国家发改委、外交部、商务部联合发布了《推动共建丝绸之路经济带和21世纪海上丝绸之路的愿景与行动》，明确提出要突出生态文明理念，加强生态环境、生物多样性和应对气候变化合作。2016年6月22日，习近平主席在乌兹别克斯坦最高会议立法院演讲时对于绿色环保问题给予特别重视，他强调，"一带一路"国家之间，要着力深化环保合作,践行绿色发展理念,加大生态环境保护力度,携手打造"绿色丝绸之路"。2017年5月,环境保护部、外交部、发改委、商务部四部委联合印发了《关于推进绿色"一带一路"建设的指导意见》(以下简称《指导意见》),更加集中明确地倡导和促进"一带一路"的绿化发展,提升"一带一路"的发展质量与未来竞争力。在我国《"十三五"生态环境保护规划》(以下简称《规划》)中,贯彻了绿色发展新理念,设置了"推进'一带一路'绿色化建设"专门章节,统筹规划未来五年"一带一路"生态环保总体工作,彰显绿色发展在"一带一路"发展中的绿色引领力与绿色竞争力。2017年5月14日,习近平主席在"一带一路"国际合作高峰论坛开幕式发表主旨演讲,提出要"践行绿色发展的新理念,倡导绿色、低碳、循环、可持续的生产生活方式,加强生态环保合作,建设生态文明,共同实现2030年可持续发展目标","设立生态环保大数据服务平台,倡议建立'一带一路'绿色发展国际联盟,并为相关国家应对气候变化提供援助"。所有这些共同显示,我国坚持绿色发展的理念在更高层次上推向了国际舞台。《指导意见》和《规划》的发布,是贯彻落实打造"绿色丝绸之路"精神的路线图和施工图,是我国更好履行可持续发展职责,积极推进人类生态文明发展的重要行动。对于地方发展来说,为具有生态资源与绿色基础的省份积极参与"一带一路"建设,培育和发挥绿色发展优势创造了良好机遇与宽广平台。由此可见,"一带一路"的绿色内涵与目标,不仅有利于湖南发挥生态优势,培育能够在国际舞台上竞争发展的绿色竞争产业与产品,进一步壮大湖南的绿色制造业的国际竞争力,也有利于更多借助外部力量促进绿色发展和生态强省建设。

四 筑牢压实绿色发展的微观基础

绿色发展是整体性系统性的社会变革,社会发展运行过程中的可以称为微观内容的部分,也大都需要在新的发展理念下实现绿色化的改进和升级。在这一进程中,越来越多的具体领域、具体事项、具体行为,都直接或间接地与绿色发展方式和生活方式相关，进入微观领域，成为微观对象。

（一）绿色发展越来越需要筑牢压实微观基础

绿色发展的微观基础是一个内容广泛的体系。无论是从理论到实践，还是从宏观到微观，无论是从制度到行动，还是从政府到百姓，推进绿色发展已经没有了根本上的思想障碍与政策障碍，是大势所趋和时代潮流，也是人心所向，绿水青山就是金山银山的丰富内涵与成功示范，让广大民众真切深切地感受到了绿色发展的魅力与前景，现在的问题都越来越转向了具体实在的领域与方面，绿色发展到了需要更加注重向基层深入，向微观层面渗透，向基础扎根的阶段，甚至可以说这是绿色发展的某种转型。这就要求，一方面，要让绿色发展层层深入，更加广泛地根植于经济社会发展与人民生活之中；另一方面，要让经济社会发展与人民生活更好地获得绿色实惠，获得绿色红利，共享绿色福祉，感受到绿色增长力的强劲和绿色前景的美好。然而，这样的转型与深入并非易事。因此，需要从多个角度来促进绿色发展的这种深入与转型。

（二）明确微观基础的主要内容

一般来说，微观是相对于宏观来说，而宏观与微观本身的界定也具有相对的主观性。绿色发展中的微观内容如何界定，主要是对象选择问题。无论是宏观还是微观，都会纳入绿色发展体系之中。因此，对于绿色发展的微观内容，我们主要从三个方面进行概括，一是主体的基础性与完整性，社会基层组织、社区、乡村、家庭、甚至个人等，都具有微观主体的性质与责任，是微观主体的基本队伍。二是行为的直接性，在绿色发展过程中，人们的行为多种多样，但凡易于直接观察的行为，是否会对生态环境产生影响，不用看结果，也都知道会如何，这些也算是微观基础的内容。三是结果的直观性，人类行为对生态环境的影响方式、途径、时间和后果，往往一时难以进行准确评价，可有的行为不仅直接产生了不良后果，而且是立刻会产生不良后果，这样的现象不论大小与严格程度，也称其为微观基础。比如，生活消费、污染治理、广大农村的面源污染治理，特别是消除城市"黑臭水体"、具体项目或工程等，这些行为与现象都是很直观的。这样的概括主要是便于说明问题。

（三）突出微观主体的影响

绿色发展中的微观主体是个相对概念，说其微观，主要是对于它的行为的观察评价相对直观，不需要进行组织内部的进一步细分和深入分解与分析。

绿色发展中的个人主体分析。人的本质决定了一切绿色发展都是依靠个人意识与行为的社会活动，个人意识与能力如何是全部绿色发展微观基础中的关键，即使其他形态的微观主体，比如企业、机关、社团等，也是由个人主体组合起来的。他们的思想观念对于绿色发展的作用无论好坏都最为直接。我们在绿色发展生态强省建设的调研中深切地感受到，地方政府、企业、社区、乡村等，个人对于绿色发展的认识所具有的影响都是十分重要的。但是，在总体上，人们对于绿色发展的理解与把握，基本上还处于感性认识阶段与朦胧理解状态。一般都知道生态文明和绿色发展，在大量宣传教育中受到的耳濡目染，留下了一定的知识片断和感性认识。有不少明显的不足，一是缺乏系统性与整体性，相关方面的理解都存在道听途说与片言只语的状况，基本上处于朦胧觉醒阶段。二是缺乏深刻性与坚定性，生态文明与绿色发展的意识并不强烈与深刻，基本上处于似有似无状态。正是基于这样的现实状况，我们才明确提出要筑牢压实绿色发展的微观基础的命题与主张。

绿色家庭建设是绿色发展微观基础的特殊主体。家庭是由一系列因素而形成的社会单元，对于个人和社会的影响都是极其重要和十分微妙的，在绿色发展方式与生活方式序列中，家庭是最基本和最重要的微观组织，这个微观组织比企业这样的微观组织还要基本与基础。推进家庭的绿色生活方式建设，是筑牢压实绿色发展微观主体的重中之重。一是家庭是个人成长的最基本的组织；二是家庭是绿色消费的主要微观组织；三是家庭是生活污染治理的主要组织。比如，家庭的绿色消费与垃圾分类处理，是数量庞大、地位重要、影响广泛的微观主体。因此，需要结合时代发展，对于绿色发展中的家庭地位、家庭影响、家庭社会角色等方面，进行新的定位，千方百计激活家庭这一最重要的微观主体。

企业是推进绿色发展方式成长的主力军。绿色生产方式的主力军是企业，企业是相对独立而完整的经济活动组织，是典型的微观主体，从产品设计试制生产销售消费的初始阶段、具体过程与末端环节，都构成了具体的微观行为，绿色竞争也将呈现到具体方面，日益微观化。在这样的背景下提高绿色发展质量，需要将党的十九大报告提出的一系列思想体现出来，必须坚持质量第一、效益优先，企业的生产经营活动要以供给侧结构性改革为主线，系统推动发展质量变革、效率变革、动力变革，提高企业的全要素生产率。因此，从转变发展方式的角度来说，企业都是筑牢压实绿色发展微观基础的重点所在，也是难点所在。促进经济社会发展由工业化时代进入生态文明时代，承担这一重任的第一主体是企业，在相当的程度上，甚至是所有的企业都得正视这种挑战。这就要求企业在发展方式上进行自觉的革命，否则就会在转型发展中被迅速淘汰。供给侧结构性改革，其实质就是要促进企业向绿色发展方式尽早地和明确坚定地转型，在工业文明社会向生态文明社会转变的过程中赢得先机、赢得主动。

（四）健全微观基础运行机制

我国推进生态文明建设和促进绿色发展的四梁八柱的顶层设计与制度体系建设进展迅速，达到了较为完整的程度，现在需要进一步做好的工作是结合具体实际细化、抓紧落实。湖南绿色发展生态强省建设中相应的顶层设计与相应的法律制度体系规划方案等，许多方面有特色、有创新，走在了全国的前列，但在如何向具体的和微观的领域与层次落实上，大动脉都培育起来了，可大量的"毛细血管"不健全、不通畅，难以成为鲜活的机体，基层乏力与微观脆弱成为明显短板，因此，如何面向基层领域和实际环节加大加强微观机制建设力度、补齐短板，诸如，在市场机制、问责机制、奖罚机制、补偿机制、社会生活机制、文化机制等方面，都需要结合各自实际创新细化实化。所以，绿色发展生态强省建设需要更加注重向实向细、做实做细。微观基础如何，主要应当看实际成效，而实际成效如何，还需要考核评价方法的科学性、评价主体的公正性、评价对象的广泛性。健全微观基础的运行机制，需要将促进与监督机制建设起来。要推进第三方评价的制度化、规范化与科学化。企业污染治理成效是否明显，农村面源污染是否得到有效治理，是否真正从根本上扭转"点上治理、面上破坏、整体恶化"趋势等，所有这些，都得让更多的独立的主体来评价，发挥好第三方评价机制的积极作用。

（五）厚植绿色发展的微观基础要重视的几个问题

微观基础的建设已经越来越明显地成为生态文明建设绿色发展的重点环节和关键领域。解决这些问题，也是保障绿色发展高质量化的重要基础。

一是要规范好、发挥好政府的作用。如果说，在经济体制改革中，要更好地重视和发挥市场机制的作用，对于政府职能进行调整和规范，体现了对经济发展规律与市场经济性质的尊重与运用，那么，对于绿色发展来说，关于政府与市场的关系问题就需要进行新的思考，要避免和防止完全用市场经济的思维与方法来思考绿色发展问题。有三点需要特别重视。一是绿色发展是创造性发展，政府可以动员社会资源在创新的要求下推进绿色发展。依靠其他主体来完成这一任务，难以达到要求。二是绿色发展是整体性、系统性发展，政府能够更好地从整体与系统的角度推进绿色发展，避免其他主体因为自身利益约束而难以兼顾整体的不足。三是绿色发展是公益性、战略性突出的发展，政府能够更好地思考长远与未来的要求统筹谋划。这是由政府承担公共职能的使命决定的。尤其是要按照党的十九大提出的重要思想，围绕经济绿色化发展与高质量发展，着力加快建设实体经济、科技创新、现代金融、人力资源协同发展的产业体系，着力构建市场机制有效、微观主体有活力、宏观调控有度的经济体制，不断增强我国经济创新力和竞争力。

二是要处理好关键少数与绝大多数的关系。推进绿色发展方式与生活方式，要处理好关键少数与绝大多数的关系。习近平总书记强调，生态环境保护能否落到实处，关键在领导干部。要落实领导干部任期生态文明建设责任制，实行自然资源资产离任审计，认真贯彻依法依规、客观公正、科学认定、权责一致、终身追究的原则，明确各级领导干部责任追究情形。对造成生态环境损害负有责任的领导干部，必须严肃追责。各级党委和政府要切实重视、加强领导，纪检监察机关、组织部门和政府有关监管部门要各尽其责、形成合力。如果说，关键少数体现的是宏观、整体与战略等方面的要求，那么，这种要求与责任只有落实到具体实际才能有效，微观基础的重要性也随之突出。而微观基础的扩大与压实，不是关键少数，而是绝大多数的问题，只有让广大群众积极行动起来，让大家将绿色发展与自己的具体生活实际结合起来，绿色发展才扎实可靠。如果领导干部这一特殊的"关键少数"的微观主体发挥好了带头作用，那么就会带动与激活普通的多数微观主体的跟随与效仿。

三是要进一步发挥好宣传教育与文化建设的功能。宣传教育基本在公职人员、领导干部群体。广大百姓大多数只知道口号，有时搞点相关的活动。既然绿色生活方式是一场生活方式的深刻革命，那么，在这种生活方式的革命性内涵意义具体内容、转变方式等方面，如何赋予某种意义才算是革命性的？首先，生态文明与绿色发展，必须深入基层、深入老百姓、深入家庭，让绿色革命落实到基层之中。其次，由于人的行为是由人们的思想观念所支配的，因此，促进人与大自然和谐相处，实现和谐共生，不仅要在外在规范上予以引导与强制，更要在内在价值上予以培育与强化，这就必须将生态文明与绿色发展的理念、内容、方法等，全面全程地纳入教育体系之中，使生态文明与绿色发展成为各级教育的基本内容，为此，要编制符合各个年龄阶段与教育要求的知识读本，要明确学习内容与考试要求，从而有效地将人与大自然和谐相处的教育贯穿到"三全"之中，即全民性、全程性、全领域性的生态文明教育，通过个体因素的积累与组合，形成集体的行为规范与价值理念，甚至要在"四个自信"的教育中，重视生态自信与绿色自信等方面的内容，使绿色发展方式与生活方式的革命性力量在广大群众的思想意识领域成长壮大，在生态伦理教育上筑牢压实绿色发展生态强省建设的微观基础，成为推进绿色发展、推进湖南生态强省建设大业的共同价值和精神力量。

参考文献

习近平：《决胜全面建成小康社会夺取新时代中国特色社会主义伟大胜利——在中国共产党第十九次全国代表大会上的报告》，2017年10月18日。

《习近平出席"一带一路"国际合作高峰论坛开幕式并发表主旨演讲》，新华社，2017年5月14日。

刘鹤达沃斯演讲：《推动高质量发展 共同促进全球经济繁荣稳定》，新华网，2018年1月24。

李伟：《高质量发展要处理好五个关系》，《经济日报》2018年2月23日。

李干杰：《坚持人与自然和谐共生》，《求是》2017年第24期。

《杜家毫在洞庭湖生态环境专项整治推进大会上强调打好洞庭湖生态环境保卫战开启全省生态文明建设新征程》，《湖南日报》2017年11月1日。

魏后凯：《长江经济带建设与湖南转型发展》，湖南智库网，2016年11月7日。

潘家华：《推动绿色发展 建设美丽中国》，《经济日报》2018年2月8日。

李佐军：《形成绿色发展内在动力》，《人民日报》2017年10月29日。

B.32
生态文明结硕果　绿色发展在路上

——2016年湖南生态文明建设年度评价结果述评

何 达[*]

摘　要： 本文对湖南生态文明建设2016年度评价结果进行分析，结果显示，湖南生态文明建设整体向好，但资源利用仍需提高、绿色生活任重道远、市州发展不均衡。建议全省从资源、环境、生态、增长质量、生活方式等方面共同发力，实现全面发展；各市州因地制宜，补充绿色发展短板，实现协调发展。

关键词： 生态文明　评价结果　述评　湖南

生态文明建设年度评价是中国特色社会主义新时期实现绿色发展的重要举措。按照《湖南省生态文明建设目标评价考核办法》要求，湖南省统计局首次开展了全省各市州生态文明建设年度评价。评价结果显示：生态文明结硕果，市州发展不均衡，绿色发展在路上。

一　生态文明建设整体向好

自2007年湖南在全国率先开展资源节约型、环境友好型社会建设以来，

---

[*] 何达，湖南省统计局。

坚定践行习近平总书记"绿水青山就是金山银山"的绿色发展理念，生态文明建设取得丰硕成果。在国家2016年生态文明建设年度评价中，湖南绿色发展指数居全国第8位，进入全国前十的行列。

2016年度湖南的市州绿色发展指数值排名前5位依次为郴州、湘潭、怀化、长沙、株洲，长株潭两型试验区的3个市州全部进入前5位。各市州之间绿色发展整体水平差距不大：指数值最高的郴州市为83.68，最低的益阳市为76.01，市州高低极差为7.67；全省有8个市州绿色发展指数值在80以上。

从构成绿色发展指数的6项分类指数结果看：资源利用指数，排名前3位的地区分别为常德、郴州、娄底；环境治理指数，排名前3位的地区分别为湘潭、衡阳、怀化；环境质量指数，排名前3位的地区分别为怀化、湘西自治州、永州；生态保护指数，排名前3位的地区分别为郴州、湘西自治州、益阳；增长质量指数，排名前3位的地区分别为长沙、湘潭、株洲；绿色生活指数，排名前3位的地区分别为长沙、湘潭、株洲。

二 资源利用仍需提高

绿色发展指数中，湖南省资源利用分类指标在全国排第16位，居中游水平。全省只有4个市州资源利用分类指标高于80，其余市州均在70~80之间。市州资源利用分类指数最高的常德市为85.35，最低的益阳市为73.04，市州高低极差为12.31，是6个分类指数中极差值最小的，说明市州之间资源利用水平都不太高。上述数据表明湖南省在碳排放和资源回收利用方面还存在不足，各市州资源利用仍需努力提高。

三 绿色生活任重道远

绿色发展指数中，湖南省绿色生活分类指标在全国排第25位，居后进水平。全省仅有3个市州的绿色生活分类指数高于80，还有2个市州低于

70。市州绿色生活分类指数最高的长沙市为87.55，最低的湘西州为64.75，市州高低极差为22.80，说明市州之间绿色生活水平差距较大。上述数据显示，湖南省绿色生活水平不高，与发达省份还有较大的差距，迎头赶上任重道远。

四 分类指数有待均衡

尽管市州之间绿色发展整体水平差距不大，但6个分类指数市州之间差距不小。市州之间差距最小的分类指数是资源利用，市州高低极差为12.31；市州之间差距最大的分类指数是增长质量，市州高低极差为26.78。分类指数市州之间极差由高到低依次是：增长质量、绿色生活、环境质量、生态保护、环境治理、资源利用（见表1）。环境质量、生态保护、增长质量、绿色生活四个分类指数的离散系数均较高。表明分类指数市州之间存在明显差异，绿色发展有待着力均衡。

表1 湖南省绿色发展分类指数市州间差距

分类指标	最高指数值		最低指数值		市州极差值
	市州	指数值	市州	指数值	
资源利用	常德市	85.35	益阳市	73.04	12.31
环境治理	湘潭市	88.50	湘西州	73.72	14.78
环境质量	怀化市	96.13	益阳市	73.64	22.49
生态保护	郴州市	86.20	湘潭市	66.91	19.29
增长质量	长沙市	90.94	湘西州	64.16	26.78
绿色生活	长沙市	87.55	湘西州	64.75	22.80

五 绿色发展在路上

尽管湖南生态文明建设已进入全国前列，但绿色发展还不全面，生态文明建设还存在"短板"。湖南省绿色发展指数6个分类指标中，资源利用和绿色生活在全国排位较为靠后，分别为第16位和第25位。全省14个市州84个分类指数中，指数值在70～80的占45.24%，在80～90的占34.52%，高于90的只占8.34%，低于70的还占11.90%。上述数据说明湖南生态文明建设还存在市州发展不均衡、短板指标需拉长、绿色发展在路上的挑战。

六 不忘初心、牢记使命，建设富饶美丽幸福新湖南

"雄关漫道真如铁，而今迈步从头越。"湖南省各级党委、政府要充分认识生态文明建设的重要性和必要性，以"年度评价"工作为"指示器"和"风向标"，充分发挥其导向作用，牢固树立生态文明意识，将绿色发展理念自觉地贯彻落实在各项工作之中，积极转变发展方式，为实现建成富饶、美丽、幸福新湖南而努力奋斗。

1. 共同发力，实现全面发展

生态文明建设，需要坚持绿色发展，发展绿色经济、绿色消费，从资源、环境、生态、增长质量、生活方式等方面共同发力，实现协调发展。一是加快发展绿色低碳循环经济。推进资源全面节约和循环利用，优化能源结构，推广和应用绿色新能源和可再生能源。二是倡导绿色生活方式。引导全社会形成绿色消费习惯，购买绿色环保产品；鼓励公共交通、自行车等绿色出行方式，优化交通布局和设施结构，推广使用节能、低排车辆和新能源汽车，推进低碳绿色交通发展。三是加大环境治理力度。大力推进污染物防治，继续深入实施湘江保护和治理，推进洞庭湖水环境综合治理，统筹推进四水流域水污染综合防治；加强土壤污染防治，加强化工业污染场地和耕地重金属污染治理，全面整治防控农村面源污染。四是加大生态保护力度，实施生态修复工程。严格落实主体功能区制度，加强重点生态功能区保护和管理，实施山水林田湖生态保护和修复工程，建设"一湖三山四水"生态屏障。

2. 因地制宜，实现协调发展

生态文明是个全方位、多维度的人与自然和谐共赢的系统工程，只有每

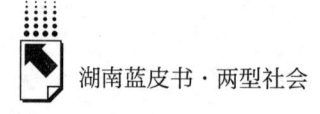

个行业、每个地区、每个人共同发力，才能建成。湖南14个市州在六大分类指数上，发展程度差异较大。各市州要认真总结、分析在生态文明建设过程中各个重点领域中取得的成绩和存在的问题，对存在的问题要提出有针对性的解决措施并加以落实，从而补齐绿色发展短板，因地制宜，实现协调发展。

B.33
湖南生态文明建设统计测度研究[*]

蔡宏宇[**]

摘　要： 以资料收集、问题分析、统计测度、规律总结和决策建议为基本研究脉络，选择2016年湖南省生态文明建设统计指标数据，运用因子分析法和聚类分析法测度和评价湖南生态文明建设发展情况。研究发现，湖南生态文明建设需从政策、地区均衡发展、经济结构调整、绿色发展理念、节约资源五个方面发力。

关键词： 生态文明建设　测度　对策

一　湖南生态文明建设存在的问题

近年来，湖南以"四化两型"为抓手，以建设两型社会为目标，采取一系列政策措施推动全省生态文明建设，为湖南继续推进绿色发展打下了坚实的基础，生态文明建设成效较为显著。一是生态文明体制改革全面、有序推进。自然资源资产产权制度基本建立，生态红线制度初步形成，生态补偿机制和清洁低碳技术推广机制基本形成，生态环境保护市场化机制积极推进，绿色金融制度积极探索，生态环境监督监察和责任追究制度建立。二是生态保护全面快速推进。大气污染防治有力，湘江流域重金属污染治理逐步落实，加快推广清洁能源使用，加大农村环境综合整治力度，加速推进绿心

---

[*] 本文得到国家哲学社会科学基金面上项目（17BTJ014）、湖南省哲学社会科学基金一般项目（15YBA228）资助。

[**] 蔡宏宇，湖南商学院副教授、硕士生导师。

保护。三是生态环境质量不断好转。污染物排放呈下降趋势，自然环境不断改善，大气、水环境有所改善，城市环境持续优化。四是生态保护与经济增长并存。资源利用效率持续上升，单位地区生产总值能耗、单位规模工业增加值能耗和单位地区生产总值电耗均有明显下降。2016年，湖南万元地区生产总值能耗下降5.34%，万元地区生产总值电耗下降4.28%，均排全国第10位。

但由于社会各界对经济发展质量和人们对生活环境的要求不断提高，生态文明体制改革、生态环境质量、资源节约利用、科技和金融支撑能力四个方面存在的差距日益显现。

（一）生态文明体制改革待深化

一是部分改革事项滞后。根据生态文明体制改革任务时间表要求，截至2016年底，全省有6项改革事项未在规定的时间内完成。二是需要部门联动的事项多。财税、价格、土地、金融、行政管理等各项改革相互协同配合的难度较大。

（二）生态环境质量不容乐观

一是水、大气、土壤环境质量不容乐观。水环境方面，江河水系、水质未全面达到优良水平，部分城区黑臭水体问题突出，污水处理基础设施建设缺口仍然较大。大气环境方面，全省空气质量仍在全国排名第17位，全省14个市州中有8个市空气质量达标率低于80%，特别是长株潭城市群污染天气仍占较大比例，其中最低的长沙市空气质量达标率为73%。土壤环境方面，土壤治理刚刚起步，污染点位超标率位于全国前列，局部地区重金属污染严重，耕地质量堪忧，大型工业企业周边和工矿业废弃地污染治理任务繁重。二是农村环境保护缺乏长效机制，环保基础设施建设滞后，农村环境状况令人担忧。当前乡镇污染水处理率低于10%，垃圾处理大多采取荒山、湖边填埋的方式，焚烧处理技术也不成熟，安全隐患多。污染治理设施不健全，废弃物无害化处理和综合利用率低，污染物直排山林或水体，造成地下水和土壤污染；传统农业耕种方式中大量使用农药、化肥、农膜，污染物长期在土壤中停留累积，给生态环境、食品安全也带来隐患。

（三）资源节约利用仍有差距

一是能源消费习惯需进一步改善。一方面，高耗能行业占比始终偏高；另一方面，能源加工转换效率较同期略有下降，进一步提高能源加工转换效率任重道远。二是土地利用方式需进一步转变。特别是园区土地节约集约利用程度总体偏低，建筑容积率偏低、投入产出强度不高、闲置和浪费现象多等情况普遍存在，转变土地利用方式迫在眉睫。

（四）科技和金融支撑能力有待增强

一是科技支撑力量不足。专利方面，2016年湖南省专利申请67779件，比湖北（95157件）少27378件，低28.8%；湖南每万人发明专利拥有量为4.11件，比湖北（5.39件）低1.28件。科研经费方面，2016年湖南R&D经费支出为460亿元，仅占全省生产总值的1.47%，不仅低于全国平均水平（2.1%）0.63个百分点，比同为两型改革试验区的湖北也低了0.45个百分点，总量少了160亿元。二是金融支持力度不足。湖南绿色金融依然处于起步阶段，目前还未形成广泛的绿色金融共识，金融服务体系对生态文明建设的支撑作用尚未得到充分体现。无论是制度政策的设计，还是绿色金融行业，都没有形成统一的标准。人民银行、银监会虽屡屡颁布绿色信贷政策，但尚未建立一套完善的法律保障体系，并缺乏具体的工作指导目录和环境风险评估标准等，一定程度上影响了绿色信贷的可操作性。

二 湖南生态文明建设统计测度与评价理论

（一）测度指标体系构建思路

"生态文明"是指人类遵循人、自然与社会和谐发展这一客观规律而取得的物质与精神成果的总和，其核心是要达到经济、社会与自然的协调和可持续发展，本质是要实现人与自然的和谐共生。它致力于构造一个以环境资源承载力为基础、以自然规律为准则、以可持续社会经济文化政策为手段的环境友好型社会。所以，构建湖南生态文明建设监测指标体系应牢固"树立和践行绿水青山就是金山银山的理念，坚持节约资源和保护环境的基本国策"，"实行最严格的生态环境保护制度"，从生产与生活、发展与环境、节约资源与减少排放、宣传与法制、制度与监管等各个相互约束又相互促进的视角，根据湖南省情，科学确定。

（二）测度指标体系构建

根据监测指标体系构建思路，按照生态文明建设内涵与外延要求，参考已有研究成果，结合省情，考虑量化分析方法要求和研究数据可得性限制，湖南生态文明测度统计指标体系，最终确定包括生态经济、生态环境、生态生活和生态制度建设四个层面的14个测度统计指标，其中，"公共财政用于节能环保支出""森林覆盖率"分别用"环境污染治理投资占GDP比重""生态用地比例"代替，如表1所示。选择湖南2016年相关数据做量化分析。

表1 湖南省生态文明建设测度指标体系

序号	测度关键指标	指标指向	序号	测度关键指标	指标指向
Z1	单位GDP能源消耗降低率(%)	正向	Z8	污水集中处理率(%)	正向
Z2	单位GDP用水量降低率(%)	正向	Z9	公共机构人均能耗降低率(%)	正向
Z3	一般工业固体废物综合利用率(%)	正向	Z10	人均能源消费量(吨标准煤/人)	负向
Z4	服务业增加值占GDP比重(%)	正向	Z11	绿色出行(次/人)	正向
Z5	第二产业增加值占总产出比重(%)	负向	Z12	城市建城区绿地率(%)	正向
Z6	人均耕地保有量(亩/人)	正向	Z13	生态用地比例(%)	正向
Z7	危险废物处置利用率(%)	正向	Z14	环境污染治理投资占GDP比重(%)	正向

三 湖南生态文明建设统计测度与评价实践

（一）基于因子分析模型的湖南生态文明统计测度

运用因子分析对生态文明建设评价指标和维度进行调整。因子分析法全面考虑了影响生态文明建设评价指标，不仅解决了各指标之间的相关重叠性，还客观确定了各指标权重，最终的综合评价结果与单指标评价相比更加客观和准确。

1. 因子分析法基本模型

假定一项量表指标中存在 p 个变量，可提取 m 个潜在的公共因子，据此建立以下数学模型：

$$\begin{cases} x_1 = a_{11}f_1 + a_{12}f_2 + \cdots + a_{1m}f_m + \varepsilon_1 \\ x_2 = a_{21}f_1 + a_{22}f_2 + \cdots + a_{2m}f_m + \varepsilon_2 \\ \vdots \\ x_p = a_{p1}f_1 + a_{p2}f_2 + \cdots + a_{pm}f_m + \varepsilon_p \end{cases}$$

对此方程组求解得到的解向量 $F = (f_1, f_2, \cdots, f_m)$，称为原始变量 X 的公共因子，用以表示从 p 个变量中浓缩出来的有用信息。方程中的各 a_{ij} 的大小反映了变量与因子的相关性，通常被称作因子载荷。

因子分析中，主要采用主成分分析法进行因子提取计算，用方差最大正交旋转法进行因子转置，以尽可能做到更少的公因子数能够包含更多的数据信息，提取的因子累积贡献率达 85% 以上，且各指标因子方差提取率高于 0.6。

2. 因子共同度分析

借鉴白俊红等的思路，利用 SPSS 软件对标准化样本数据进行 KMO 和巴特利特球形检验，结果如表 2 所示。KMO 值为 0.793，大于 0.6，巴特利特球形检验的显著性概率为 0.000，小于 1%，表明原始数据适合于因子分析。

表 2　KMO 和巴特利特球形检验

KMO 值		0.793
巴特利特球形检验	卡方近似值	216.341
	自由度	13
	显著性检验(%)	0.000

由于指标变量与因子之间存在较强的相关关系,以主成分的特征根大于 1 来确定因子个数,如表 3 所示,相关矩阵的前四个特征根大于 1,并且其因子对方差的解释累计百分比达到 74.04%,保留了原始数据近 3/4 的信息,因此选取 4 个公因子满足设定条件。

表 3　样本相关矩阵特征根及其权重

序号	特征根	贡献率(%)	累计贡献率(%)	序号	特征根	贡献率(%)	累计贡献率(%)
1	4.423	31.60	31.60	8	0.364	2.60	95.44
2	2.154	15.39	46.99	9	0.267	1.91	97.35
3	2.086	14.90	61.89	10	0.236	1.69	99.04
4	1.701	12.15	74.04	11	0.076	0.54	99.58
5	0.985	7.04	81.08	12	0.043	0.31	99.89
6	0.971	6.94	88.02	13	0.016	0.11	100.00
7	0.676	4.83	92.84	14	0.000	0.00	100.00

表 4 中公因子方差提取率表明,各原始数据的信息被很好地提取保留,均大于 0.6。

表 4　公因子方差提取率

代码	指标	提取	代码	指标	提取
Z_1	单位 GDP 能源消耗降低率(%)	0.920	Z_8	污水集中处理率(%)	0.901
Z_2	单位 GDP 用水量下降率(%)	0.777	Z_9	公共机构人均能耗降低率(%)	0.759
Z_3	一般工业固体废物综合利用率(%)	0.897	Z_{10}	人均能源消费量(吨标准煤/人)	0.841
Z_4	服务业增加值占 GDP 比重(%)	0.805	Z_{11}	绿色出行(次/人)	0.849
Z_5	第二产业增加值占总产出比重(%)	0.895	Z_{12}	城市建城区绿地率(%)	0.716
Z_6	人均耕地保有量(亩/人)	0.917	Z_{13}	生态用地比例(%)	0.749
Z_7	危险废物处置利用率(%)	0.800	Z_{14}	环境污染治理投资占 GDP 比重(%)	0.926

为使公共因子的实际意义更好解释，对公共因子进行方差最大化正交旋转，新生成的因子可保持不相关性，同时旋转后4个因子的总体方法累计贡献率不变，旋转后的因子提取结果如表5所示。

表5 旋转后的因子提取结果

代码	原始指标	F1	F2	F3	F4
Z_1	单位GDP能源消耗降低率(%)	0.848	0.344	-0.489	-0.339
Z_2	单位GDP用水量下降率(%)	0.867	-0.062	0.221	-0.284
Z_3	一般工业固定废物综合利用率(%)	-0.251	0.871	-0.055	-0.214
Z_4	服务业增加值占GDP比重(%)	0.637	-0.008	0.518	-0.849
Z_5	第二产业增加值占总产出比重(%)	0.169	-0.028	0.277	0.901
Z_6	人均耕地保有量(亩/人)	0.296	0.007	0.127	0.917
Z_7	危险物处置利用率(%)	0.022	0.892	-0.098	0.069
Z_8	污水集中处理率(%)	-0.077	0.912	0.301	0.174
Z_9	公共机构人均能耗降低率(%)	0.823	-0.335	-0.118	-0.046
Z_{10}	人均能源消费量(吨标准煤/人)	-0.931	0.225	0.061	-0.141
Z_{11}	绿色出行(次/人)	0.008	-0.009	0.893	-0.134
Z_{12}	城市建成区绿地率(%)	-0.381	0.139	0.921	0.253
Z_{13}	生态用地比例(%)	-0.033	-0.067	0.827	0.158
Z_{14}	环境污染治理投资占GDP比重(%)	-0.294	0.787	-0.157	-0.063

3. 公因子选取

通过因子分析，将14个初始评价指标降为4个，各公因子方差贡献度及分布情况如表6所示。公共因子F_1在Z_1（单位GDP能源消耗降低率）、Z_2（单位GDP用水量下降率）、Z_9（公共机构人均能耗降低率）、Z_{10}（人均能源消费量）等指标具有较高的载荷，这些指标可以表示为资源节约因子。公共因子F_2在Z_3（一般工业固定废物综合利用率）、Z_7（危险物处置利用率）、Z_8（污水集中处理率）、Z_{14}（环境污染治理投资占GDP比重）等指标具有较高载荷。这些指标可以表示为环境保护因子。公共因子F_3在Z_{11}（绿色出行）、Z_{12}（城市建成区绿地率）、Z_{13}（生态用地比例）等指标具有较高载荷，这些指标可以表示为生态投资因子。公共因子F_4在Z_4（服务业增加值占 GDP 比重)、Z_5（第二产业增加值占总产出比重)、Z_6（人均耕地保有量）等指标具有较高载荷，这些指标可以表示为经济水平因子。

表6 各公因子方差贡献度及较高载荷指标分布情况

公因子	方差贡献率(%)	较高载荷指标分布
资源节约 F_1	31.60	单位 GDP 能源消耗降低率 Z_1、单位 GDP 用水量下降率 Z_2、公共机构人均能耗降低率 Z_9、人均能源消费量 Z_{10}
环境保护 F_2	15.39	一般工业固定废物综合利用率 Z_3、危险物处置利用率 Z_7、污水集中处理率 Z_8、环境污染治理投资占 GDP 比重 Z_{14}
生态投资 F_3	14.90	绿色出行 Z_{11}、城市建成区绿地率 Z_{12}、生态用地比例 Z_{13}
经济水平 F_4	12.15	服务业增加值占 GDP 比重 Z_4、第二产业增加值占总产出比重 Z_5、人均耕地保有量 Z_6

4. 湖南生态文明建设测度与评价

根据因子得分系数矩阵分别计算出 F_1、F_2、F_3 和 F_4 每个主因子的得分，以四个因子的方差贡献率为权数，建立如下综合评价函数：

$$W_i = \frac{0.316F_1 + 0.1539F_2 + 0.149F_3 + 0.1215F_4}{0.7404}$$

其中，W_i 为第 i 个地区生态文明建设评价综合得分。根据以上综合线性评价函数及各公共因子得分，计算出各城市生态文明建设评价综合得分并进行排序，如表7所示。

表7 湖南省14市州生态文明建设综合评价得分

城 市	综合排名	综合得分	F_1	F_2	F_3	F_4
长 沙	1	1.099	1.052	1.147	0.791	1.530
株 洲	5	0.590	0.428	0.957	0.182	1.016
湘 潭	8	0.078	0.817	-0.335	-1.142	0.314
衡 阳	12	-0.433	-0.543	-0.972	-0.424	0.505
邵 阳	13	-0.526	-0.361	-0.068	-2.109	0.438
岳 阳	2	0.763	0.988	1.427	-0.343	0.738
常 德	3	0.739	0.756	1.659	-0.287	0.792
张家界	4	0.642	0.210	0.789	2.047	-0.226

续表

城　市	综合排名	综合得分	F_1	F_2	F_3	F_4
益　阳	9	0.069	-0.072	0.180	-0.002	0.355
郴　州	6	0.552	0.384	0.331	1.136	0.522
永　州	10	-0.063	-0.163	0.527	-0.678	0.185
怀　化	11	-0.372	-0.842	-0.468	0.259	0.106
娄　底	14	-1.126	-2.191	-1.384	0.149	0.199
湘西自治州	7	0.380	0.846	0.081	0.421	-0.414

分析湖南省14个市州生态文明建设综合评价得分发现，娄底、邵阳、衡阳、怀化、永州5市生态文明建设低于全省平均水平，综合得分分别为-1.126、-0.526、-0.433、-0.372和-0.063，排名倒数前5名；四个公因子中，经济水平因子（F_4）较好，除湘西自治州和张家界两个边远山区经济发展低于全省平均水平外，其他12个市均高于平均水平，特别是长沙和株洲，经济水平因子得分均大于1；其次是环境保护因子（F_2），娄底、衡阳、怀化、湘潭和邵阳5市低于平均水平，特别是娄底和衡阳环保因子得分较低，分别为-1.384和-0.972；再次是资源节约因子（F_1）得分差异较大，6个低于平均水平，其中娄底得分为-2.191，为全省因子得分最低；最后是生态投资因子（F_3），有邵阳、湘潭、永州、衡阳、岳阳、常德和益阳7个市低于全省平均水平，其中邵阳为-2.109、湘潭为-1.142，生态投资空间大。

根据图1可知，在类间距离为15时，14个城市可分为3类，如表8所示。

表8　聚类结果及其地区分布

聚类结果	市州分布	分布特征
第一类	常德、永州、岳阳、张家界、湘潭、郴州、湘西自治州、益阳	第一类地区集中在湘北靠洞庭湖周围、湘南山区地带，植被和水资源比较丰富，建设生态文明先天基础条件较优越
第二类	长沙、株洲	长沙省会城市，生态文明建设政策支持较强，湖南经济文化中心，人文条件优越；株洲虽为重工业城市，但同时是国家两型社会综合改革试验区，肩负着时代的使命
第三类	娄底、邵阳、衡阳、怀化	第三类地区主要分布在重工业比重较大的湘中和湘西地区

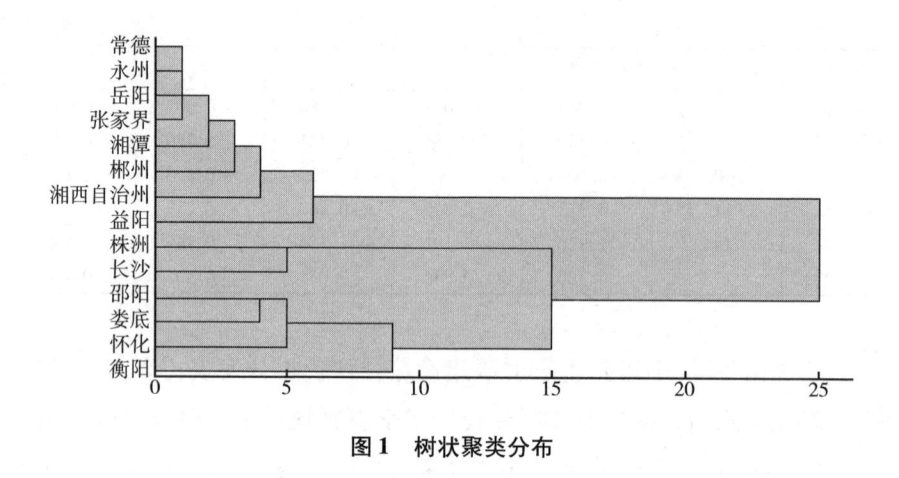

```
常德
永州
岳阳
张家界
湘潭
郴州
湘西自治州
益阳
株洲
长沙
邵阳
娄底
怀化
衡阳
   0     5    10    15    20    25
```

图1 树状聚类分布

聚类结果基本与因子分析结果相吻合。湖南14个市州生态文明水平大致分为三大类，第一类属于中等水平，包括8个市州；第二类属于较高水平，包括长沙和株洲两个市；第三类属于较低水平，包括四个市。

（二）测度结果启示

1. 政策支持是湖南生态文明建设强有力的尚方宝剑

自2005年我国政府率先提出"生态文明"新理念以来，全党全国人民非常重视生态文明建设，并不断赋予其新的内涵。在湖南省委省政府的正确领导下，各地高度重视生态文明建设，纷纷出台政策，提出切实可行的措施，比如"河长制"的实行，为水资源管理提供了"尚方宝剑"。长沙、株洲、湘潭作为国家两型社会综合改革试验区，非常重视，所以生态文明建设综合评价排名靠前，资源节约、环境保护、生态投资和经济水平均明显高于平均水平。

2. 地区均衡发展是提升湖南生态文明的关键

分析14个市州生态文明建设综合评价得分和聚类分析结果发现，只有长沙、株洲和郴州三个地区生态文明发展高于全省平均水平，其中长沙综合得分1.099，高出最低的娄底2.225，除生态投资因子外，长沙其他三个因子均大于1，分别为资源节约1.052、环境保护1.147、经济水平1.530，而

娄底综合得分为 -1.126，资源节约为 -2.191、环境保护为 -1.384。其他 11 个市州生态文明建设都低于平均水平。一半的地区生态投资因子低于平均水平，得分最低的是邵阳和湘潭，分别为 -2.109 和 -1.142。

3. 加快调整经济结构是湖南生态文明建设的主要途径

有一半地区生态投资因子低于全省平均水平，不少市州低碳生产能力不强，传统"高消耗、高污染、高排放"生产比重较大，邵阳为 -2.109、湘潭为 -1.142、永州为 -0.678、衡阳为 -0.424、岳阳为 -0.343、常德为 -0.287、益阳为 -0.002，均低于全省平均水平；高于平均水平的 7 个市州中，张家界因为以旅游业为主导产业，生态投资因子得分为 2.047，综合排名第一的长沙也只有 0.791，郴州为 1.136、湘西自治州为 0.421、怀化为 0.259、株洲为 0.182、娄底为 0.149。

4. 宣传绿色发展理念是湖南生态文明建设的理论支持

环境保护因子得分低于平均水平的 5 个地区，分别是娄底为 -1.384、衡阳为 -0.972、怀化为 -0.468、湘潭为 -0.335、邵阳为 -0.068，这与绿色环保的宣传高度相关。生态文明建设关系人与人、人与自然等多维度、多层面的文明，这样的文明理念需要全社会的关注和广泛宣传，才能奏效。

5. 节约资源是湖南生态文明建设的基本要求

生态文明建设的基本要求就是节约资源，全省资源节约因子得分低于平均水平的有 6 个，占 42.9%，其中，娄底为 -2.191、怀化为 -0.842、衡阳为 -0.543、邵阳为 -0.361、永州为 -0.163、益阳为 -0.072，直接影响综合测度，排名分别为第 14 位、第 11 位、第 12 位、第 13 位、第 10 位和第 9 位。

四 湖南生态文明建设长效机制研究

根据量化分析结果，湖南生态文明建设应该从政策支持、地区均衡发展、产业结构、生态文明理念以及资源节约五个方面发力，争取生态文明建

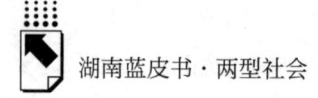

设落到实处、达到各地区全面发展、生态投资比重加大、生态文明理念深入人心，形成资源节约风尚。

（一）加大政策支持力度，确保生态文明建设落到实处

生态文明惠及全社会，生态文明建设同样需要全社会的努力。首先是各级政府政策的支持，湖南建设生态文明需争取国家的政策支持，争取尽早纳入国家生态文明试验区范围。将《武陵山区山水林田湖生态修复与保护重大工程试点实施方案》纳入国家试点。湖南各市州需争取省委省政府的政策支持，特别是生态文明较为落后的市州，如娄底、邵阳、衡阳、怀化和永州五市，应在人、财、物等方面争取省委省政府生态文明建设政策的大力支持。

（二）注重地区均衡发展，实现生态文明强省

生态文明是个全方位、多维度的人与自然和谐共赢的系统工程，只有每个行业、每个地区、每个人共同发力，才能建成。湖南14个市州中有1/3强的地区生态文明建设低于全省平均水平，另有益阳和湘潭两市刚过平均线，可见几乎一半的地区生态文明建设还有较大提升空间。湖南要实现生态强省的目标，必须注重地区之间均衡发展。

（三）优化产业结构，增大生态投资比重

湖南产业结构优化升级虽取得较大进展，2016年湖南三次产业增加值占比为11.45∶41.89∶46.66，基本实现"三二一"的结构，但绿色出行次数、城市建成区绿地率和生态用地比例较低，全省一般市州生态投资低于平均水平，主要源于产业结构不够优化，传统产业占比较高。所以，建设生态文明、优化产业结构、增大生态投资比重是关键。全省各级政府应下决心，宁肯短痛，淘汰一批传统"高消耗、高污染、高排放"的三高企业，加大生态投资比重，构建新型绿色环保企业。

（四）加大宣传力度，让生态文明理念深入人心

生态文明不仅是一种新的生产生活方式，更是一种生产生活态度理念。要扎根人们脑海，需要我们加大宣传力度，各级政府部门应该带头宣讲生态文明的重要现实意义和长远的历史意义，弘扬生态文明关乎每个人健康生活方式，更关乎子孙后代的长远发展，要求我们从小事做起，从现在做起。

（五）重视资源节约利用，助推生态文明强省建设

湖南省资源节约利用水平较低，低于全省平均水平的市州超过四成，推进全省生态文明建设，必须重视资源节约利用。首先要扎实推进节能减排。各市州应继续实施重点节能工程、严格执行准入制度、淘汰落后产能项目，快速提升能源利用效率，大力推动工业节能降耗。其次是深入推进循环经济发展。全省可围绕生态强省和推进供给侧改革的战略部署，将郴州、永州等地打造成循环经济发展新高地；借鉴现有园区循环化改造试点的经验，将试点由重工业产业园区向一般服务工业园区推广，纵深推进园区循环化改造。最后是实现社会层面的资源节约利用。支持再生资源回收利用体系建设，构建以"互联网＋"管理信息平台为支撑、以分拣加工集聚区为核心的长株潭资源回收利用体系。推进如岳阳市云溪区建筑垃圾循环利用项目，形成"政府支持＋市场运作＋技术支撑＋标准引领＋项目落地＋产品应用"的科学有序发展模式，并向全省推广。

参考文献

《湖南省生态文明体制改革实施方案（2014～2020年）》（湘办发〔2015〕15号）。

卞鹰主编《2017年湖南两型社会与生态文明建设报告》，社会科学文献出版社，2017。

成金华等：《中国生态文明发展水平测度与分析》，《数量经济技术经济研究》2013年第7期。

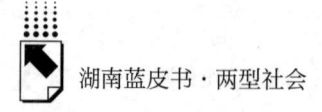

张欢等:《中国省域生态文明建设差异分析》,《中国人口资源与环境》2014年第6期。

陈诗一:《中国的绿色工业革命:基于环境全要素生产率视角的解释(1980~2008年)》,《经济研究》2010年第11期。

范庆泉、周县华、张同斌:《动态环境税外部性、污染累积路径与长期经济增长——兼论环境税的开征时点选择问题》,《经济研究》2016年第8期。

潘文卿:《碳税对中国产业与地区竞争力的影响:基于CO_2排放责任的视角》,《数量经济技术经济研究》2015年第6期。

白俊红等:《企业技术创新能力测度与评价的因子分析模型及其应用》,《中国软科学》2008年第3期。

Lansing David M. realizing carbon's value: Discourse And calculation in the Production of Carbon Forestry Offsets in CostaRica. Antipode, 2011, 43 (3).

Arkaitz Usubiaga, José Acosta-Fernández. Carbon Emission Accounting in MRIO Models: The Territory VS. The Residence Principle. Economic Systems Research, 2015, 27 (4).

A. Law, T. D. Lacy, G. Lipman, M. Jiang. Transitioning to a Green Economy: The Case of Tourism in Bali, Indonesia. Journal of Cleaner Production, 2016 (111).

B.34 湖南农村环境问题与防治对策建议

孙 蕾[*]

摘 要： 研究聚焦乡村振兴战略背景下湖南农业发展和农村环境面临的污染问题，提出湖南农村环境问题治理的思路为：以绿色发展为引导，加强生态农业、清洁生产、提质增效技术研发应用；推进现代生态循环农业建设；制定城乡一体化发展战略，推动城市和农村环境设施共享，探索运用市场化机制推进农村污染治理的模式；构建农村环境管理基础体系，加强环保机构和能力建设；深化农村生态示范建设；加强环境伦理、生态文化、绿色消费宣传和培训。形成由政策法规、能力建设、动态监督与重点监察相结合，清洁生产、绿色农业、治理模式与技术、宣传教育培训和公众参与互为支撑的、完善的农村污染防控体系。

关键词： 农村环境 污染 治理 湖南

当前，我国发展不平衡、不充分的问题在农村最为突出，党的十九大提出实施乡村振兴战略，把乡村振兴作为推进城乡社会高度融合、解决我国新时期社会基本矛盾的重要战略。近年来，我国农村环境问题日益凸显，农村地区主要污染物排放量已经占到全国的"半壁江山"，成为保障国家和区域、流域环境安全的薄弱环节。

---

[*] 孙蕾，长沙环保职业技术学院副院长，研究员。

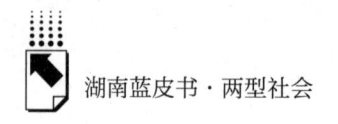

一 湖南省农村环境现状与问题

（一）农业资源环境形势严峻

湖南人均耕地由20世纪50年代初1.65亩降至0.9亩，仅为全国人均耕地（1.52亩）的59.2%，不到世界人均水平的20%。随着城镇化、工业化推进，湖南耕地还在以每年600万~700万亩的数量减少。加上复种指数高，利用强度大，长期的过度开发和消耗导致耕地质量下降问题日益严重。湖南中低产田面积占耕地总面积的67.7%，47.2%的农业生态系统已受到严重威胁，11.5%的农业生态系统已严重退化。从耕地的质量来看，总体上呈下降趋势，主要表现在19.1%的耕地有机质缺乏、基本农田中有34%的缺钾，47%的缺磷。

国家统计局统计数据表明，2016年，全国总用水量6040.2亿立方米，其中农业用水量3769.1亿立方米，占62.4%，灌溉水有效利用系数为0.53，比发达国家平均水平低0.26。水资源不足与灌溉技术水平和管理落后、灌溉效率低并存。2016年湖南全年用水总量为330.4亿立方米，其中农业用水量为195.1亿立方米，占59%。一般干旱年农业缺水量为43.7亿立方米，大旱年缺水量达77亿立方米。目前，湖南农田灌溉水有效利用系数灌区只有0.3~0.4，较全国平均值低0.142~0.242，井罐区也只在0.6左右，水资源不足与灌溉用水浪费并存，这与两型社会要求的现代农业发展方式差距较大。湖南水质性缺水、工程性缺水、区域性缺水、季节性缺水问题仍较突出。

（二）农村环境污染仍未得到有效遏制

据湖南第一次污染源普查结果，2007年湖南各类废水排放总量176.54亿吨，主要污染物COD排放量171.56万吨，总氮排放量21.89万吨，总磷排放量2.06万吨，其中农业源COD排放量64.58万吨，占比37.6%，农业源总氮排放量12.76万吨，占比58.3%，农业源总磷排放量1.41万吨，占比68.4%。农业源中以种植业的氮磷流失和畜禽养殖业的氮磷排放尤为突出。

1. 农业生产污染

湖南省化肥施用量从2000年的695.4万吨增加到2015年的839.55万吨，每年以9.61万吨的增量递增。2015年化肥施用量占全国施用量6022.6万吨的13.9%，全省单位耕地播种面积化肥施用量为64.2公斤，较全国单位耕地面积化肥施用量24.1公斤多1.7倍。在化肥使用中，各种化肥类型的施用比例以氮肥所占比例最大，达43.9%，磷肥所占比例为22.6%，钾肥占比为10.4%，复合肥占比为20.2%，施用化肥的氮、磷、钾比例为1:0.48:0.22，即湖南化肥施用中，氮肥偏多。根据作物养分吸收的原理，磷、钾养分偏少会影响作物对氮的吸收，而湖南氮、磷、钾在粮食作物上的当季利用率分别仅有29%、13%和33%，发达国家化肥利用率在50%~60%。

化肥利用率低的原因是：第一，施肥技术水平不高，很少采用包膜技术、缓释技术、复合配方等。第二，氮、磷、钾施肥比例不合理；第三，中国化肥生产的品种结构不合理。氮肥产量占化肥总产量的80%，而浓度低、易挥发的碳铵（NH_4HCO_3）又占了氮肥总产量的50%以上。

化肥被作物利用得越少，流失到环境中的就越多，造成水和大气污染。化肥对环境的影响主要体现在：（1）对地表水的污染。各种形态的氮肥施入土壤后在微生物的作用下，通过硝化作用形成硝态氮。因硝态氮（NO_3^-）不能被土壤胶体所吸附，易通过径流、侵蚀等汇入地表水，污染池塘、湖泊、河流、水库和近海。湖泊污染和湖泊的富营养化的重要原因之一是农田施用化肥中的氮、磷流失到湖泊。如导致太湖富营养化的总氮和总磷中，农业源的贡献份额分别是总氮55%，总磷28%。（2）对地下水的污染。经土壤微生物的硝化作用转化成的硝态氮很容易淋洗到地下水中，对地下水造成硝酸盐污染。有研究指出，土壤氮淋溶量与施肥量呈近似线性的正相关关系。（3）对大气的污染。氮肥中的NH_3挥发和反硝化作用产生的N_xO

对大气的污染，其中 N_2O 既是温室气体，又是消耗臭氧物质。（4）对土壤的污染。某些生产磷肥的磷矿中重金属特别是镉含量过高，我国磷肥的含镉量为0.1~2.9毫克/千克，美国为7.4~15.6毫克/千克，澳大利亚磷肥的含镉量为18~91毫克/千克，由于进口国的劣质磷，使我国土壤中的镉含量升高。每年随磷肥带入土壤的总镉量约为37吨，重金属在土壤中的积累效应会使农田污染越来越严重并难以治理。磷肥中还可能含有另外一种杂质，即三氯乙醛，主要因为这些磷肥是用含有三氯乙醛的废硫酸生产的，三氯乙醛及其在土壤中的转化物三氯乙酸对植物有很大的毒害，由此造成的作物大面积受害情况屡有发生，其中万亩以上的污染事故在山东、河南、河北等地多次发生，损失极大。（5）对蔬菜的污染。过量使用氮肥容易导致蔬菜中硝酸盐积累，而硝酸盐在蔬菜运输、储藏、加工中容易被还原为亚硝酸盐，亚硝酸盐会与食物中的某些成分作用生成亚硝铵，亚硝铵是致癌物质，会对人体健康产生不可逆的影响。

全省农药使用量从2000年的8.56万吨增加到2015年的12.2万吨，每年以约243公斤的增量递增。农作物对药物的吸附率只有30%~40%，在使用的农药品种中，生物农药仅占使用量的5.6%。农药施用后能作用于害虫目标的量很小，90%以上飘散于非目标物和进入大气，除了对人体有直接影响外，落在植物体和土壤中，经地表径流流入地表水、渗入地下水。

全省农用薄膜使用量从2000年的4.0446万吨增加到2015年的8.3989万吨，每年以2902.9公斤的速度递增。2014年全国农用薄膜产量达219.17万吨，地膜覆盖面积近3亿亩，地膜使用量为144.15万吨，同期湖南地膜覆盖面积10756.5亩，地膜使用量为5.59万吨，占全国的3.88%，使用量排名第八位。据调查，我国地膜残留于农田量达2/3。研究表明，存留残膜会影响土壤中的水肥运动并进而影响作物根系发育，耕层中的残存地膜可使作物减产5%~10%。

2. 畜禽养殖污染

根据环保部调查统计，我国畜禽粪便产生量19亿吨，是同期工业固体废物产生量7.8亿吨的2.4倍，湖南这一比例达到了4倍。其中，主要污染物年产生量分别为总氮1753.7万吨、总磷399万吨、COD 7030万吨、BOD 5928万吨。湖南2015年COD排放量为120.77万吨,其中农业COD排放量54.39万吨,占比45.03%,按畜禽养殖排放COD占农业COD排放量的96%计,畜禽养殖排放量占43.23%。

畜禽养殖污染体现在:(1)未经处理的养殖废水的COD含量达8000~10000毫克/升,NH_3-N浓度为2500~4000毫克/升,处理难度大、处理成本高,常常有处理不达标甚至未经处理直接外排的现象发生,造成周边地表水和地下水受到严重影响,同时,高浓度的氮和磷是造成水体富营养化的主要因素。(2)畜禽粪便污染物中含有大量的致病菌、病原微生物、寄生虫卵并滋生蚊蝇,使环境中病原菌和寄生虫大量繁殖,引起人和牲畜传染病的蔓延。(3)养殖场恶臭中含有大量的氨、硫氧化物等恶臭气体和温室气体甲烷,污染周边空气,排放温室气体。

3. 农村生活污染

2015年,湖南省4.42万个行政村、15万个自然村中,年产生垃圾163.4万吨,年排放生活污水15.2万吨,其中大部分未经治理直接排放,据调查,就近入河的约占45%,洒在地面的占15%,排入下水道经初级处理再入河的占35%,蒸发的占5%。垃圾未经收集随意堆放,尤其是常常堆放在河滩和池塘边,即使有少量生活垃圾得到收集,也是采用人力车、农用车等非专用垃圾车辆运输、敞开式收集、露天焚烧、填坑填塘或简易填埋。同时,小城镇和农村聚居点建设缺少整体规划,部分房屋建设随意,造成有些农村呈现出布局混乱以及严重的"脏、乱、差"现象。

(三)城市污染向农村转移态势加剧

城市污染向农村转移主要体现在:城郊接合部成为城市生活垃圾、建筑垃圾和工业固体废物的堆存地;污水灌溉和工业企业废气排放对周边农村区域的污染;采石开矿、毁田取土、毁林开荒、围湖造田、陡坡垦殖等造成因地表遭受破坏而导致水土流失以及农村景观和生态系统受到严重破坏,威胁食品与国家环境安全。

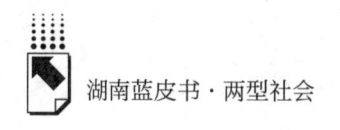

二 影响湖南农村环境的关键影响因素分析

我国环保工作的城乡二元化差异依然存在,农村环保历史欠账较多,在管理体制、法规标准、资金投入、科技支撑、监管能力等方面总体上仍然存在较大差距。

一是农村发展投入少。表现在基础公共产品供给不足,乡镇和农村聚居点整体规划和配套基础设施缺失,农村环境治理资金渠道不畅,治理模式和技术路线不清晰,环境基础设施建设和管理远远落后于经济和城镇化发展水平。

二是我国环境管理体系是以工业和城市污染防治为基础建立的,现行的环境保护法律、法规和标准,虽然涉及农村环保部分领域,但总体上针对性不强,可操作性有待提高,特别是部分重要的农村环保法规标准仍属空白。湖南农村环境管理存在同样的问题,即:立法缺失、机构缺位、职责权限与污染主体协调性不够。

三是农村污染治理体系尚未建立。长期以来,湖南环境治理投入以工业和城市为主,而乡、县两级政府普遍财源不足、农村污染治理市场机制因缺乏政策、资金和人才的支撑难以建立,因此,从治理投入上,农村环境基础设施建设和污染治理运营更需要依赖财政资金。但是,从治理政策看,对城市和规模以上工业企业污染治理制定了很多优惠政策,对农村环境污染缺乏相应优惠政策;从能力建设看,农村地区环境监管能力严重不足,绝大多数乡镇没有专门的环保机构和人员,无法有效开展工作;从治理模式和技术看,农村环保科技支撑力量薄弱,应用研究不足,缺乏成熟并可推广应用的适合湖南农村环境污染治理模式和环保先进技术与装备。

三 解决湖南农村环境问题的对策建议

(一)强化认识,深刻理解绿色发展在实施乡村振兴战略中的重大意义

坚持农业农村优先发展,在农业发展中以绿色为引导,加快补齐环境保

护的短板。中国社会经济发展到今天，环境问题本质上就是发展问题，绿色发展和生态宜居就是乡村振兴的重要目标和关键所在。大力推进乡村绿色发展，建立以绿色为导向的优质化、特色化、品牌化农业生产体系，加强农业绿色生态、清洁生产、提质增效技术研发应用，大力发展绿色生态健康养殖。

（二）完善农村环境保护政策法规体系

深化以政府为主导的农村环保投入机制，实施工业反哺农业战略，制定持续稳定的农村环境补贴、税费等经济政策，扶持环境友好的农业生产方式。尽快制定有关秸秆和畜禽粪便等农村废弃物综合利用、有机农产品发展、有机肥补贴、化肥农药税等财政扶持政策。在法律修订中补充完善关于农村环境保护的针对性条文，制定湖南畜禽养殖污染防治、防止城市和工业污染向农村转移等环保法规。围绕"以奖促治"，开展配套政策、规划的研究和制定。

（三）强化能力建设，严格农村环境监管执法

构建农村环境管理基础体系，完善法制和政策、深化管理体制机制改革、加强环保机构和能力建设，积极推动环保机构向县以下延伸，乡镇和村一级配备专兼职环境管理专业人员。加强环境质量目标责任考核，加大环境监督执法力度，强化日常督察。利用全社会尤其是民间环保组织和公众及网络力量，缓解监督力量不足问题以及环境管理工作缺乏有效的外部监督管理和效率低下问题，建立健全公众参与机制，明确公众参与的范围、程序、物质保障等。建立城乡环境监测体系，加强山水林田湖草生态系统、农村饮用水、乡镇和农村聚居点人口稠密区以及基本农田等重点区域的环境监测。

（四）规划先行，加强乡镇和村庄规划、绿色农业规划、环境保护规划、人文景观规划

以生态红线和"三线一单"为底线，坚持保护优先、自然恢复为主的

方针，统筹山水林田湖草系统治理，实施重要生态系统保护和修复工程。以规划为引导有效规范农村房屋建设，以大力推进小城镇建设来消除城乡二元化结构，缓解农村环境恶化带来的巨大压力，保障农村人居环境有序改善。

（五）以科技创新为指引，探索农村环境治理新模式

制定城乡一体化发展战略，推动城市和农村环境设施共享，探索运用市场化机制推进农村污染治理的模式，加强各类垃圾和生活污水治理模式和经济实用、简明有效、切实可行、因地制宜的农村环境治理技术的研究与创新。针对农村污染治理规模上差距较大、治理资金明显不足的现状，开发推广低成本的污染处理技术。

（六）推进现代生态循环农业建设

湖南农业发展面临着农业资源短缺和生态约束两大瓶颈，因此，绿色农业、生态农业、低碳农业和循环农业是破解湖南农业发展瓶颈、提升核心竞争力、提高农业发展质量效益的必由之路。在种养业空间形成产业内部循环；在肥药控减方面，强化全省氮肥使用量、化学农药使用量、农作物秸秆综合利用率硬约束。重点研发农作物秸秆利用和畜禽养殖粪便与沼液、沼气资源的综合开发利用技术，探索废弃物循环利用模式。推进集约化畜禽养殖与生态农业农牧一体化发展，用沼气综合利用设施治理污染，沼渣、沼液就地转化为肥料利用，统筹解决农村资源、能源、环境问题。加强示范引领，打造全境域推进、全领域覆盖的现代生态循环农业示范区，形成园区中循环、生态农业主体小循环样板。

（七）深化农村生态示范建设，分阶段分层次推进乡村振兴战略

进一步深化湖南特色小镇、环境优美乡镇、生态循环农业示范区、生态宜居村、康养基地、森林人家、乡村民宿建设，完善工作机制，发挥试点示范和工程示范作用，对经过建设、生态环境达到标准的村镇，实行"以奖代补"。

（八）加强宣传引导，营造社会氛围

加强环境伦理、生态文化、绿色消费宣传和培训。形成以政策法规、能力建设、动态监督与重点监察相结合，清洁生产、绿色农业、治理模式与技术、宣传教育培训和公众参与互为支撑的完善的农村污染防控体系。

参考文献

湖南省农业资源与环境保护管理站：《湖南省农业资源环境现状与保护对策分析》，载《2017年湖南两型社会与生态文明建设报告》，社会科学文献出版社，2017。

黄道友、彭廷柏、陈惠萍等：《关于湖南省生态环境建设的思考》，《生态农业研究》2000年第4期。

湖南省环保厅：《湖南省水环境容量核定技术报告》，2005。

湖南省统计局：《湖南省统计年鉴》，中国统计出版社，2016。

王虹扬等：《湖南省农村生态环境问题分析及对策》，《中国农业资源与区划》2011年第5期。

金相灿：《太湖重点污染控制区综合治理方案研究》，《环境科学研究》1999年第5期。

陈怀满等：《土壤—植物系统中的重金属污染》，科学出版社，1996。

徐瑞薇等：《磷肥污染事故及磷肥中三氯乙醛、三氯乙酸极限含量研究》，《环境科学丛刊》1988年第6期。

解红娥：《塑料薄膜的危害及其利用前景》，《世界农业》1999年第7期。

B.35
长沙具备创建国际湿地城市的基础条件

唐曙光*

摘　要： 从湿地资源天赋异禀、保护体系、规划管理、体制机制创新等方面分析了长沙市创建国际湿地城市的基础条件，认为成功创建可期可待，建议迅速启动创建工作，实施一批重大项目，成立专门保护机构，引导公众广泛参与，提高湿地保有量和管护水平。

关键词： 长沙　国际湿地城市　创建　基础条件

湿地与人类的生存、繁衍和发展息息相关，是人类生态安全体系的重要组成部分，被誉为"地球之肾、淡水之源、生态之基"。2017年，中华人民共和国国际湿地公约履约办公室印发《国际湿地城市认证提名指标》，随后国家林业局办公室印发《国际湿地城市认证提名暂行办法》。根据规定，国际湿地城市认证提名评价指标体系分为资源本底、保护管理条件、科普宣教与志愿者制度、所依托重要湿地的管理四大类15项具体指标，其中"行政区域内应当有1处（含以上）国家重要湿地（含国际重要湿地）或者国家级湿地自然保护区或者国家湿地公园等，并且湿地率在10%以上，湿地保护率不低于50%"为约束性指标（基本条件）。

近年来，长沙始终践行"山水林田湖草是一个生命共同体"的理念，建设一系列湿地保护修复工程，湿地保有量和保护管理水平逐年提升，湿地

---

* 唐曙光，长沙市林业局局长。

保护建设取得明显成效。目前，长沙国土面积为118.19万公顷，湿地面积为4.34万公顷（未计水田面积），具备创建国际湿地城市的良好基础条件。

一 湿地资源天赋异禀，资源本底非常丰厚

国际湿地城市认证提名评价指标体系第一大类指标为资源本底，涵括重要湿地和湿地率两项指标。长沙内六区有2座国家级湿地公园，湿地率达9.12%，并有望在两年内达到10.26%。

一是湿地类型形式多样。长沙地处洞庭湖平原的南端向湘中丘陵盆地过渡地带，中心为湘江冲积台地。境内水系发达，河流纵横、湖泊众多，主要有湘江等"一江六河"及其支流。市内湿地涵括永久性河流、淡水湖泊、草本沼泽等自然湿地类型；水库、拦河坝、水电坝、淡水养殖池塘、废水处理场所、城市景观水面和娱乐水面等人工湿地类型。据统计，按湿地类型划分，河流湿地面积为14572.5公顷，占湿地总面积的74.01%；湖泊湿地面积为2561.8公顷，占13.01%；沼泽湿地面积为40.3公顷，占0.2%；人工湿地面积为2516.1公顷，占12.78%（见图1）。湿地总面积按行政区划分，芙蓉区为258.8公顷、天心区为2021.2公顷、岳麓区为3931.8公顷、开福区为2241.9公顷、雨花区为680.7公顷、望城区为10556.3公顷（见图2）。

二是重要湿地覆盖面广。全市建有两个重要湿地，其中千龙湖国家湿地公园位于湖南省长沙市望城区，属洞庭湖冲积扇，为洞庭湖湿地的重要组成部分，是与湘江水系相联系的重要湖泊。公园规划范围包括千龙湖和团头湖部分地带，总面积约为9.2平方公里，千龙湖区块约为3.8平方公里，团头湖区块约为5.4平方公里；公园内林木茂密，植物种类丰富多样，有主要维管束植物100科、272种。动物资源种类多样，分布有脊椎动物29目72科209种。洋湖国家湿地公园（试点）位于湖南省湘江新区洋湖垸片区，以洋湖、靳江下游河段、雅河、湖心岛屿及河洲漫滩为主体。湿地公园内动植物资源丰富，已知野生脊椎动物共有5纲25目66科193种，有国家Ⅱ级重点

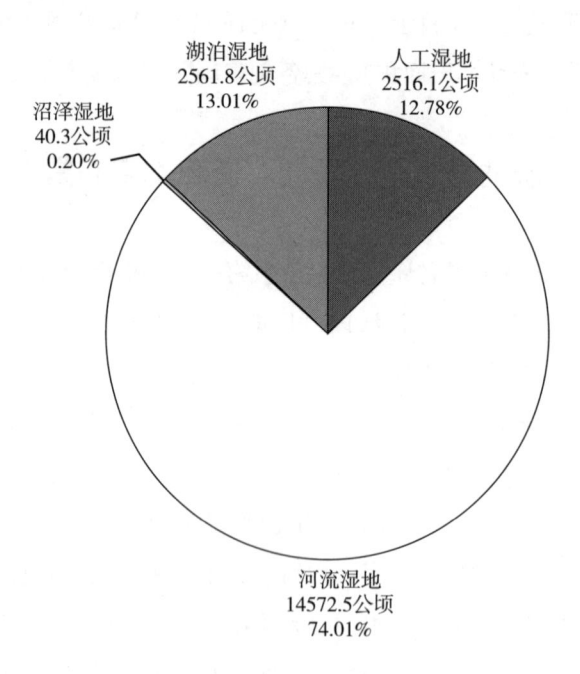

图1　长沙市内六区湿地类型及面积

资料来源：长沙市林业局。

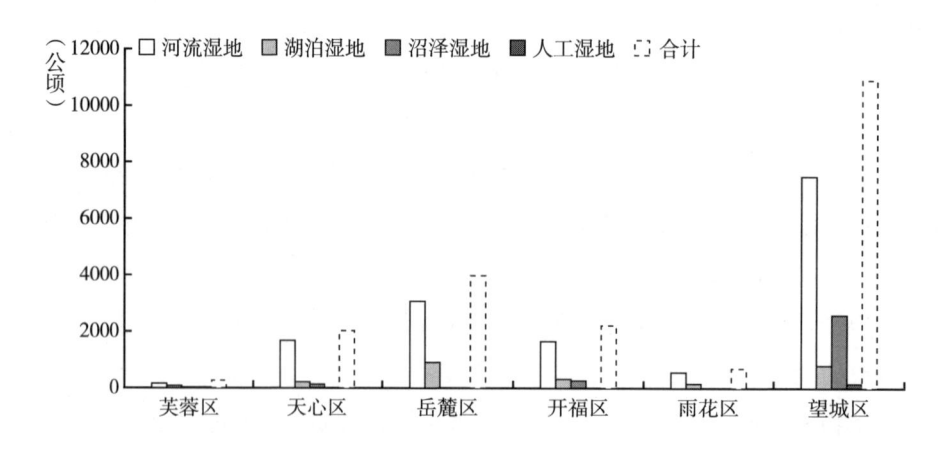

图2　长沙市内六区湿地分布情况

资料来源：长沙市林业局。

保护动物7种，列入《濒危野生动植物种国际贸易公约》的物种有7种，列入《国家保护的有益的或者有重要经济、科学研究价值的陆生野生动物名录》保护动物113种，中国特有物种17种，湖南省重点保护动物74种；地处中国候鸟迁徙路线上，是小天鹅冬天停歇的驿站，内有维管束植物117科287属390种，分布有大量的珍稀保护湿地植物，堪称湖南省湿地植物的"缩影"，是湖南省开展湿地科普教育的重要场地。

三是湿地保护率稳步提高。长沙按照湖南省林业厅关于湿地保护率及湿地保护率增长率的相关要求，制定《长沙市分解2013～2015年湿地保护率增长率指标的通知》，督促区县（市）逐年落实湿地保护指标，确保受保护湿地面积不断扩大。2017年，市内六区湿地保护面积14041.68公顷，保护率达83%（见图3），超出国际湿地城市认证提名指标33%。

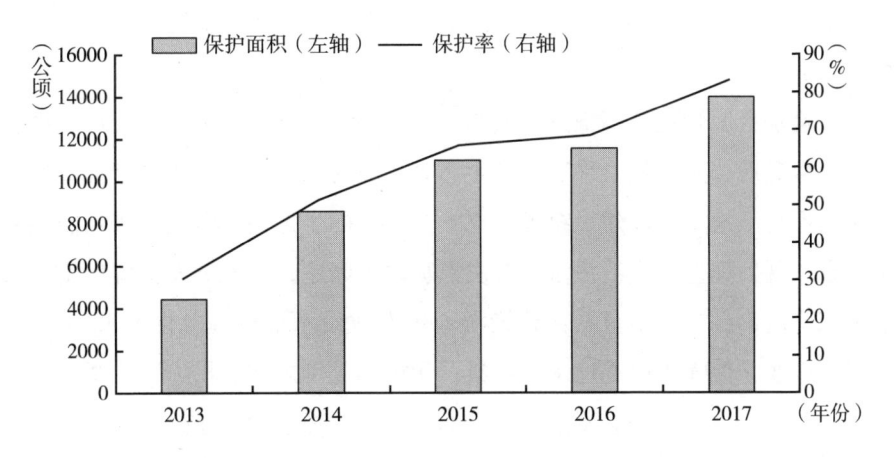

图3　长沙市内六区湿地已保护面积及湿地保护率

资料来源：长沙市林业局。

二　保护体系基本形成，规划管理更加到位

国际湿地城市认证提名评价指标体系第二大类指标为保护管理条件，包括湿地保护率≥50%、湿地保护规划、湿地保护专门机构、湿地保护规章、

生态文明考核指标体系、组织机构、水资源管理、合理利用八项指标。长沙将湿地保护管理纳入全市生态文明建设范围，多措并举，统筹推进，建立全方位的管理体系。

一是湿地规划科学编制。长沙贯彻落实中央、湖南省市关于湿地保护修复的工作要求，在全省率先组织开展湿地资源调查工作，建立湿地资源数据档案库。将湿地保护纳入长沙市"十三五"期间国民经济和社会发展规划，将水源保护区、风景名胜区、自然保护区、基本农田保护区、生态绿心、森林公园、郊野公园、湿地公园、坡度大于25%和相对高差大于50米的山体、主干河流、重要水库以及对维护生态系统完整性具有重要作用的生态廊道和隔离绿地，划为禁止开发区域。先后出台《长沙市湿地保护总体规划》《湖南省长沙市"一江六河"绿色生态屏障建设总体规划》。从2016年起，长沙市财政每年扶持300万元，在全市范围内建设10个湿地生态建设示范村（点）。

二是水资源管理统筹推进。实施"河长制"，助推湿地保护管理。推进农村微型湿地公园建设，采用湿地生态处理农村生产生活污水，把湿地生态净化工程与湿地小公园建设统筹考虑，把湿地的生态性、景观性和功能性有机结合，既处理生产生活污水，解决黑臭水体问题，又充分发挥湿地生态旅游休闲价值，已在全市范围内建设湿地生态建设示范村（社区）20个。推进河湖连通，保障重要湿地水质水量。积极推进浏阳河、捞刀河、沩水、龙王港、靳江河、圭塘河等重点流域综合治理，完成中小河流治理28条，靳江河、龙王港、圭塘河、开慧河等10个生态清洁型小流域已成为水清景美的滨水风光走廊，开慧河清洁型小流域治理经验全国推广。全力保障供水，城市供水能力位列全国省会城市第三，210万名农村人口饮水不安全问题全部得到解决。

三是湿地利用有声有色。近年来，长沙湿地公园建设得到快速发展，吸引大量市民和游客。全市建有国家级湿地公园5个、省级湿地公园1个、中南地区最大的湿地科普馆1个。千龙湖国家湿地公园、洋湖国家湿地公园等，充分利用湿地动植物的经济价值和观赏价值，合理开展休闲、游览、科研与科普活动，游客在湿地公园内可实地感受与体验层次分明、错落有致的大自然之美，近距离感受湿地的生机，享受生态环境给人们带来的乐趣。开展湿地文化体验游，通过展示馆、艺术馆、美术馆让游客体验湿地公园蕴含的博大精深的湖湘文化、农耕文化。开展湿地科普教育游，通过湿地科普馆、湿生植物展示点、"MSBR+人工湿地"污水净化展示场等，让游客接受科普教育，近距离贴近湿地、观察湿地，提高游客与市民的生态环保意识。

四是管理规范化不断加强。积极贯彻省林业厅"湘林杯"关于湿地保护率纳入林业建设目标管理考核指标要求，将湿地面积、湿地保护率、湿地生态状况等保护成效指标纳入城市生态文明建设目标考核等制度体系。长沙市绩效考核办将湿地保护增长率指标纳入乡镇街道经济社会发展考核指标，确保受保护湿地面积不断扩大。同时，从2015年起，就启动了《长沙市湿地保护管理办法》立法工作。目前，正在按相关程序进行，已纳入2017年立法计划第二类，《长沙市湿地保护管理条例》正在积极申报2018年长沙市人大立法计划第一类。

三 体制机制不断创新，重要湿地富有成效

国际湿地城市认证提名评价指标体系第三大类指标为湿地的管理，主要包括湿地保护或恢复措施、湿地监测和生态预警机制。长沙将湿地生态安全作为推进重要湿地建设的主要抓手，全方位开展湿地生态监测和预警，重要湿地建设成效明显。

一是开展退耕还湿，推进湿地修复。针对重要湿地，采取有效的湿地保护、恢复措施。2016年起，制定《退耕还湿工作方案》，重点在千龙湖国家湿地公园、洋湖国家湿地公园大力开展了退耕还林还湿、湿地生态修复工作，通过退耕还湿还林，修复和恢复湿地面积6023亩。洋湖湿地作为2016年试点项目，试点区水域面积约320亩，占总建设面积的64%，保证水体库容达到12.5万立方米、调蓄量达到25万立方米，试点区水域约为120

亩，有效缓解城市内涝现象。千龙湖国家湿地公园在2014~2017年共安排126.6万元资金，用于湿地保护与恢复补助安排、退耕还湿补助、湿地生态效益补偿补助安排，并启动大批基础设施和湿地保护恢复建设项目，保护区范围内退耕还湿148亩。

二是开展湿地监测，保障湿地生态。开展动态监测和评估，制定实施管理计划，在遇到突发性灾害事件时有防范和应对措施。在千龙湖国家湿地公园内设立2个监测管理站，分别位于团头湖黑公咀和团头湖龙须咀，主要用于环境因子的定点研究与区域性的生态环境动态监测。在洋湖国家湿地公园建设综合监测站，包括湿地科研监测中心、气象观测站、水文水质监测站、鸟类观测与救护站样性观测，对湿地生态系统进行动态监测。

三是加强虫情监测，维护生态安全。以生物链理念为指导，不断加强林业生物灾害应急预案。如望城区加强森林公园的虫情监测站建设，确保有人有房有设备；岳麓区加强麓山景区等重点生态区的虫情监控；天心区将外来有害植物作为重点防控对象；长株潭绿心区安装两台虫情测报设备采集虫情数据，监控发展趋势。同时，落实虫情信息双向报告制度和通报制度，为政府应急处置科学调度、联防联治提供决策依据。

四 社会各界广泛参与，湿地保护深入人心

国际湿地城市认证提名评价指标体系第四大类指标为宣教，主要包括湿地宣教和湿地志愿者制度。长沙依托现有的湿地公园，开展丰富多彩的湿地宣教活动，得到社会各界的高度重视与大力支持，在全社会形成关心湿地、爱护生态、保护家园的良好氛围。

一是建有中南地区最大的湿地科普馆。依托洋湖湿地公园建有较为完善的科普宣教设施设备，包含湿地科普馆、规划展示馆、科普小径等，设计科学合理，成为广大市民、各中小学学习、了解、认知湿地的重要平台和途径。

二是湿地主题活动开展卓有成效。每年2月2日的"国际湿地宣传

日"、4月初的"爱鸟周"活动和11月的"野生动物保护月",全市均开展一系列宣传湿地和野生动物保护活动。2017年,全市开展132次主题活动,共计8万余人参与,共分发宣传资料100000余份,展示野生动物保护图片展板1130块,接受咨询解惑释疑1000余次,出动野生动物保护宣传车辆50次,宣传遍及全市各个乡镇、街道办事处。

三是湿地保护志愿者制度完善。长沙湿地保护志愿者组织有绿色潇湘志愿者协会、长沙市野生动物保护协会及世界自然基金会长沙办事处,每年都组织开展一系列宣传湿地和野生动物的保护活动,宣传活动覆盖面广,宣传效果深入人心。

五 全市上下高度重视,成功创建可期可待

尽管长沙与创建国际湿地城市还有很大差距,如内六区暂无国际或国家级重要湿地;湿地率为9.12%,还未达到10%以上的标准;未成立湿地保护管理专门机构;《长沙市湿地保护管理办法》虽已纳入立法计划,但暂未出台。同时城市间竞争也十分激烈,首批就有16个城市参与申报,最终仅常德市、哈尔滨市等6个城市入围。但长沙也有自己的独特优势和特色,典型的山水洲城,与"河长制"、河湖连通以及黑臭水体治理相结合,可以更好地做足水的文章,提高湿地率。特别是当前长沙市委、市政府高度重视,将按照"2018年打基础、2019年基本达标、2020年迎接验收、2021年成功摘牌"的部署,全力以赴抓国家湿地城市创建。

一是以市内六区为主体,迅速启动创建工作。以市内六区为主体,出台创建实施方案,明确创建目标任务,落实相关部门责任。组织开展湿地资源普查,摸清资源本底,修订完善湿地保护与修复规划,加快出台保护管理办法或条例。加强对已有湿地的保护与修复,建立湿地生态监测网络,确保湿地面积不减少。

二是实施一批重大项目,逐步提高湿地保有量。实施一批湿地公园建设工程。完成千龙湖、洋湖等湿地公园的提质改造,开展解放垸、马桥河、大

泽湖、苏蓼垸、团头湖等湿地公园的前期建设和湿地生态修复工作，保证长沙有 2 处及以上国家级湿地公园。实施退耕还湿及河湖连通工程，开展黑臭水体治理，重点实施内六区"一江六河"沿岸退耕还湿、圭塘河生态引水及望城区千龙水道建设，力争新增湿地面积 3000 公顷。做好水资源管理和调度，加大湿地保护与修复工作，充分发挥湿地的生态净化作用。

三是成立专门保护机构，提高湿地管护水平。成立长沙市创建国际湿地城市领导小组，由长沙市委书记任顾问，市长任组长，有关市直单位和区县市政府主要负责人为小组成员，指导、协调、督察创建国际湿地城市。成立市级和区县（市）湿地保护委员会，负责湿地保护管理与恢复，开展湿地保护宣传和教育工作。各湿地保护区和湿地公园建立管理机构，配置专职的管理人员和专业技术人员，开展湿地保护管理工作。强化责任落实，层层签订责任状，将湿地面积、湿地项目建设、湿地保护率、湿地生态状况等保护成效纳入年度绩效考核内容，严格考核。

四是积极开展科普宣教，引导公众广泛参与。在长沙市范围内依托重要湿地或者湿地公园建立宣教场所，利用湿地日、爱鸟周等开展宣教活动，开发湿地低碳体验游、湿地文化体验游、湿地体验游等。制作专题广泛宣传创建成效和经验。重要节点、重大事件时在主流媒体上宣传报道湿地城市创建成果。编印湿地保护宣传手册、教材等，开展湿地保护进学校、进社区、进机关、进企业。成立湿地保护协会等湿地保护民间组织、建立湿地保护志愿者制度，组织公众积极参与湿地保护和相关知识传播活动。

B.36
领导干部自然资源资产离任审计研究

周慧滨[*]

摘　要： 本文在回顾全国各地领导干部自然资源资产离任审计制建设和试点的基础上，结合湖南省省情，讨论了离任审计制度体系建设中存在的问题，并在制度建设、基础数据共享、业务流程标准体系、人员培训、审计结果运用、整改落实等方面提出了相应的政策建议。

关键词： 领导干部　自然资源资产　离任审计

自十八届三中全会《中共中央关于全面深化改革若干重大问题的决定》（以下简称《决定》）明确提出"对领导干部实行自然资源资产离任审计，建立生态环境损害责任终身追究制"以来，党和政府出台了一系列的政策，逐步将领导干部自然资源资产离任审计制度化。领导干部自然资源资产离任审计（以下部分简称"离任审计"）对于促进地方领导绿色发展及绿色政绩理念的树立，严格按中央生态文明建设以及法律法规的要求，坚决履行资源、生态和环境保护的责任，积极推动资源、生态和环境领域主要矛盾的解决，切实维护资源和生态环境安全，保证人民群众在生产、生活中的利益有重要的意义。

---

[*] 周慧滨，中南林业科技大学副教授、硕士生导师。

一 离任审计制度框架已初步形成

（一）离任审计制度总体架构初步建立

《关于加快推进生态文明建设的意见》中明确提出："严格责任追究，对违背科学发展要求、造成资源环境生态严重破坏的要记录在案，实行终身追责，不得转任重要职务或提拔使用，已经调离的也要问责对推动生态文明建设工作不力的，要及时诫勉谈话；对不顾资源和生态环境盲目决策造成严重后果的，要严肃追究有关人员的领导责任；对履职不力、监管不严、失职渎职的，要依纪依法追究有关人员的监管责任。"2015年8月，《党政领导干部生态环境损害责任追究办法》中在对"党政同责"这一生态环境损害事件问责原则进行明确的同时，又将"终身追责"作为生态环境损害责任追究的一项基本原则，作为监督地方领导干部对自然资源资产、生态环境责任的制度设计，通过划分领导干部在自然资源和生态环境领域的管理责任红线，形成权力和责任对等、权力使用受到监督以及责任追究等问责机制，最终形成倒逼机制，使得领导干部对绿水青山充满敬畏之心。《生态文明体制改革总体方案》对离任审计制度进行了顶层设计；在内蒙古呼伦贝尔市、浙江湖州市、湖南娄底市、贵州赤水市、陕西延安市开展领导干部自然资源资产离任审计试点。2015年11月，《开展领导干部自然资源资产离任审计试点方案》对离任审计的对象、内容、标准、责任界定、审计结果的披露和运用、审计业务流程等进行了规范，《党政领导干部生态环境损害责任追究办法（试行）》则对责任人进行了界定，明确了党委、政府和资源、生态和环境资源管理部门领导的责任。2016年12月，《生态文明建设目标评价考核办法》进一步明确了党政同责及考核办法。2017年6月，《领导干部自然资源资产离任审计规定（试行）》（以下简称《规定》）明确从2018年起，离任审计工作在试点的基础上全面开展，标志着我国已经正式建立起一项全新的、经常性的审计制度。

(二)地方性规范文件纷纷出台

《决定》公布后,各地开始了地方性规范文件的出台,特别是2017年6月《规定》发布后,各级地方政府对照中办、国办的一系列规范性文件的要求,纷纷制订了离任审计的实施方案、实施或指导意见、试点或工作方案、暂行办法、操作指南或指引等规范性文件。在地方政府层面,福建、甘肃、江西、吉林、辽宁、湖南出台了开展领导干部自然资源资产离任审计相关的实施方案或实施意见,江苏、福建、黑龙江、贵州、广东、天津、安徽、四川、浙江、陕西、山西、北京、上海、重庆、河北、河南、云南、青海、内蒙古、广西、海南、宁夏、新疆则结合本地区的实际情况,推出了试点方案或试点意见,湖北和内蒙古还分别制定了操作指南和操作指引。少部分市、县(区)、乡(镇)也出台了相应的规范文件,初步形成了省(区、市)、市、县(区)、乡(镇)地方性制度体系。

(三)全国第一轮试点工作已经完成

除港澳台及西藏自治区,其他省(区、市)均于2016~2017年在各省(区、市)局部地区开展了试点工作,为领导干部自然资源资产离任审计工作的全面铺开积累了经验。各省市区各级党委、政府也纷纷出台了相应的领导干部自然资源资产离任审计的规范文件并积极开展试点工作,个别地区如江苏南通2007年起就对生态环境审计进行了探索,2013年开始探索地方党政领导干部自然资源资产离任审计,目前领导干部自然资源资产离任审计工作在南通已呈常态化。截至2017年10月,审计机关作为实施主体,全国共完成827个领导干部自然资源资产离任审计试点项目,涉及1210个地方领导干部。由于自然资源和环境生态的地方差异性较大,时空变化较快,相应的法规制度还需要建立和完善,离任审计的试点仍然需要进一步深入开展,边通过试点边总结经验,将离任审计的制度体系不断建立和完善,以保证作为经常性制度在执行中问题最少。

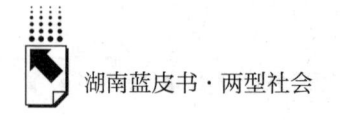

二 湖南省离任审计开展情况及主要问题

(一)湖南省离任审计开展情况

1. 制度建设情况

湖南省委全面深化改革领导小组第十九次会议审议并通过了《湖南省开展领导干部自然资源资产离任审计试点实施方案》,确定了审计对象为市县两级党委政府及资源、环境生态管理部门的主要领导,明确了审计主体为政府审计主管部门。

2. 试点情况

溆浦县作为全省首个县级试点地区,通过学习"胶州经验",结合本地实际情况,将审计对象由县乡党委和政府主要干部拓展为县乡党委主要干部和直接管理自然资源资产的部门负责人,同时进一步明确了离任审计组织实施和具体流程,并且对审计结果运用做出规定,形成了《溆浦县领导干部自然资源资产离任审计暂行办法(试行)》和《溆浦县领导干部自然资源资产离任审计试点方案》。娄底市作为首批国家级地方领导干部自然资源资产离任审计的试点,在试点确定后制订了《娄底市领导干部自然资源资产离任审计深化试点准备工作方案》以及《娄底市乡镇主要领导干部自然资源资产离任审计试点工作方案》,选取17个乡镇的主要领导干部,结合经济责任审计,完成了自然资源管理和保护情况的离任审计。新化县制订了《新化县领导干部自然资源资产离任审计试点方案》,结合本县自然资源的特点,增加了对溶洞、梯田、湿地与河床等自然资源的审计。湘潭市制订了《湘潭市开展领导干部自然资源资产离任审计实施方案》。2016年6月,省审计厅启动领导干部自然资源资产离任审计,对株洲市、嘉禾县、新晃县进行了试点。通过试点,在审计的组织、实施及审计结果的运用等方面取得了一定的经验,也发现不少问题。

(二)存在的主要问题

1. 制度基础尚不完善

目前除了国家层面的相关规定,除已经制订的试点实施方案,与省情相符的规范体系尚未形成,且国家层面的规范性文件也并不完善,与领导干部自然资源资产离任审计配套的法律制度体系尚未完全建立,各法律制度间的协调尚未开始,《刑法》以及土地资源、水资源、矿产资源、森林资源、渔业资源、草原资源等各资源相关法律、法规,以及环境保护、水土保持、湿地保护、野生动植物保护、海洋环境保护、环境影响评价、清洁生产、大气污染等各环境生态相关法律、法规,与自然资源资产离任审计制度的对接工作还没有进入实质性阶段,领导干部自然资源资产离任审计的法律、法规的制度基础尚不完善。

2. 开展离任审计的专业人才严重缺乏,经验严重不足

在理论研究上不够系统深入,谁来审、审什么、如何审、审后结果的运用等关键问题认识仍然有较大分歧。由于离任审计涉及地理信息系统、各环境、资源、生态相关学科专业专业性非常强,同时具备这些学科专业知识及会计、审计专业知识的人才数量非常少,同时在实际操作上也存在严重经验不足的问题,另外,离任审计的管理人才也同样存在经验不足的问题。

3. 基础工作较为薄弱

跨部门及区域的自然资源资产数据共享平台没有建立,作为离任审计基础的自然资源资产的核算工作尚未系统开展,离任审计的基础数据缺乏,数据获取成本高;依据资源和环境生态省情的审计指标体系尚未建立;离任审计工作流程和组织待确定;审计方法和标准体系尚未建立;资源性资产及环境生态监测体系也有待完善。

4. 审计结果的运用依据还需要进一步明确

《党政领导干部生态环境损害责任追究办法(试行)》虽然对损害自然资源和环境生态的情形进行了界定,明确了责任追究形式,但损害标准、损害结果的认定、责任档次的区分还很模糊,没有明确的界线,可操作性不

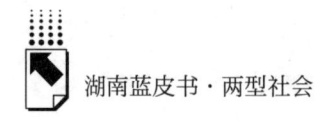

强，需要在法律以及党纪、政纪框架内建立和完善离任审计结果管理的基本依据。

三 湖南省自然资源及环境资产的总体情况

湖南省有丰富的有色金属资源和煤炭资源等矿产资源；森林资源、自然景观资源、生物资源丰富，水资源总体较丰富；野生动植物种类较多，水生生物资源达到一定规模，有较大的经济价值；土壤和水体重金属及有机物污染较严重。根据本课题组前期研究，2013年末，湖南省的自然资源资产总额为17.5万亿元，约为同期GDP的7倍。2017年，重金属国家重点监控企业2901家，湖南省247家占8.5%；PM10和PM2.5年均浓度均超过国家二级标准；饮用水水源地水量及水源达标率较2016年有所下降，Ⅳ类水质断面比例增加0.6%，地表水质有所下降；湖南省每年向水体中排放的五种主要重金属污染物总体上占到全国的1/3左右，但近年呈下降趋势；除张家界和吉首市外，其余12个主要城市均出现过酸雨污染。近年湖南省因环境污染导致的群体性事件达到20余起，对社会稳定有一定影响。资源和环境生态资产的总体质量不高，制约了湖南省的社会经济发展，开展自然资源资产核算工作及领导干部离任审计工作迫在眉睫。

四 湖南省开展领导干部自然资源资产离任审计的建议

一是做好总体部署，在法律制度依据、离任审计规范和标准建设方面取得突破，在资源管理部门职能、跨区域责任区分和人员安排上做好协调，负有自然资源资产管理和生态环境保护职责的工作部门应加强部门联动，特别是加强审计部门和资源环境管理部门之间的联动。

二是结合湖南自然资源省情进一步明确审计主体、范围、目标以及流程，对审计实施加强控制。

三是结合目前的部门职能调整，建立跨部门及区域的自然资源资产数据共享平台。

四是按中央要求,在法律和党纪政纪框架内加强对审计结果的管理,包括结果鉴定、结果公告、情况通报及处理。

五是加强审计后的整改落实,真正达到离任审计的效果。

六是加强审计人员培训,尽快建立相关的涉及多学科、多专业的专家库,为审计标准和规范的制定、争议解决及审计结果评价运用进行人才储备。

B.37
湖南省绿色全要素生产率增长的空间演进与收敛性研究[*]

刘亦文 李毅[**]

摘　要： 运用随机前沿生产函数对湖南省2010~2015年绿色全要素生产率进行测算及分解，通过对绿色全要素生产率的收敛性研究，分析湖南省绿色全要素生产率的动态演化趋势。研究发现，样本期间内，湖南省绿色全要素生产率呈"先减后增"时间趋势特征，年均增长率为4.45%，且显示出较大的地区差异；湖南省全要素生产率增长的主要来源是技术进步；不考虑能耗和碳排放因素会高估湖南省全要素生产率，从而对经济增长做出较为乐观的判断；目前湖南省各市州绿色全要素生产率的差距没有逐渐缩小的趋势，不存在落后地区向发达地区追赶的特征，但随着时间推移会收敛到各自的稳态水平。

关键词： 绿色发展　绿色全要素生产率　经济增长　湖南

　　湖南省作为绿色发展的先行者和推动者，长株潭城市群早在2007年就成为中国两型社会建设综合配套改革试验区，积极探索资源节约型和环境友好型的科学发展模式，取得积极成效，2016年湖南绿色发展指数列全国第8

---

[*] 本文得到国家自然科学基金面上项目(71774053)的资助。
[**] 刘亦文，湖南商学院国际商学院副教授、硕士生导师，数量经济学博士、管理科学与工程博士后；李毅，湖南大学金融与统计学院博士研究生。

位。近年来,湖南省大力实施创新引领开放崛起战略,进一步加快富饶美丽幸福新湖南建设,提升全要素生产率已成为湖南省提质增效的重要途径。本文基于绿色发展视角,运用随机前沿分析技术和超越对数生产函数,将能耗与碳排放纳入湖南省全要素生产率增长分析框架,有效测度资源环境约束下湖南省 14 个市州的绿色全要素生产率,并从技术进步、生产效率、规模效率和配置效率等方面探讨绿色全要素生产率增长变化的影响因素。同时,本文还对湖南省绿色全要素生产率进行收敛性研究,分析湖南省绿色全要素生产率的动态演进和空间收敛性。通过对湖南省 14 个市州绿色全要素生产率空间差异性和收敛性的定量研究,既可以科学评价当前湖南省 14 个市州绿色全要素生产率增长作用于各市州的合理性与有效性,也可以为湖南省有关部门的环境管理工作与环境风险管理策略提供理论和实证依据。

一 研究方法

(一)全要素生产率的分解与测度

超越对数生产函数形式灵活,具有包容性强、易估计等优点,同时还能较好地研究投入变量之间的交互作用以及技术进步随时间变化的关系。因此,本文将随机前沿生产函数 $f[x_{it}(t),\beta]$ 设定为超越对数形式,构建如下实证模型:

$$\begin{aligned}
\ln y_{it} &= \ln f[x_{it}(t),\beta] + (v_{it} - u_{it}) \\
&= \beta_0 + \beta_l \ln L_{it} + \beta_k \ln K_{it} + \beta_e \ln E_{it} + \beta_t t + \beta_{lk} \ln L_{it} \ln K_{it} + \beta_{le} \ln L_{it} \ln E_{it} \\
&+ \beta_{ke} \ln K_{it} \ln E_{it} + \beta_{lke} \ln L_{it} \ln K_{it} \ln E_{it} + \beta_{lt} t \ln L_{it} + \beta_{kt} t \ln K_{it} + \beta_{et} t \ln E_{it} \\
&+ \beta_{t2} t^2 + \beta_{l2} \ln^2 L_{it} + \beta_{k2} \ln^2 K_{it} + \beta_{e2} \ln^2 E_{it} + v_{it} - u_{it}
\end{aligned} \quad (1)$$

式(1)中,i 表示地区,t 表示年份,L、K、E 分别表示劳动力、资本和能耗。

根据全要素生产率的四个构成部分,可以得到超越对数生产函数所对应的具体形式。

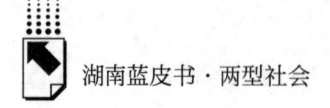

(1) 技术进步率。

$$\Delta TP = \frac{\partial \ln f}{\partial t} = \beta_t + \beta_{lt}\ln L_{it} + \beta_{kt}\ln K_{it} + \beta_{et}\ln E_{it} + 2\beta_{t2}t \tag{2}$$

(2) 生产效率变化率。

$$\Delta TE = -\frac{du_{it}}{dt} = \frac{TE_{it}}{TE_{i,t-1}} - 1 \tag{3}$$

(3) 规模报酬变化率。

$$\Delta SE = (E-1)\sum_j \frac{E_j}{E} \times \dot{x}_j = (f_l + f_k + f_e - 1) \times$$
$$\left(\frac{f_l}{f_l + f_k + f_e} \times \dot{L} + \frac{f_k}{f_l + f_k + f_e} \times \dot{K} + \frac{f_e}{f_l + f_k + f_e} \times \dot{E} \right) \tag{4}$$

(4) 配置效率变化率。

$$\Delta AE = \sum \left[\left(\frac{E_j}{E} - s_j\right) \times \dot{x}_j \right] = \left(\frac{f_l}{f_l + f_k + f_e} - s_j \right) \times \dot{L}$$
$$+ \left(\frac{f_k}{f_l + f_k + f_e} - s_j \right) \times \dot{K} + \left(\frac{f_e}{f_l + f_k + f_e} - s_j \right) \times \dot{E} \tag{5}$$

其中，根据式（1）可计算得出：

$$f_l = \frac{\partial f}{\partial l} = \beta_l + \beta_{el}\ln E_{it} + \beta_{lk}\ln K_{it} + \beta_{elk}\ln E_{it}\ln K_{it} + \beta_{lt}t + 2\beta_{l2}\ln L_{it} \tag{6}$$

$$f_k = \frac{\partial f}{\partial k} = \beta_k + \beta_{ek}\ln E_{it} + \beta_{lk}\ln L_{it} + \beta_{elk}\ln E_{it}\ln L_{it} + \beta_{kt}t + 2\beta_{k2}\ln K_{it} \tag{7}$$

$$f_e = \frac{\partial f}{\partial e} = \beta_e + \beta_{el}\ln L_{it} + \beta_{ek}\ln K_{it} + \beta_{elk}\ln L_{it}\ln K_{it} + \beta_{et}t + 2\beta_{e2}\ln E_{it} \tag{8}$$

（二）收敛性分析

收敛性分析将有助于研究湖南省绿色全要素生产率的趋同或发散情况。收敛分析的方法大致可分为三种：σ 收敛、绝对 β 收敛和条件 β 收敛。

σ 收敛是研究随着时间推移，各地区间绿色全要素生产率的标准差随时间变化的情况。若标准差逐渐变小，则表示绿色全要素生产率的离散程度在缩小，趋于 σ 收敛。本文研究湖南省绿色全要素生产率的 σ 收敛可采用如下方程表示：

$$\sigma_t = \sqrt{\frac{1}{T-1}\sum_{i=1}^{T}(TFP_{it} - \overline{TFP_t})^2} \tag{9}$$

其中，TFP_{it} 表示 i 地区第 t 年绿色全要素生产率，TFP_t 是第 t 年所有地区绿色全要素生产率的平均值。若 $\sigma_{t+1} < \sigma_t$，则湖南省绿色全要素生产率的离散系数在缩小，存在 σ 收敛。

绝对 β 收敛是指每个地区的绿色全要素生产率增长都会达到完全相同的稳态增长速度和增长水平。本文构建如下绿色全要素生产率绝对 β 收敛回归方程：

$$\ln(TFP_{i,t+T}/TFP_{i,t})/T = \alpha + \beta\ln TFP_{i,t} + \varepsilon_{i,t} \tag{10}$$

其中，$\ln(TFP_{i,t+T} - TFP_{i,t})/T$ 是 i 地区在 t 年到 $t+T$ 年的年均绿色全要素生产率增长率，$\ln TFP_{i,t}$ 为地区 i 的初始绿色全要素生产率的对数值，β 为其系数。若 β 显著为负，则表明存在绝对 β 收敛，存在落后地区不断追赶发达地区的趋势。

条件 β 收敛考虑了不同地区的特征差异，分析每个地区绿色全要素生产率能否收敛到各自的稳态水平，允许落后地区与发达地区差距的持续存在。本文构建如下绿色全要素生产率条件 β 收敛回归方程：

$$\ln(TFP_{i,t}/TFP_{i,t-1}) = \alpha_i + \beta\ln(TFP_{i,t-1}) + \varepsilon_{i,t} \tag{11}$$

其中，α_i 为 Panel Data 固定效应项，对应着不同地区各种的稳态条件。β 是其回归系数，若 β 显著为负，则表明存在条件 β 收敛，即 i 地区的绿色全要素生产率会收敛于自身的稳态水平。

二 数据处理与模型检验

（一）数据处理

本文以湖南省 14 个市州为研究对象，测算能耗和碳排放约束下绿色全要素生产率。由于各市州能耗数据从2010年开始统计，本文选取的时间范围为2010~2015年。所有数据来源于《湖南省统计年鉴》。所有数据均以2010年为基年，主要包括产出、投入和技术无效率影响因素三大类。

各市州产出用地区生产总值衡量，采用GDP平减指数消除价格因素影响，得到实际地区生产总值。投入要素主要包括资本、劳动力和能源。资本投入（K）指标采用资本存量衡量，由上一年的全社会资本存量折旧后和本年度固定资产投资两部分加总得到。由于《湖南省统计年鉴》只能查到各市州每年固定资产投资这一流量数据，且关于市级行政单位的固定资产存量核算仍是一片空白。因此，本文考虑先核算全省资本存量，而后依据各市州固定资产投资占全省固定资产投资总额比例，计算各市州资产存量数据。全省资本存量采用单豪杰（2008）的计算方法，为研究的可比性，依据固定资产价格指数构建的平减指数将资本存量数值换算成以2010年价格为基期的资本存量指标。劳动力投入（L）指标采用各市州从业人员年末人数衡量。能源投入（E）指标采用各市州能源消耗（折算成标准煤计算）衡量。

技术无效率的影响因素包括碳排放（C）、碳强度（CI）、产业结构（SI）、科研投入（RD）和外资依存度（FDI）。碳排放指标的计算参考联合国政府间气候与变化专门委员会（简称IPCC）提出的方法，根据各种类型能源消费总量与相应的碳排放系数的乘积和估算得来。碳强度指标是根据碳排放和各市州地区生产总值计算而得。产业结构指标采用第二产业产出占总产出的比例衡量。科研投入指标采用各市州大中型企业R&D经济内部支出衡量。加大科研投入有助于企业进行技术创新，提高企业技术效率，进而促进资源节约和循环利用。外资依存度采用实际利用外商直接投资额（FDI）与当年地区生产总值比值衡量。其中，FDI采用实际利用外商直接投资的统计口径，对于用美元表示的FDI按照当年人民币的平均汇率换算成人民币，且将其全部按照2010年的可比价格进行折算。外资的涌入对东道国的影响是喜忧参半的，一方面，外资的引进能够带来先进技术和管理经验，对经济增长产生正的外溢效益；另一方面，外资还与环境污染有着争论性的联系，外资涌入引致的环境污染是对发展中国家主要的负面影响之一,由此产生了"污染天堂"的假说。因此,FDI对绿色全要素生产率具有不确定性的影响。相关数据的统计性描述如表1所示。

表1 主要变量的描述性统计

变量	符号	均值	标准差	最小值	最大值
地区生产总值(亿元)	Y	1709.65	1567.16	242.48	8510.13
资本投入(亿元)	K	2675.77	2756.19	298.06	17264.96
劳动力投入(万人)	L	303.78	112.53	89	517.60
能源投入(万吨)	E	473.85	297.71	36.80	1124.56
碳排放(万吨)	C	810.27	519.17	59.51	2259.14
碳强度(吨/万元)	CI	0.57	0.41	0.12	2.07
科研投入(亿元)	RD	16.86	25.94	0.08	140.04
产业结构(%)	SI	46.77	0.098	22.76	60.45
外资依存度(%)	FDI	1.74	0.011	0.13	4.19

资料来源:根据历年《湖南省统计年鉴》整理计算而得。

(二)模型检验

本文采用Stata 14.0软件分别采用超越对数生产函数进行随机前沿回归和检验,结果如表2和表3所示。

表2 随机前沿超越对数模型回归结果

前沿生产函数估计								
变量	模型1	模型2	模型3	变量	模型1	模型2	模型3
$\ln L$	-1.542*	-0.807	0.724***	$T \cdot \ln L$	0.103	0.105*	-0.074**
$\ln K$	2.454**	2.221**	1.928**	$T \cdot \ln K$	0.032	-0.139*	-0.081**
$\ln E$	3.219	-1.293	2.087**	$T \cdot \ln E$	-0.164	-0.051	0.158**
T	-0.121	0.074**	0.047*	T^2	0.003	0.005	0.001***
$\ln L \cdot \ln K$	-0.324*	0.017	0.287**	$\ln^2 L$	0.035**	0.033	0.035*
$\ln K \cdot \ln E$	-1.328**	0.675**	-1.771**	$\ln^2 K$	0.241	0.334**	0.216**
$\ln L \cdot \ln E$	0.493	0.264**	-0.964**	$\ln^2 E$	0.301**	-0.311*	0.308***
$\ln L \cdot \ln K \cdot \ln E$	0.152	-0.097*	0.154***	常数	21.362	10.543	19.296*

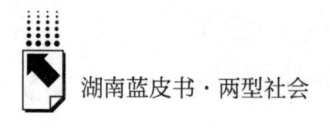

续表

技术无效率函数估计

变量	模型1	模型2	模型3	变量	模型1	模型2	模型3
$\ln C$			1.851***	SI	1.932**	1.873**	1.901***
CI			-0.353**	FDI	7.391**	7.343*	7.041**
RD	-0.032*	-0.473**	-0.031*	常数	7.528	9.423**	8.451
Loglikelihood	85.875	95.979	129.530	γ	0.702**	0.713**	0.743***
$\sigma^2 = \sigma_u^2 + \sigma_v^2$	0.552	0.521	0.583***	η	-0.012*	-0.012**	-0.014**

注：模型1表示采用"两步法"进行回归估计，模型2表示采用"一步法"进行回归估计，模型3是在模型2的基础上在技术无效率项增加碳排放和碳强度控制变量；*、**和***分别表示在10%、5%和1%的显著性水平下显著。

表3 LR检验结果

原假设 H_0	df	LR值	检验结果
$\beta_{t2} = \beta_{k2} = \beta_{e2} = \beta_{l2} = \beta_{lk} = \beta_{lke} = \beta_{le} = \beta_{lt} = \beta_{kt} = \beta_{et} = 0$	10	155.329***	拒绝
$\beta_t = \beta_{kt} = \beta_{lt} = \beta_{et} = \beta_{t2} = 0$	5	98.458***	拒绝
$u = 0$	1	15.781***	拒绝
$\eta = 0$	1	30.339***	拒绝
$u = \eta = \gamma = 0$	3	80.584***	拒绝

注：*、**和***分别表示在10%、5%和1%的显著性水平下显著。

三 实证结果及分析

（一）湖南省绿色全要素生产率及其分解

借助式（2）~式（5）对湖南省绿色全要素生产率进行分解计算。表4是湖南省各市州2010~2015年绿色全要素生产率增长及其分解的均值。从绿色全要素生产率的增长排名来看，处于前五位的分别是长沙、常德、岳阳、衡阳、株洲，其增长率分别为6.71%、6.60%、5.23%、5.15%和5.13%，张家界和湘西处于最后两位，增长率不足3%。从绿色全要素生产率增长的源泉来看，所有市州的绿色全要素生产率增长主要来自于技术进步，样本期间内，各市州均出现了不同程度的技术进步。其中，年均技术进步增长最快的前三个市州分别是衡阳（3.21%）、益阳（3.09%）和常德（2.98%），而技术进步增长最慢的前三个市州分别是湘西（1.42%）、张家界（1.68%）和怀化（2.04%）。生产效率提高最快的前三个市州分别是常德（2.44%）、岳阳（2.05%）和长沙（1.84%），生产效率提高最慢的前三个市州分别是娄底（0.67%）、湘西（0.74%）和益阳（0.79%）。从绿色全要素生产率增长率波动来看，由于考察区间较短，各市州绿色全要素生产率增长波动幅度不大，其中波动幅度最大的前三个市州分别是湘西（0.63%）、常德（0.59%）和岳阳（0.52%），从变化趋势观察，湘西是下降趋势，而常德和岳阳是上升趋势。

表4 湖南省14市州绿色全要素生产率增长及其分解的均值

单位：%

地 区	排名	ΔTFP	ΔTP	ΔTE	ΔSE	ΔAE
长 沙	1	6.71	2.92	1.84	0.96	0.99
常 德	2	6.60	2.98	2.44	1.08	0.10
岳 阳	3	5.23	2.43	2.05	0.65	0.10
衡 阳	4	5.15	3.21	1.79	0.22	-0.07
株 洲	5	5.13	2.65	1.66	0.67	0.14
邵 阳	6	4.90	2.44	1.75	0.63	0.09
郴 州	7	4.79	2.81	1.75	0.20	0.04
湘 潭	8	4.62	2.67	1.36	0.63	-0.04
益 阳	9	4.28	3.09	0.79	0.38	0.02
永 州	10	3.21	2.56	1.25	-0.64	0.04
怀 化	11	3.21	2.04	1.67	-0.48	-0.01
娄 底	12	3.16	2.15	0.67	0.29	0.06
张家界	13	2.79	1.68	0.83	0.07	0.20
湘 西	14	2.00	1.42	0.74	-0.14	-0.02

（二）不同视角下湖南省全要素生产率的比较

本文将考虑能耗和碳排放因素的湖南省绿色全要素生产率变化率和不考虑能耗和碳排放因素的湖南省传统全要素生产率进行对比，比较各市州绿色全要素生产率增长率和传统全要素生产率增长率，结果如表5所示。各市州传统全要素生产率增长率高于绿色全要素生产率。传统全要素生产率中排名前三位的分别是长沙（8.52%）、株洲（7.41%）和常德（7.40%），排名后三位的分别是湘西（3.89%）、怀化（4.12%）和永州（4.50%）。在考虑能耗和碳排放后，各市州全要素生产率排名有所变动，其中变动幅度较大的是岳阳、衡阳和益阳，前两者在考虑能耗和碳排放后，全要素生产率排名有所上升，而益阳排名出现明显下降。

表5　湖南省14市州两种绿色全要素生产率增长率比较

单位：%

地 区	绿色 ΔTFP	排名	传统 ΔTFP	排名
长 沙	6.71	1	8.52	1
常 德	6.60	2	7.40	3
岳 阳	5.23	3	5.63	7
衡 阳	5.15	4	5.62	8
株 洲	5.13	5	7.41	2
邵 阳	4.90	6	6.19	4
郴 州	4.79	7	5.39	9
湘 潭	4.62	8	5.65	6
益 阳	4.28	9	5.66	5
永 州	3.21	10	4.50	12
怀 化	3.21	11	4.12	13
娄 底	3.16	12	4.92	11
张家界	2.79	13	5.08	10
湘 西	2.00	14	3.89	14

四 湖南省绿色全要素生产率的收敛性分析

（一）σ 收敛性检验

根据式（9）计算湖南省 2010~2015 年绿色全要素生产率的 σ 值。如图 1 所示，湖南省绿色全要素生产率标准差在样本期间内呈持续上升趋势，2010~2011 年小幅上升，2012~2015 年上升幅度较大。因此，可以判断湖南省绿色全要素生产率不存在 σ 收敛特征。

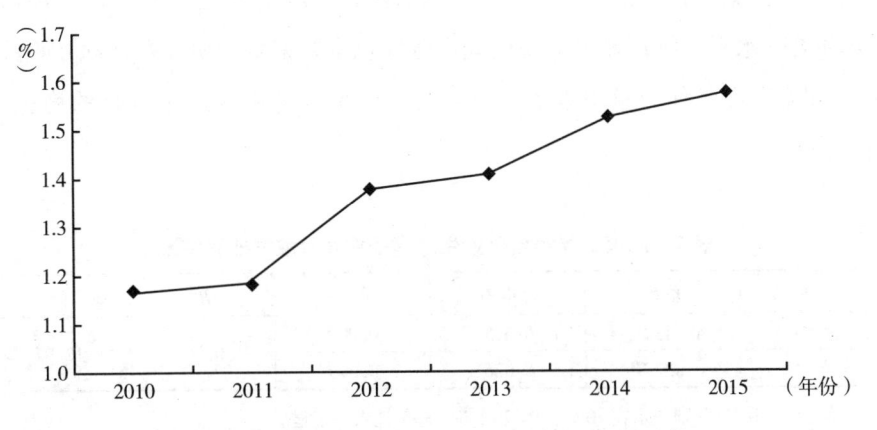

图 1 湖南省绿色全要素生产率标准差的演化趋势

（二）绝对 β 收敛性检验

绝对 β 收敛性检验将研究每个市州的绿色全要素生产率向相同的稳定值趋同，即研究绿色全要素生产率较低的市州是否存在追赶较高市州的趋势。根据式（10）的方法，本文对湖南省绿色全要素生产率进行 β 绝对收敛性检验，结果如表 6 所示。

湖南省绿色全要素生产率的绝对 β 收敛检验结果显示 $\beta > 0$，表明湖南省绿色全要素生产率是发散的，不存在绝对 β 收敛趋势，各市州绿色全要素生产率的增长差距逐渐拉大。

表6 湖南省绿色全要素生产率绝对β收敛性检验结果

变量	系数	标准差	P值	$\overline{R^2}$	F
常数项	1.143 **	0.565	0.043	0.313	6.002
$\ln TFP_{i,t-1}$	0.109 *	0.056	0.051		

注：*、**和***分别表示在10%、5%和1%的显著性水平下显著。

（三）条件β收敛性检验

条件β收敛将采用Panel Data固定效应模型，根据式（11）可得到表7所示结果。湖南省绿色全要素生产率的条件β收敛结果显示$\beta < 0$，并且在1%显著性水平下统计显著，说明湖南省绿色全要素生产率存在条件β收敛，各市州都存在各种的稳态水平，随着时间的推移都将收敛于各自的稳态水平。

表7 湖南省绿色全要素生产率条件β收敛性检验结果

变量	系数	标准差	P值	$\overline{R^2}$	F
常数项	4.143 ***	0.675	0.000	0.702	12.971
$\ln TFP_{i,t}$	-0.802 ***	0.026	0.000		

注：*、**和***分别表示在10%、5%和1%的显著性水平下显著。

五 结论

基于本文实证结果，得出如下主要结论。

（1）样本考察期间，湖南省绿色全要素生产率呈"先减后增"的时间趋势特征，2010~2011年出现短暂下降，2012~2015年持续平稳上升，年均增长率为4.45%。湖南省绿色全要素生产率的增长主要得益于技术进步。

（2）湖南省绿色全要素生产率显示出较大的地区差异。由各市州绿色全要素生产率增长率的排名可知，增长率排名靠前的市州大多是省内经济发达地区，如长沙、常德、岳阳等，这些市州是湖南省经济发展的排头兵和领头羊，在早期经济发展中积累了部分资本和技术优势，并随着经济结构、产业结构的不断升级优化以及节能环保技术的引进，在保持经济平稳快速增长的同时有效地控制环境污染。

（3）不考虑能耗和碳排放因素的传统全要素生产率高于绿色全要素生产率，从而对经济增长质量做出较为乐观的判断。无论是否将能耗和碳排放因素引入全要素生产率的测算模型，技术进步都是促进湖南省全要素生产率增长的主要动力源泉。

（4）湖南省绿色全要素生产率不存在 σ 收敛和绝对 β 收敛，各市州绿色全要素生产率之间的差距随时间推移有逐步扩大的趋势。但是，存在条件 β 收敛，各市州绿色全要素生产率会收敛到各自的稳态水平。

参考文献

谌莹、张捷：《碳排放、绿色全要素生产率和经济增长》，《数量经济技术经济研究》2016年第8期。

单豪杰：《中国资本存量K的再估算：1952~2006年》，《数量经济技术经济研究》2008年第10期。

吴延瑞：《生产率对中国经济增长的贡献：新的估计》，《经济学》（季刊）2008年第3期。

周晓艳、韩朝华：《中国各地区生产效率与全要素生产率增长率分解（1990~2006年）》，《南开经济研究》2009年第5期。

刘瑞翔、安同良：《资源环境约束下中国经济增长绩效变化趋势与因素分析——基于一种新型生产率指数构建与分解方法的研究》，《经济研究》2012年第11期。

B.38
两型产业集聚及其影响因素研究
—— 以长株潭城市群服务业为例*

张 旺 蒋沙沙**

摘 要： 对于处于工业化中期的湖南省而言，服务业是典型的两型产业。在全球经济服务化的时代背景下，服务业比制造业更具集聚效应。采用区位商、空间基尼系数、赫芬达尔系数，分别测算了2003~2015年长株潭城市群服务业整体及三类不同服务业的集聚程度，并运用地理探测器方法定量分析了服务业集聚的影响因素，结果表明：服务业整体在全国范围内集聚水平不高，生产性服务业、公共性服务业集聚水平偏低，生活性服务业在全国的专业化优势较明显；服务业整体的不均衡性较低；服务业整体的产业集中程度呈逐年上升态势，生产性、生活性服务业均处于较高水平的产业集中状态，而公共性服务业一直处于较低水平的产业集中状态；劳动力市场共享、信息化水平、知识溢出、资本密集度、传统运输成本是影响服务业集聚程度的主要因素。

关键词： 长株潭城市群 服务业集聚 影响因素 地理探测器

---

* 本文是2016年度湖南省社会科学成果评审委员会课题（XSPYBZCO15）成果。
** 张旺，湖南工业大学城市与环境学院副研究员、博士；蒋沙沙，湖南工业大学城市与环境学院硕士研究生。

全球经济服务化的趋势日趋明朗，随着我国经济结构调整步伐的加快和产业结构重心从工业向服务业的转移，服务业在区域与城市发展中的地位和作用将与日俱增，服务业也是城市典型的"两型"（资源节约型、环境友好型）产业。在发达的城市与区域，服务业的发展程度与水平已成为评价其经济社会发展、综合竞争力和现代化水平的重要指标。服务业发展目前早已脱离了单打独斗的个体化发展模式，展现出集聚发展的态势。

纵观国内外对服务业集聚的研究发现：对全国、发达城市和国家级城市群的研究较多，对欠发达地区或地方性城市群的研究较少；对服务业整体集聚水平进行测算的研究较多，将服务业分类展开测度分析的较少；较多的是采用主成分分析法、多元回归分析法等传统定量方法对服务业集聚的影响因素展开研究，而较少按照产业集聚基本规律的研究框架来分析影响因素。基于此，本文在服务业整体基础上，再将之分为生产性、生活性和公共性服务业三大类，以地方性城市群——长株潭城市群为例，选取区位商（L）、空间基尼系数（G）、赫芬达尔系数（H）来测度其集聚程度，并按照外部经济、新经济地理学理论和对外开放因素，构建服务业集聚成因的分析框架，采用地理探测器来分析各影响因素的大小。

一　测度指标、数据处理与研究方法

（一）测度指标

由于测算服务业集聚应分别考虑区域集聚、不均衡性和产业集中，故分别选取区位商（L）、空间基尼系数（G）、赫芬达尔系数（H）来测度服务业的区域集聚程度、地域不均衡性和产业集中度。

1. 区位商（L）

主要用于测度某一区域（城市）某一产业在全国范围内的相对集中程度，从而确定该区域（城市）某产业的集聚水平。服务业区位商反映的是某区域（城市）服务业比重的相对变化情况，通过计算结果可得出该区域

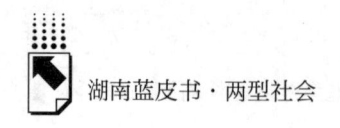

(城市）在全国具有一定地位的专业化优势产业。计算公式如下：

$$L = \frac{e_i / \Sigma e_i}{E_i / \Sigma E_i} \tag{1}$$

式中，e_i 是区域（城市）某行业 i 的业务增加值（就业人数）；Σe_i 是该区域（城市）所有行业的总增加值（就业总人数）；E_i 为全国某行业 i 业务的总增加值（就业人数）；ΣE_i 为全国某行业的总增加值（总就业人数）。L 是区位商，并根据区位商 L 值的大小来衡量其集聚程度。L 值越大，则集聚度也越高。结合区域实际，将 L 值划分为 4 个区间：高水平集聚（L≥1.2）、较高水平集聚（1.0≤L<1.2）、较低水平集聚（0.8≤L<1.0）和低水平集聚（L<0.8）。一般而言，若某产业区位商值大于 1.5，则该产业就在当地具有较为明显的比较优势。

2. 空间基尼系数（G）

空间基尼系数（G）通常用来测度某产业（行业）的地域不均衡性，它是 20 世纪初由意大利经济学家基尼根据洛伦茨曲线提出，并用来判断分配平均程度的一个指标。

$$G = \sum_{i=1} (S_i - X_i)^2 \tag{2}$$

式中，i（=1, 2, …, n）为某个区域（城市）的序号，X_i 是一个区域（城市）就业总人数占上位区域总就业人数的比重；S_i 是该区域（城市）某产业就业人数占上位区域该产业总就业人数的比重。G 系数越大，代表产业在地理上的不均衡性越大（最大值为 1）。结合区域实际，将 G 值划分为 4 个区间：不均衡性较大（G>0.03）、不均衡性中等偏大（0.02≤G<0.03）、不均衡性中等偏低（0.01≤G<0.02）、不均衡性较低（G<0.01）。

3. 赫芬达尔系数（H）

赫芬达尔系数（H）是产业经济学中用来测度产业集中度的综合系数，其计算公式为：

$$H = \sum_{i=1}^{n} (X_i / T)^2 \tag{3}$$

其中，X_i 为第 i 城市某类服务业的就业人数，T 为各城市该类服务业就业人数总和，n 为城市数量。一般认为，H 系数越大则产业集中度越高；反之，H 系数越小则产业集中度越低。结合区域实际，将 H 值划分为 4 个区间：高水平产业集中（H≥0.8）、较高水平产业集中（0.5≤H<0.8）、较低水平产业集中（0.5≤H<0.2）和低水平产业集中（H<0.2）。

（二）数据处理

本文数据主要来自《中国城市统计年鉴》（2004~2016 年）、《湖南统计年鉴》及长沙、株洲、湘潭 3 个城市相关年份的统计年鉴，采集服务业的就业人数以及服务业内部细分行业的就业人数等指标作为数据来源。

根据 2017 年第 4 次修订的《国民经济行业分类》（GB/T 4754-2017），并从服务活动的角度对 15 个服务业细分行业进行归并，具体如表 1 所示。

表 1 服务业门类细分及归并

产业类别		产业门类
服务业	生产性服务业	G 交通运输、仓储和邮政业；I 信息传输、软件和信息技术服务业；J 金融业；L 租赁和商务服务业；M 科学研究和技术服务业
	生活性服务业	F 批发和零售业；H 住宿和餐饮业；K 房地产业；N 水利、环境和公共设施管理业；O 居民服务、修理和其他服务业；R 文化、体育和娱乐业
	公共性服务业	P 教育；Q 卫生和社会工作；S 公共管理、社会保障和社会组织；T 国际组织

注：目前长株潭城市群服务业中不含 T 国际组织这个行业，因而细分行业只有上表中的前 14 个。

（三）研究方法

本文主要根据纪玉俊等人关于服务业集聚影响因素的理论分析框架，考虑到数据的可获得性和研究对象，此处定义：区位商（L）这个表征服务业集聚水平的指标作为因变量；X_1 为年末单位从业人数，表征的是外部经济理论中的劳动力市场共享因素；X_2 为每万人拥有的普通高等教育专任教师人数，表征的是外部经济理论中的知识溢出因素；X_3、X_4、X_5、X_6分别为邮政业务收入、电信业务收入、移动电话年末用户数和互联网宽带接入用户数，表征的是新经济地理理论中广义运输成本中的信息成本因素；X_7、X_8为客运总量和货运总量，表征的是新经济地理理论中广义运输成本中的传统运输成本因素；X_9为人均GDP，表征的是新经济地理理论中的市场规模因素；X_{10}为当年实际使用外资金额，表征的是地区FDI水平也即对外开放因素；X_{11}为人均社会固定资产总额，表征的是资本密集度因素。

在计量方法上，采用的是地理探测器方法比较分析上述不同因素对服务业集聚的影响程度大小。地理探测器是王劲峰、徐成东开发出用来探测空间分异性，以及揭示其背后驱动力的一组统计学方法，擅长于自变量X是类型量、因变量Y是数值量的分析情形。当因变量Y和自变量X都是数值量时，将X离散化转换为类型量之后，再运用地理探测器建立Y和X之间的影响关系会比经典回归模型更为可靠，特别是当样本量小于30的情形。地理探测器软件自被开发后，已被广泛应用于自然科学、社会科学、环境科学和人类健康等方面。

地理事物的空间分异性，通常受到自然环境或经济社会的深刻影响，探究其形成机制及分析其影响因素大小很有意义。地理探测器技术首次应用于探析地方性疾病的形成原因，其模型公式如下：

$$P_{D,U} = 1 - \frac{1}{n\delta_U^2} \sum_{i=1}^{m} n_{D,i} \delta_{U_{D,i}}^2 \qquad (4)$$

式中$P_{D,U}$为服务业集聚程度的影响因素探测力指标；$n_{D,i}$为次一级区域（类型）样本数；n为整个区域（类型）样本数；m为次级区域（类型）个数；整个区域（类型）δ_U^2为服务业集聚度即区位商L的方差；$\delta_{U_{D,i}}^2$为次一级区域（类型）的方差。假设$\delta_{U_{D,i}}^2 \neq 0$，模型成立，$P_{D,U}$的取值区间为[0,1]，$P_{D,U}=0$时，表明区位商（L）分布呈随机分布，$P_{D,U}$值越大，说明分区（类型）因素对区位商（L）的影响越大。

二 服务业集聚综合测度结果及分析

（一）区位商测度结果及分析

根据公式（1）和相关统计数据，可测度 2003～2015 年长株潭城市群服务业的区位商（L），并将测算结果绘制成图1。

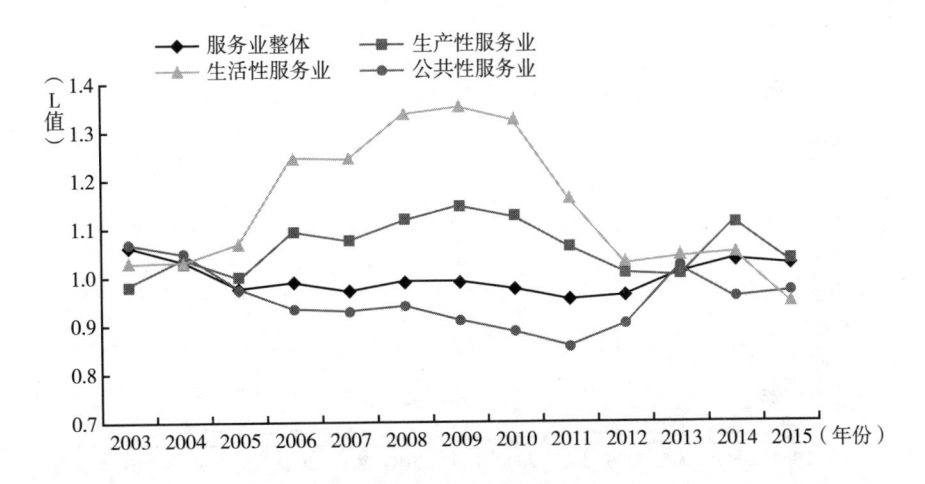

图1 长株潭城市群服务业的区位商

总体来看，生活性服务业大于生产性服务业大于服务业整体大于公共性服务业。从整体服务业的区位商来看，13 年间 L 值均小于 1.1，甚至在 2005～2012 年内还小于 1.0，属于较低水平集聚，说明长株潭城市群服务业在全国范围内集聚水平不高，不具有专业优势，但可喜的是近年来集聚水平呈现上升趋势。从生产性服务业来看，除了 2003 年、2005 年小于 1.0 外，其余年份都大于 1.0，而且 L 值明显高于服务业整体，说明长株潭城市群生产性服务业的集聚程度稍高，具有一定的专业化优势，但近年来变大趋势不明显。从生活性服务业来看，除了 2015 年小于 1.0 外，其余年份也大于 1.0，L 值也显著高于服务业整体水平，表明长株潭城市群生活性服务业在全国的专业化优势较明显，但近年来变大趋势也不明朗。从公共性服务业来看，除了2003年、2004年、2013年的L值稍大于1.0外，其余年份都小于1.0，而且近年来还有下降趋势，由此说明长株潭城市群公共性服务业集聚水平明显偏低，属于弱势行业，政府提供公共服务的能力亟待提高。

（二）空间基尼系数测度结果及分析

根据公式（2）和相关统计数据，可测度2003～2015年长株潭城市群服务业的空间基尼系数（G），并将测算结果绘制成图2。

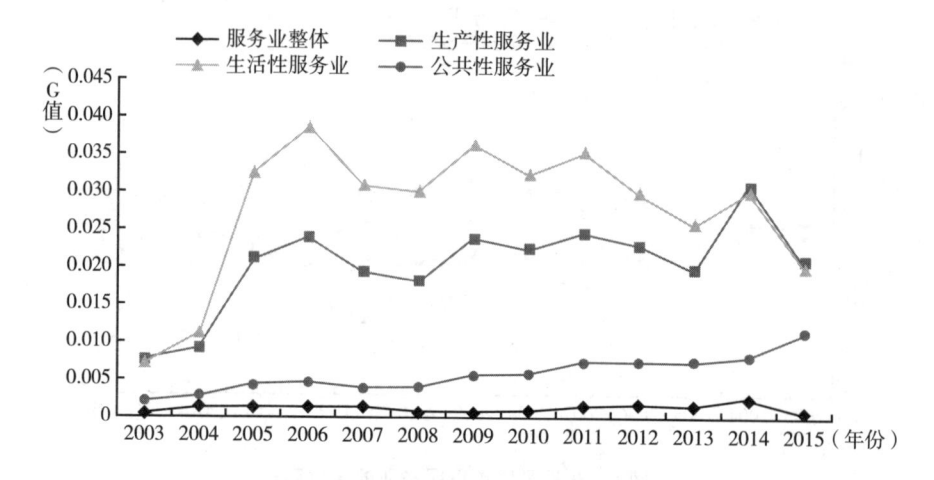

图2　长株潭城市群服务业的空间基尼系数

总体来看，G值的排序是生活性服务业大于生产性服务业大于公共性服务业大于服务整体业。从整体服务业的空间基尼系数来看，13年间G值一直在小于0.003的区间徘徊，并有一定程度的波动，属于较低水平的不均衡性水平，说明长株潭城市群服务业的集聚水平不高。从生产性服务业来看，除了2003年、2004年小于0.010外，其余年份都呈波动式上升之势，且数值绝大部分均在0.010～0.030，大于服务业整体水平，属于中等不均衡性水平。从生活性服务业来看，也是除了2003年、2004年小于0.020外，其余年份均大于0.020，是服务业中G值显著高于服务业整体水平的，属于中等不均衡性偏高水平，但近年来又有下降之势。从公共性服务业来看，除了

2015年的G值稍大于0.010外,其余年份都小于0.009,属于不均衡性较低水平,但整体上呈现上升的趋势。

(三)赫芬达尔系数测度结果及分析

根据公式(3)和相关统计数据,可测度2003~2015年长株潭城市群服务业的赫芬达尔系数(H),并将测算结果绘制成图3。

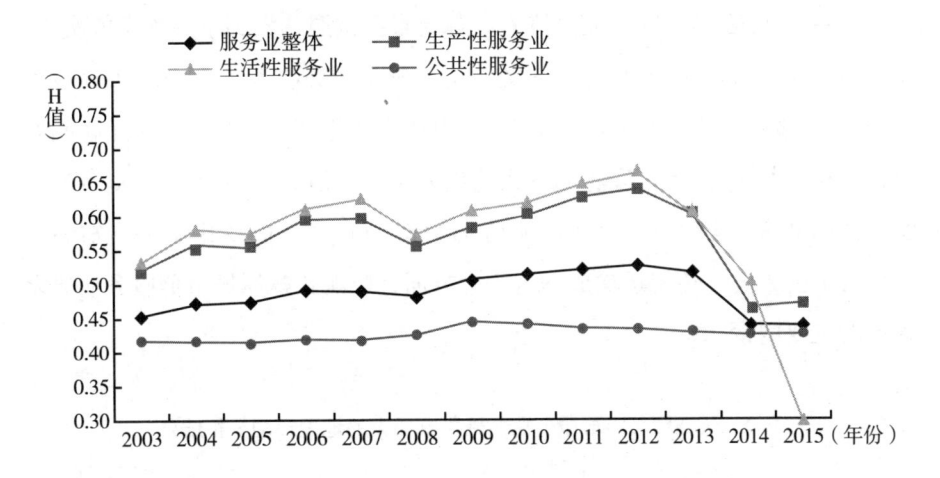

图3 长株潭城市群服务业的赫芬达尔系数

总体来看,H值的排序是生活性服务业>生产性服务业>服务业整体>公共性服务业。从服务业整体的赫芬达尔系数来看,除2014年、2015年有所下降外,其余年份的H值大致呈现上升之势,其中2003~2008年处于较低水平产业集中状态,2009~2013年则处于较高水平产业集中状态,显示出长株潭城市群服务业的产业集中程度虽呈逐年上升态势,但最近两年却有所下降。从生产性服务业来看,也是除了2014年、2015年有所下降外,其余年份大致呈波动式上升之势,且数值绝大部分均在0.52~0.64,大于服务业整体水平,处于较高水平的产业集中状态。从生活性服务业来看,也是除了2014年、2015年出现断崖式下降外,其余年份也在0.53~0.67波动,是服务业中H值显著高于服务业整体水平的,也处于较高水平的产业集中状态,但近两年来却呈急剧降低之势。从公共性服务业来看,这13年来H

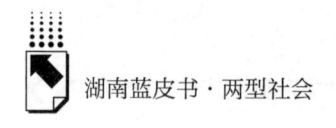

值呈上升之势，只是每个年份都小于0.45，整体上小于整个服务业的H值，一直处于较低水平的产业集中状态。

（四）服务业集聚影响因素的实证分析

按照地理探测器技术，对各自变量进行等间距法离散化处理，再利用公式（4），计算出各影响要素对长株潭城市群服务业集聚程度（L值）的影响力系数（见表2），服务业整体$P_{D,U}$各要素值按照从大到小的顺序依次为：年末单位从业人数X_1＞电信业务收入X_4＞邮政业务收入X_3＞每万人高校教师数X_2＞移动电话年末用户数X_5＞人均社会固定资产总额X_{11}＞互联网宽带接入用户数X_6＞货运总量X_8＞人均地区生产总值X_9＞客运总量X_7＞当年实际使用外资金额X_{10}，由此说明劳动力市场共享、信息化水平、知识溢出、资本密集度、传统运输成本这5个方面是影响长株潭城市群服务业集聚程度的主要因素。

表2 长株潭城市群服务业集聚影响因素的地理探测分析结果

单位：%

影响因素	服务业整体	生产性服务业	生活性服务业	公共性服务业
年末单位从业人数 X_1	0.999943	0.999727	0.998352	0.999945
每万人高校教师数 X_2	0.996932	0.999946	0.256919	0.999837
邮政业务收入 X_3	0.997846	0.999825	0.881947	0.999742
电信业务收入 X_4	0.998725	0.999738	0.999931	0.998316
移动电话年末用户数 X_5	0.989619	0.999619	0.999348	0.999609
互联网宽带接入用户数 X_6	0.969528	0.999734	0.965045	0.819923
客运总量 X_7	0.949931	0.999725	0.968234	0.607548
货运总量 X_8	0.959747	0.999932	0.999946	0.985044
人均地区生产总值 X_9	0.958326	0.999729	0.968235	0.607526
当年实际使用外资金额 X_{10}	0.922819	0.924334	0.859110	0.558937
人均社会固定资产总额 X_{11}	0.979436	0.999915	0.991323	0.923040

对于生产性服务业而言，$P_{D,U}$各要素值排在前几位的影响因素大小依次为：每万人高校教师数X_2＞货运总量X_8＞人均社会固定资产总额X_{11}＞邮

政业务收入 X_3 > 年末单位从业人数 X_1，这说明知识溢出、传统运输成本、资本密集度、信息化水平、劳动力市场共享这 5 个方面是影响长株潭城市群生产性服务业集聚程度的主要因素。

对于生活性服务业而言，$P_{D,U}$ 各要素值排在前几位的影响因素大小依次为：货运总量 X_8 > 电信业务收入 X_4 > 移动电话年末用户数 X_5 > 年末单位从业人数 X_1 > 人均社会固定资产总额 X_{11} > 客运总量 X_7，这说明传统运输成本、信息化水平、劳动力市场共享、资本密集度、传统运输成本这 5 个方面是影响长株潭城市群生活性服务业集聚程度的主要因素。

对于公共性服务业而言，$P_{D,U}$ 各要素值排在前几位的影响因素大小依次为：年末单位从业人数 X_1 > 每万人高校教师数 X_2 > 邮政业务收入 X_3 > 移动电话年末用户数 X_5 > 电信业务收入 X_4 > 货运总量 X_8 > 人均社会固定资产总额 X_{11}，这说明劳动力市场共享、知识溢出、信息化水平、传统运输成本、资本密集度这 5 个方面是影响长株潭城市群公共性服务业集聚程度的主要因素。

三 结论及建议

（一）结论

通过采用区位商、空间基尼系数、赫芬达尔系数，分别测算了 2003～2015 年长株潭城市群服务业整体及三类不同服务业的集聚水平、地域不均衡性和产业集中度，并运用地理探测器方法定量分析了服务业集聚的影响因素，得出如下结论。

（1）服务业整体在全国范围内集聚水平不高，但近年来却呈上升趋势；生产性服务业的集聚程度稍高，具有一定的专业化优势；生活性服务业在全国的专业化优势较明显，但与生产性服务业相似，近年来变大趋势都不明显；公共性服务业集聚水平明显偏低，属于弱势行业。

（2）服务业整体的不均衡性较低；生产性服务业呈波动式上升之势，

大多年份属于中等不均衡性水平；大部分年份生活性服务业属于中等不均衡性偏高水平，但近年来又有下降之势；公共性服务业属于不均衡性较低水平，整体上呈现上升趋势。

（3）服务业整体的产业集中程度虽呈逐年上升态势，但最近两年却有所下降；生产性服务业大致呈波动上升之势，处于较高水平的产业集中状态；生活性服务业也处于较高水平的产业集中状态，但与生产性服务业类似，近两年来却呈急剧下降趋势；公共性服务业多年来一直处较低水平的产业集中状态。

（4）劳动力市场共享、信息化水平、知识溢出、资本密集度、传统运输成本是影响服务业整体集聚程度的主要因素；生产性服务业的主要影响因素是知识溢出、传统运输成本、资本密集度；生活性服务业的主要影响因素为传统运输成本、信息化水平、劳动力市场共享；公共性服务业的主要影响因素则是劳动力市场共享、知识溢出、信息化水平。

（二）建议

（1）从外部经济、新经济地理因素等方面大力增强服务业特别是生产性服务业、公共性服务业的集聚水平，重点发展信息、金融、商务、科技、教育文化等知识密集型服务业。特别是要跳出服务业的视角加快服务业集聚，如促进供给侧改革，提高新型城镇化水平，推进新型工业化进程等。

（2）劳动力市场共享、信息化水平、知识溢出、资本密集度、传统运输成本等都是服务业集聚程度的关键影响因素，但这些因素对整体服务业及三类服务业的集聚的影响方向和强弱都存在一定程度的差异性，因此应根据每类服务业集聚的具体因素，因城制宜、因时而异地采取相应措施，从而更好地发挥服务业的集聚和辐射功能。

（3）长沙、株洲、湘潭应根据服务业既有集聚特点和彼此之间的关联性，结合自身区位优势、资源禀赋及市场状况等条件，科学引导它们在城市群内合理配置、优化布局，从而实现服务业内部各种业态的分工合作、错位集聚。

参考文献

纪玉俊、丁科华、张鹏:《我国沿海地区城市服务业集聚的影响因素分析》,《经济与管理》2014年第5期。

Wu R N, Zhang J Q, Bao Y H, et al. . Geographical Detector Model for Influencing Factors of Industrial Sector Carbon Dioxide Emissions in Inner Mongolia, China. Sustainability, 2016, 8 (2): 149 – 160.

王劲峰、徐成东:《地理探测器:原理与展望》,《地理学报》2017年第1期。

Wang J F, Li X H Christakos G et al. . Geographical Detectors-based Health Risk Assessment and Its Application in the Neural Tube Defects Study of the He shun Region, China. International Journal of Geographical Information Science, 2010, 24 (1): 107 – 127.

权威报告·一手数据·特色资源

皮书数据库
ANNUAL REPORT(YEARBOOK) DATABASE

当代中国经济与社会发展高端智库平台

所获荣誉

- 2016年，入选"'十三五'国家重点电子出版物出版规划骨干工程"
- 2015年，荣获"搜索中国正能量 点赞2015""创新中国科技创新奖"
- 2013年，荣获"中国出版政府奖·网络出版物奖"提名奖
- 连续多年荣获中国数字出版博览会"数字出版·优秀品牌"奖

成为会员

通过网址www.pishu.com.cn访问皮书数据库网站或下载皮书数据库APP，进行手机号码验证或邮箱验证即可成为皮书数据库会员。

会员福利

- 使用手机号码首次注册的会员，账号自动充值100元体验金，可直接购买和查看数据库内容（仅限PC端）。
- 已注册用户购书后可免费获赠100元皮书数据库充值卡。刮开充值卡涂层获取充值密码，登录并进入"会员中心"—"在线充值"—"充值卡充值"，充值成功后即可购买和查看数据库内容（仅限PC端）。
- 会员福利最终解释权归社会科学文献出版社所有。

卡号：874113398557
密码：

数据库服务热线：400-008-6695
数据库服务QQ：2475522410
数据库服务邮箱：database@ssap.cn
图书销售热线：010-59367070/7028
图书服务QQ：1265056568
图书服务邮箱：duzhe@ssap.cn

S 基本子库
SUB DATABASE

中国社会发展数据库（下设 12 个子库）

全面整合国内外中国社会发展研究成果，汇聚独家统计数据、深度分析报告，涉及社会、人口、政治、教育、法律等 12 个领域，为了解中国社会发展动态、跟踪社会核心热点、分析社会发展趋势提供一站式资源搜索和数据分析与挖掘服务。

中国经济发展数据库（下设 12 个子库）

基于"皮书系列"中涉及中国经济发展的研究资料构建，内容涵盖宏观经济、农业经济、工业经济、产业经济等 12 个重点经济领域，为实时掌控经济运行态势、把握经济发展规律、洞察经济形势、进行经济决策提供参考和依据。

中国行业发展数据库（下设 17 个子库）

以中国国民经济行业分类为依据，覆盖金融业、旅游、医疗卫生、交通运输、能源矿产等 100 多个行业，跟踪分析国民经济相关行业市场运行状况和政策导向，汇集行业发展前沿资讯，为投资、从业及各种经济决策提供理论基础和实践指导。

中国区域发展数据库（下设 6 个子库）

对中国特定区域内的经济、社会、文化等领域现状与发展情况进行深度分析和预测，研究层级至县及县以下行政区，涉及地区、区域经济体、城市、农村等不同维度。为地方经济社会宏观态势研究、发展经验研究、案例分析提供数据服务。

中国文化传媒数据库（下设 18 个子库）

汇聚文化传媒领域专家观点、热点资讯，梳理国内外中国文化发展相关学术研究成果、一手统计数据，涵盖文化产业、新闻传播、电影娱乐、文学艺术、群众文化等 18 个重点研究领域。为文化传媒研究提供相关数据、研究报告和综合分析服务。

世界经济与国际关系数据库（下设 6 个子库）

立足"皮书系列"世界经济、国际关系相关学术资源，整合世界经济、国际政治、世界文化与科技、全球性问题、国际组织与国际法、区域研究 6 大领域研究成果，为世界经济与国际关系研究提供全方位数据分析，为决策和形势研判提供参考。

法律声明

"皮书系列"（含蓝皮书、绿皮书、黄皮书）之品牌由社会科学文献出版社最早使用并持续至今，现已被中国图书市场所熟知。"皮书系列"的相关商标已在中华人民共和国国家工商行政管理总局商标局注册，如LOGO（ ）、皮书、Pishu、经济蓝皮书、社会蓝皮书等。"皮书系列"图书的注册商标专用权及封面设计、版式设计的著作权均为社会科学文献出版社所有。未经社会科学文献出版社书面授权许可，任何使用与"皮书系列"图书注册商标、封面设计、版式设计相同或者近似的文字、图形或其组合的行为均系侵权行为。

经作者授权，本书的专有出版权及信息网络传播权等为社会科学文献出版社享有。未经社会科学文献出版社书面授权许可，任何就本书内容的复制、发行或以数字形式进行网络传播的行为均系侵权行为。

社会科学文献出版社将通过法律途径追究上述侵权行为的法律责任，维护自身合法权益。

欢迎社会各界人士对侵犯社会科学文献出版社上述权利的侵权行为进行举报。电话：010-59367121，电子邮箱：fawubu@ssap.cn。

社会科学文献出版社